Jost Ebener

Mutterschutz – Erziehungsgeld – Erziehungsurlaub

RECHT AKTUELL

Jost Ebener

Mutterschutz
Erziehungsgeld
Erziehungsurlaub

Zweite, aktualisierte Auflage

Bund-Verlag

Die Deutsche Bibliothek – CIP-Einheitsaufnahme
Ebener, Jost:
Mutterschutz – Erziehungsgeld – Erziehungsurlaub / Jost Ebener. –
2. aktualisierte Aufl. – Frankfurt am Main: Bund-Verl., 1999
(Recht aktuell)
ISBN 3-7663-2935-9

Lizenzausgabe mit freundlicher Genehmigung
der Angestelltenkammer Bremen

Zweite, aktualisierte Auflage 1999
© 1995 by Bund-Verlag GmbH, Frankfurt am Main
Herstellung: Inga Tomalla, Frankfurt am Main
Umschlaggestaltung: Neil McBeath, Kornwestheim
Umschlagfoto: The Stock Market, Düsseldorf
Satz: Idee & Druck, Bremen
Druck: Bercker, Kevelaer
Printed in Germany 1999
ISBN 3-7663-2935-9

Alle Rechte vorbehalten,
insbesondere die des öffentlichen Vortrags,
der Rundfunksendung
und der Fernsehausstrahlung,
der fotomechanischen Wiedergabe,
auch einzelner Teile.

Vorwort

Zu den wichtigsten Vorschriften, die der Gesetzgeber für Frauen erlassen hat, gehören die Regelungen zum Schutze werdender und junger Mütter. Auch wenn dieser Komplex gemeinhin mit dem Begriff »Mutterschutz« bezeichnet wird, beschreibt der Ausdruck nur unzulänglich den schutzwürdigen Personenkreis. Nicht minder wichtig sind die Kinder selbst. Denn alle gesetzlichen Schutzmaßnahmen zum Wohle der Mütter (oder auch der Väter) zielen zugleich darauf ab, jungen Erdenbürgern bestmögliche Bedingungen für den Start ins Leben zu schaffen.

Mitte der 80er Jahre galt das gesamte Gesetzespaket mit Erziehungsgeld und Erziehungsurlaub als Beleg dafür, daß der Staat seiner sozial- und familienpolitischen Verpflichtung nachzukommen versucht, indem er zum Beispiel durch Freistellung von der Arbeit dafür sorgt, daß ein Elternteil sich voll und ganz seinem Kind in der ersten Lebensphase widmen kann, ohne gleich den Verlust des Arbeitsplatzes befürchten zu müssen. Ende der 90er Jahre muß er sich allerdings vorhalten lassen, materiell wenig getan zu haben, um den Wert staatlicher Hilfen für Familien oder alleinerziehende Mütter bzw. Väter zu erhalten. Von der ursprünglichen Absicht, die durch Pflege und Erziehung von Kindern entstehenden wirtschaftlichen Belastungen angemessen zu verringern, ist kaum etwas übrig geblieben, wenn man feststellt, daß die Höhe des Erziehungsgeldes nie den gestiegenen Lebenshaltungskosten angepaßt wurde oder daß die Einkommensgrenzen für den vollen Anspruch auf diese Leistung nicht verändert wurden. Die Wirklichkeit von heute nährt den Verdacht, daß die ursprünglich vorbildliche Idee angesichts leerer Kassen durch schlichtes Nicht-Handeln wieder zurückgenommen werden soll. Wie sonst läßt sich die Tatsache erklären, daß der Anteil derjenigen, die ein ungekürztes Erziehungsgeld beanspruchen können, von einst 85 Prozent auf mittlerweile unter 50 Prozent gesunken ist?

Wie uns aus zahlreichen Gesprächen in unserer Rechtsabteilung –

Vorwort

und auch aufgrund vielfacher Nachfragen nach entsprechendem Informationsmaterial – bekannt ist, besteht vielfach Aufklärungsbedarf. Bemerkt wird dieser Mangel meist erst dann, wenn sich das freudige Ereignis ankündigt und werdende Eltern anfangen, sich auf den Familienzuwachs und die zu erwartenden Umstellungen im Alltags- und Arbeitsleben vorzubereiten. Abhilfe soll der vorliegende Ratgeber schaffen.

Bremen, im Sommer 1999   Jost Ebener

Inhaltsverzeichnis

Vorwort 5

Abkürzungsverzeichnis 13

Einleitung 15

1. Kapitel:
Überblick Mutterschutz 19

1. Schutz der berufstätigen Mutter am Arbeitsplatz 19
2. Aufgaben des Betriebsrats/Personalrats 20
3. Für wen gilt das Mutterschutzgesetz? 21

2. Kapitel:
Schwangerschaft dem Arbeitgeber melden 23

1. Mitteilung der Schwangerschaft 23
2. Ärztliches Attest 24
3. Wirkung der Mitteilung 25
4. Unbefugte Bekanntgabe 25
5. Mitteilung vor der Einstellung/Offenbarungspflicht 26

3. Kapitel:
Kündigungsverbot für den Arbeitgeber 29

1. Kündigungsschutz 29
2. Voraussetzungen des Kündigungsverbots 30
3. Zweiwochenfrist 31
4. Wirkungen des Kündigungsverbots 35
5. Ausnahmen vom Kündigungsschutz 36

Inhaltsverzeichnis

    6. Soziale Sicherung nach zulässiger Kündigung 38
    7. Beendigung des Arbeitsverhältnisses ohne Kündigung,
       insbesondere Befristung 39

4. Kapitel:
Eigene Kündigung/Aufhebungsvertrag 43

    1. Grundlegendes 43
    2. Auswirkungen der Eigenkündigung 44

5. Kapitel:
Schutzvorschriften für Mutter und Kind 47

    1. Gestaltung des Arbeitsplatzes 47
    2. Bildschirmarbeit 49
    3. Beschäftigungsverbote 51
       a) Individuelle Beschäftigungsverbote 51
       b) Generelle Beschäftigungsverbote 52
    4. Keine Mehr-, Nacht-, Sonn- und Feiertagsarbeit 54
    5. Umsetzungsrecht des Arbeitgebers 56
    6. Das volle Einkommen ist gesichert/Mutterschutzlohn 58
       a) Voraussetzungen Mutterschutzlohn 58
       b) Berechnung Mutterschutzlohn 59

6. Kapitel:
Schutzfristen vor und nach der Geburt 62

    1. Berechnung 62
    2. Kann frau von den Schutzfristen abweichen? 64
    3. Stillzeiten 65

7. Kapitel:
Auswirkungen des Mutterschutzes 68

    1. Arbeitsverhältnis 68
    2. Gehalt 68
    3. Urlaub 68
    4. Jahressonderleistungen (13. Monatsgehalt/Gratifikationen) 70
    5. Vermögenswirksame Leistungen 70

Inhaltsverzeichnis

6. Krankheit 71
7. Kurzarbeit 72
8. Arbeitskampf 73
9. Betriebsübergang 73
10. Sozialversicherung 74
    a) Kranken- und Pflegeversicherung 74
    b) Rentenversicherung 74
    c) Arbeitslosenversicherung 74

8. Kapitel:
Leistungen der Krankenkasse 76

1. Leistungen bei Schwangerschaft und Mutterschaft 76
2. Leistungen bei Familienversicherung 79

9. Kapitel:
Mutterschaftsgeld/Arbeitgeberzuschuß während der Schutzfristen 81

1. Überblick 81
2. Wer hat Anspruch auf Mutterschaftsgeld? 82
3. Mutterschaftsgeld bei Arbeitsverhältnis 83
4. Höhe des Mutterschaftsgeldes 85
5. Bezugsdauer 87
6. Arbeitgeberzuschuß 88
7. Mutterschaftsgeld für »andere Mitglieder« 92
8. Mutterschaftsgeld für privat bzw. nicht krankenversicherte Frauen 93
9. Entbindungsgeld 94
10. Steuer- und Beitragsfreiheit 94
11. Geltendmachung/Rechtsweg 95

10. Kapitel:
Erziehungsgeld 96

1. Überblick 96
2. Wer bekommt Erziehungsgeld? 97
    a) Wohnsitz 97
    b) Personensorgerecht 98
    c) Eigene Betreuung und Erziehung 99

Inhaltsverzeichnis

    d) Keine Erwerbstätigkeit oder nur Teilzeitarbeit
       bis zu 19 Wochenstunden 100
3. Beginn des Erziehungsgeldanspruchs 101
4. Dauer des Erziehungsgeldanspruchs 103
5. Höhe des Erziehungsgeldes/Einkommensanrechnung 104
    a) Allgemeines 104
    b) Einkommensgrenzen in den ersten sechs Lebensmonaten
       des Kindes 105
    c) Einkommensanrechnung ab dem siebten Lebensmonat
       des Kindes 106
    d) Ausnahme von der Einkommensanrechnung 110
6. Mehrere Anspruchsberechtigte 111
7. Wechsel der Betreuungsperson 112
8. Erziehungsgeld für mehrere Kinder 113
9. Erziehungsgeld und Mutterschaftsgeld 114
10. Erziehungsgeld und Lohnersatzleistungen,
    insbesondere Arbeitslosengeld und -hilfe 116
11. Erziehungsgeld und andere (Sozial-)Leistungen 118
12. Landeserziehungsgeld 118
13. Auswirkungen auf die Sozialversicherung 119
14. Steuer- und Beitragsfreiheit 120
15. Wo und wie beantragt man Erziehungsgeld? 120
16. Was muß man beachten, wenn man Erziehungsgeld bezieht? .. 121
17. Rechtsweg 122

11. Kapitel:
Erziehungsurlaub 123

1. Überblick 123
2. Anpruch für Arbeitnehmer 124
3. Ausnahmen 125
4. Mehrfache Inanspruchnahme bzw. Wechsel 128
5. Erziehungsurlaub rechtzeitig geltend machen 129
6. Wirkung der Geltendmachung 132
7. Beginn des Erziehungsurlaubs 133
8. Dauer des Erziehungsurlaubs 134
9. Weiteres Kind im Erziehungsurlaub 137
10. Besonderer Kündigungsschutz 138
11. Eigene Kündigung/Aufhebungsvertrag 142
12. Teilzeitarbeit ist möglich 143
    a) Teilzeit beim bisherigen Arbeitgeber 143
    b) Teilzeit bei einem anderen Arbeitgeber 144
    c) Kündigungsschutz 145

d) Eigene Kündigung	146
e) Sozialversicherung	147
f) Ende der Teilzeitarbeit	147
g) Sonstiges	148
13. Mehrere Arbeitsverhältnisse	148
14. Vertretung am Arbeitsplatz	149
15. Wiederaufnahme der Arbeit nach Beendigung des Erziehungsurlaubs	149
16. Exkurs: Anspruch auf Teilzeit bzw. Sonderurlaub nach Erziehungsurlaub?	151

12. Kapitel:
Auswirkungen des Erziehungsurlaubs auf das Arbeitsverhältnis — 154

1. Fortbestand des Arbeitsverhältnisses	154
2. Erholungsurlaub	155
a) Urlaubskürzung	155
b) Urlaubsübertragung	158
c) Urlaubsabgeltung	161
3. Jahressonderleistungen (13. Monatsgehalt/Gratifikationen)	161
a) Allgemeines	161
b) Sonderzahlung mit reinem Entgeltcharakter	162
c) Sonderzahlung für Betriebstreue/Urlaubsgeld	162
d) Sonderzahlung mit Mischcharakter	164
4. Krankheit	164
5. Betriebsversammlung	165
6. Vermögenswirksame Leistungen	165
7. Betriebliche Altersversorgung	166
8. Betriebsübergang	166
9. Rechtsweg	166

13. Kapitel:
Erziehungsurlaub und Sozialversicherung — 168

1. Krankenversicherung	168
2. Pflegeversicherung	170
3. Rentenversicherung	171
4. Arbeitslosenversicherung	171

Inhaltsverzeichnis

14. Kapitel:
Sondervorschriften für den Erziehungsurlaub für
Beamte, Richter und Soldaten 174

15. Kapitel:
Exkurs: Freistellung zur Betreuung erkrankter Kinder 175

16. Kapitel:
Kindergeld/Kinderfreibetrag 178

17. Kapitel:
Sonstige Hilfen 180

  1. Mutter-Kind-Stiftung 180
  2. Unterhaltsvorschuß 180
  3. Sozialhilfe 180
  4. Wohngeld 180

18. Kapitel:
Anerkennung von Erziehungszeiten in der Rentenversicherung . 182

Anhang
  1. Mutterschutzgesetz (MuSchG) 185
  2. Verordnung zum Schutze der Mütter am Arbeitsplatz (MuSchRiV) 196
  3. Reichsversicherungsordnung (RVO) – Auszug – 201
  4. Bundeserziehungsgeldgesetz (BErzGG) 204
  5. Allgemeine Verwaltungsvorschriften zum Kündigungsschutz
     bei Erziehungsurlaub 215
  6. Fünftes Buch Sozialgesetzbuch – Gesetzliche Krankenversicherung –
     (SGB V) – Auszug – 218
  7. Drittes Buch Sozialgesetzbuch – Arbeitsförderung – (SGB III)
     – Auszug – 224
  8. Sechstes Buch Sozialgesetzbuch – Gesetzliche Rentenversicherung –
     (SGB VI) – Auszug – 228
  9. Verordnung über den Mutterschutz für Beamtinnen (MuSchV) ... 230
10. Verordnung über Erziehungsurlaub für Bundesbeamte und
    Richter im Bundesdienst (ErzUrlV) 234
11. Auskunfts- und Beratungsstellen der Bundesversicherungsanstalt
    für Angestellte 237

Stichwortverzeichnis 239

Abkürzungsverzeichnis

a. a. O.	am angegebenen Ort
Abs.	Absatz
a. F.	alte Fassung
AiB	Arbeitsrecht im Betrieb (Zeitschrift)
AOK	Allgemeine Ortskrankenkasse
AP	Arbeitsrechtliche Praxis (Entscheidungssammlung)
ArbG	Arbeitsgericht
ArbGG	Arbeitsgerichtsgesetz
ArbZG	Arbeitszeitgesetz
ArbuR	Arbeit und Recht (Zeitschrift)
ARST	Arbeitsrecht in Stichworten (Entscheidungssammlung)
BAG	Bundesarbeitsgericht
BAT	Bundes-Angestelltentarifvertrag
BB	Der Betriebs-Berater (Zeitschrift)
BBG	Bundesbeamtengesetz
BErzGG	Bundeserziehungsgeldgesetz
BeschFG	Beschäftigungsförderungsgesetz
BetrAVG	Betriebsrentengesetz
BetrVG	Betriebsverfassungsgesetz
BfA	Bundesversicherungsanstalt für Angestellte
BGB	Bürgerliches Gesetzbuch
BKGG	Bundeskindergeldgesetz
BRRG	Beamtenrechtsrahmengesetz
BSG	Bundessozialgericht
BUrlG	Bundesurlaubsgesetz
BVerwG	Bundesverwaltungsgericht
bzw.	beziehungsweise
DB	Der Betrieb (Zeitschrift)
d. h.	das heißt
DOK	Die Ortskrankenkasse (Zeitschrift)
Ersk.	Die Ersatzkasse (Zeitschrift)
ErzUrlV	Erziehungsurlaubsverordnung
EStG	Einkommensteuergesetz

Abkürzungsverzeichnis

EuGH	Europäischer Gerichtshof
EuroAS	Europäisches Arbeits- und Sozialrecht (Zeitschrift)
evtl.	eventuell
f.; ff.	folgende; fortfolgende
gem.	gemäß
GG	Grundgesetz
ggf.	gegebenenfalls
HGB	Handelsgesetzbuch
i. d. R.	in der Regel
i. V. m.	in Verbindung mit
KSchG	Kündigungsschutzgesetz
LAG	Landesarbeitsgericht
MuSchG	Mutterschutzgesetz
MuSchRiV	Mutterschutzrichtlinienverordnung
MuSchV	Mutterschutzverordnung für Beamtinnen
NJW	Neue Juristische Wochenschrift (Zeitschrift)
Nr.	Nummer
NZA	Neue Zeitschrift für Arbeitsrecht
NZS	Neue Zeitschrift für Sozialversicherungsrecht
RVO	Reichsversicherungsordnung
S.	Satz
SGB	Sozialgesetzbuch
SGG	Sozialgerichtsgesetz
sog.	sogenannt
SozR	Sozialrecht (Entscheidungssammlung)
u. a.	unter anderem
u. U.	unter Umständen
vgl.	vergleiche
z. B.	zum Beispiel
ZTR	Zeitschrift für Tarifrecht

Einleitung

Der vorliegende Ratgeber informiert über die Rechte und Ansprüche der schwangeren A rbeitnehmerinnen und berufstätigen Mütter (**Mutterschutz**) nach dem Mutterschutzgesetz (MuSchG), die Leistungen der gesetzlichen Krankenkassen (**Leistungen bei Schwangerschaft und Mutterschaft** einschließlich **Mutterschaftsgeld**) nach der Reichsversicherungsordnung (RVO) und die Möglichkeit für Mütter und Väter, **Erziehungsgeld** und **Erziehungsurlaub** nach dem Bundeserziehungsgeldgesetz (BErzGG) in Anspruch zu nehmen. Außerdem wird die **soziale Absicherung** der betroffenen Personen erläutert sowie der Anspruch auf **Kindergeld** bzw. auf **bezahlte Freistellung von der Arbeitsleistung bei Erkrankung von Kindern** behandelt. Um das Nachvollziehen der Rechtslage zu erleichtern, wird im Text auf die Paragraphen der einschlägigen Gesetze, die im Anhang im Wortlaut abgedruckt sind, verwiesen.

In den letzten Jahren hat es im Bereich des »Mutterschutzes« im weiteren Sinne neben der Fortentwicklung der Rechtsprechung zahlreiche und teilweise familienpolitisch bedeutsame gesetzliche Änderungen und Neuregelungen gegeben, von denen die wichtigsten hier kurz skizziert werden sollen.

Am 1.1.1997 trat das Gesetz zur Änderung des Mutterschutzrechts in Kraft, durch das mit mehrjähriger Verspätung endlich eine Anpassung an die europäische Rechtslage erfolgte.

Die wichtigsten Neuregelungen, insbesondere im **Mutterschutzgesetz,** bedeuten:
- Bei **Frühgeburten** verlängert sich die Mutterschutzfrist von zwölf Wochen nach der Entbindung um den Zeitraum, um den sich die Schutzfrist vor der Frühgeburt verkürzt hat. Der Anspruch auf Mutterschaftsgeld und Arbeitgeberzuschuß verlängert sich entsprechend.
- Im Fall einer **Totgeburt** kann die Mutter auf ihr ausdrückliches und jederzeit widerrufbares Verlangen auch schon vor Ablauf der i. d. R.

achtwöchigen Schutzfrist nach der Entbindung wieder beschäftigt werden, wenn nach ärztlichem Attest nichts dagegen spricht.
- **Hausangestellte** sind jetzt anderen Arbeitnehmerinnen mutterschutzrechtlich gleichgestellt, d. h. für sie gilt der gleiche Kündigungsschutz, der Anspruch auch bei Teilzeitarbeit auf Entgeltfortzahlung bei Beschäftigungsverboten vor Beginn der Mutterschutzfrist sowie das grundsätzliche Verbot der Sonn- und Feiertagsarbeit.
- Ist die **Kündigung** gegenüber einer Frau während der Schwangerschaft bzw. bis zum Ablauf von vier Monaten nach der Entbindung ausnahmsweise von der zuständigen Behörde für zulässig erklärt worden, bedarf die Kündigung der **Schriftform** und muß den zulässigen **Kündigungsgrund** angeben.
- Beim **Arbeitgeberzuschuß** sind nunmehr nicht nur vorübergehende Erhöhungen des Arbeitsentgelts, die während der Schutzfristen vor und nach der Entbindung wirksam werden, ab diesem Zeitpunkt in die Berechnung einzubeziehen.
- Im sog. Lohnausgleichsverfahren in Kleinbetrieben erhalten Arbeitgeber mit nicht mehr als 20 Beschäftigten von der Krankenkasse **volle Erstattung** des bei allen Beschäftigungsverboten gezahlten Mutterschutzlohns, des Arbeitgeberzuschusses zum Mutterschaftsgeld sowie der Arbeitgeberanteile zur Sozialversicherung.

Am 19.4.1997 ist die **Verordnung zum Schutz der Mütter am Arbeitsplatz** (Mutterschutzrichtlinienverordnung) in Kraft getreten. Sie verpflichtet den Arbeitgeber, bei der Beschäftigung von werdenden und stillenden Müttern die Arbeitsbedingungen im einzelnen zu beurteilen. Ziel der Beurteilungspflicht ist, die Risiken für die Gesundheit der Frauen abzuschätzen und ggf. Schutzmaßnahmen zu ergreifen. Diese können von einer Umgestaltung der Arbeitsbedingungen, einer Versetzung auf einen anderen Arbeitsplatz bis hin zu Beschäftigungsverboten reichen.

Mit Wirkung ab 1.1.1998 ist das Recht der **Arbeitslosenversicherung** als Drittes Buch in das Sozialgesetzbuch (SGB III) übernommen und völlig neugefaßt worden. Die Vorschriften des bisherigen Rechts zur Berücksichtigung (Gleichstellung) beitragsfreier Zeiten, wie z. B. des Bezuges von Erziehungsgeld, sind entfallen. Berufsrückkehrer(innen) nach Beendigung eines Erziehungsurlaubs sind jedoch durch eine leistungsrechtliche Regelung (Erweiterung der Rahmenfrist) regelmäßig in den Arbeitslosenversicherungsschutz einbezogen.

Versicherungspflicht in der **Arbeitslosenversicherung** bestand bisher

Einleitung

nur bei Beschäftigungen mit mindestens regelmäßig 18 Stunden in der Woche. Nunmehr gilt die in den anderen Sozialversicherungszweigen ebenfalls maßgebende **Geringfügigkeitsgrenze** des § 8 SGB IV, d. h. versicherungsfrei sind nur Beschäftigungen mit weniger als 15 Wochenstunden bzw. einem monatlichen Einkommen bis 630 DM oder bis zu zwei Monaten oder fünfzig Arbeitstagen in einer nicht berufsmäßigen Beschäftigung.

Mit dem bereits teilweise in Kraft getretenen **Rentenreformgesetz 1999** wird die Bewertung der Kindererziehungszeiten in den Jahren von 1998 bis 2000 schrittweise von 75 Prozent auf 100 Prozent des Durchschnittsentgelts angehoben. Außerdem werden Kindererziehungszeiten zusätzlich zu bereits vorhandenen zeitgleichen Beitragszeiten bis zur Beitragsbemessungsgrenze angerechnet.

Mit dem Jahressteuergesetz 1996, das am 1.1.1996 in Kraft trat, wurde der sog. Familienleistungsausgleich grundlegend verändert. **Kindergeld** wird jetzt ohne Einschränkung für Kinder bis zum 18. Lebensjahr gezahlt, anschließend nur noch unter gewissen Voraussetzungen. Die Höhe des Kindergeldes ist vom Elterneinkommen unabhängig.

Durch das Steuerentlastungsgesetz 1999 wurde mit Wirkung ab 1.1.1999 das **Kindergeld erhöht** und beträgt nunmehr monatlich
- für das erste und zweite Kind jeweils   250 DM
- für das dritte Kind   300 DM
- für jedes weitere Kind   350 DM.

Ausgezahlt wird das Kindergeld grundsätzlich wieder von den Familienkassen der Arbeitsämter.

Am 1.4.1999 trat das Gesetz zur **Neuregelung der geringfügigen Beschäftigungsverhältnisse** in Kraft. Näheres dazu siehe Seite 147.

1. Kapitel:

Überblick Mutterschutz

Alle werdenden Mütter, die in der gesetzlichen Krankenversicherung versichert oder familienversichert sind, haben Anspruch auf Vorsorgeuntersuchungen, ärztliche Betreuung und Hebammenhilfe, Versorgung mit Arznei-, Verband- und Heilmitteln, stationäre Entbindung, häusliche Pflege, Haushaltshilfe und Mutterschafts- oder Entbindungsgeld. Sofern sie nicht von anderer Seite geleistet werden, erhalten Frauen ohne oder mit niedrigem Einkommen vergleichbare Leistungen über die **Sozialhilfe**.

Arbeitnehmerinnen haben **Kündigungsschutz** während der Schwangerschaft bis vier Monate nach der Entbindung. Es gelten besondere **Mutterschutzvorschriften am Arbeitsplatz** während der Schwangerschaft und der Stillzeit, die auch Beschäftigungsverbote mit Anspruch auf Mutterschutzlohn beinhalten können. Während der **Schutzfristen** (sechs Wochen vor und i. d. R. acht Wochen nach der Entbindung) dürfen Frauen nicht beschäftigt werden. In dieser Zeit erhalten Arbeitnehmerinnen, die in der gesetzlichen Krankenversicherung versichert sind, zum Ausgleich ihres Nettoverdienstes Mutterschaftsgeld und den Arbeitgeberzuschuß.

1. Schutz der berufstätigen Mutter am Arbeitsplatz

Sobald eine Frau schwanger ist, gelten für sie – wenn sie berufstätig ist – eine Reihe von Schutzbestimmungen. Dadurch soll sichergestellt werden, daß die im Berufsleben stehende Mutter und auch das werdende Kind vor Gefahren, Überforderung und Gesundheitsschädigung am Arbeitsplatz, vor finanziellen Einbußen und vor dem Verlust des

Arbeitsplatzes im Zusammenhang mit der Schwangerschaft und Entbindung geschützt werden.

Durch diesen Mutterschutz, der insbesondere im **Mutterschutzgesetz (MuSchG)** und im **Bundeserziehungsgeldgesetz (BErzGG)** geregelt ist, soll es berufstätigen Frauen erleichtert werden, ihre Aufgabe im Beruf und als (werdende) Mutter miteinander zu vereinbaren. Da viele werdende Mütter arbeiten müssen bzw. wollen und auch nach der Geburt ihres Kindes nicht auf ihren Beruf verzichten wollen oder können, kommt diesen Schutzvorschriften große Bedeutung zu, und jede (werdende) Mutter sollte sich – nicht zuletzt im Interesse ihres Kindes – selbst daran halten und auch auf die Einhaltung durch den Arbeitgeber achten.

> **Tip:**
> Das örtlich zuständige **Gewerbeaufsichtsamt** überwacht, ob der Arbeitgeber seine Pflichten aus dem Mutterschutzgesetz erfüllt. Jede betroffene Frau kann sich daher an diese Behörde mit der Bitte um Auskunft und Unterstützung wenden.
> Macht der Arbeitgeber Schwierigkeiten, wenn eine schwangere Arbeitnehmerin sich zum Beispiel weigert, Nachtarbeit oder Mehrarbeit zu leisten oder auf ein sonstiges Beschäftigungsverbot verweist, so sollte unbedingt auch der **Betriebsrat/Personalrat** (falls vorhanden) informiert und um Hilfe gebeten werden.

2. Aufgaben des Betriebsrats/Personalrats

Der Betriebsrat[1] hat nämlich die Aufgabe, u. a. nach § 80 Abs. 1 Nr. 1 Betriebsverfassungsgesetz (BetrVG) über die Einhaltung der zugunsten der Arbeitnehmerin geltenden Gesetze, Verordnungen, Tarifverträge und Betriebsvereinbarungen zu wachen und bei der Bekämpfung von Unfall- und Gesundheitsgefahren für werdende und stillende Mütter nach § 89 BetrVG mitzuwirken. Nach § 88 Nr. 1 BetrVG können freiwillige Betriebsvereinbarungen zur Verhütung von Unfällen und Gesundheitsschädigungen der werdenden und stillenden Mütter abgeschlossen werden. Der Betriebsrat hat auch gem. § 85 Abs. 1 BetrVG

---

[1] Die in diesem Abschnitt beschriebenen Aufgaben des Betriebsrats gelten in inhaltlich gleicher Weise auch für den Personalrat des öffentlichen Dienstes.

Beschwerden von schwangeren und stillenden Frauen entgegenzunehmen, und, falls sie berechtigt erscheinen, durch Verhandlung mit dem Arbeitgeber auf ihre Abstellung hinzuwirken. Schließlich kann der Betriebsrat nach § 80 Abs. 1 Nr. 2 und 4 BetrVG Maßnahmen, z. B. die Einrichtung von Liege- und Stillräumen, beantragen und auch allgemein die Eingliederung werdender und stillender Mütter in den Betrieb fördern.

Im Einzelfall sollte sich der Betriebsrat mit Anregungen an das Gewerbeaufsichtsamt wenden, wenn der Arbeitgeber den Vorschriften des Mutterschutzgesetzes zuwiderhandelt und eine Einigung im Betrieb nicht gelingt. (Zur Mitteilungspflicht des Arbeitgebers gegenüber dem Betriebsrat über die Schwangerschaft siehe Seite 26 bzw. zur Unterrichtung nach der Verordnung zum Schutze der Mütter am Arbeitsplatz siehe Seite 49.)

3. Für wen gilt das Mutterschutzgesetz?

Das Mutterschutzgesetz gilt für **alle Frauen**, die in der Bundesrepublik Deutschland in einem **Arbeitsverhältnis** stehen, ohne Rücksicht auf die Staatsangehörigkeit der Arbeitnehmerin oder des Arbeitgebers. Dabei ist es unerheblich, ob die Arbeitnehmerin zur **Probe**, zur Aushilfe, nebenberuflich oder in **Teilzeit (auch geringfügig)** beschäftigt ist. Auch **Auszubildende**, Volontärinnen, Praktikantinnen (nur wenn das Praktikum nicht integrierter Bestandteil eines Schul- oder Hochschulstudiums ist), zur beruflichen Weiterbildung nach dem SGB III Beschäftigte usw. unterliegen dem Mutterschutz. In sog. **Leiharbeitsverhältnissen** hat die Beschäftigungsverbote der Entleiher zu beachten, dagegen treffen die Entgeltpflichten den Verleiher. Seit dem 1.1.1997 gilt das Mutterschutzgesetz auch uneingeschränkt für im Familienhaushalt angestellte Frauen. Für in Heimarbeit Beschäftigte und ihnen Gleichgestellte gelten einige Sonderregelungen, auf die jeweils hingewiesen wird.

Auf **Beamtinnen** finden die Verordnungen über den Mutterschutz für Beamtinnen des Bundes bzw. der Länder Anwendung, die zum Teil wegen der Eigenart des öffentlichen Dienstes und des Beamtenverhältnisses vom allgemeinen Mutterschutz abweichen (siehe Anhang 9).

Tip:
Wer sich über die Vorschriften des Mutterschutzgesetzes oder des Bundeserziehungsgeldgesetzes ausführlich und genau informieren möchte, kann sich auch an den **Betriebsrat/Personalrat** wenden. Dieser hat zumindest den entsprechenden Gesetzestext vorliegen, unter Umständen auch einen Kommentar.
Im übrigen ist der Arbeitgeber in Betrieben, in denen regelmäßig mehr als drei Frauen beschäftigt werden, verpflichtet, einen Abdruck des Mutterschutzgesetzes an geeigneter Stelle zur Einsicht **auszulegen oder auszuhängen** (§ 18 Abs. 1 MuSchG).

2. Kapitel:

Schwangerschaft dem Arbeitgeber melden

1. Mitteilung der Schwangerschaft

Werdende Mütter »sollen« dem Arbeitgeber ihre Schwangerschaft und den mutmaßlichen Tag der Entbindung mitteilen, sobald ihnen ihr Zustand bekannt ist (§ 5 Abs. 1 S. 1 MuSchG). Damit wird keine erzwingbare Rechtspflicht für die werdende Mutter begründet, sondern nur eine **nachdrückliche Empfehlung im Interesse der Schwangeren und des Kindes** ausgesprochen, da der Arbeitgeber ohne Kenntnis der bestehenden Schwangerschaft keine Schutzvorschriften beachten kann. Eine (unverzügliche) Mitteilungs**pflicht** kann sich jedoch aus einer besonderen entsprechenden arbeitsvertraglichen oder tariflichen Regelung ergeben. Im Einzelfall kann auch die allgemeine Treuepflicht der Arbeitnehmerin eine Verpflichtung zur rechtzeitigen Mitteilung begründen, so z. B. bei Eintritt von Beschäftigungsverboten oder bei sog. »Schlüsselkräften« (wesentliche Funktion im Betrieb)

Es genügt auch die Mitteilung der Frau, daß sie **vermutlich** schwanger sei. Es ist dann Sache des Arbeitgebers, die Frau zu veranlassen, ihre bloße Vermutung durch ein ärzliches Attest nachzuweisen. Hat der Arbeitgeber einen solchen Nachweis nicht veranlaßt, muß er die Mitteilung der vermutlichen Schwangerschaft gegen sich gelten lassen (LAG Düsseldorf vom 22.8.1964 in DB 1965, 223).

Die Mitteilung kann **formlos,** mündlich (auch telefonisch), schriftlich, persönlich oder durch einen Boten erfolgen. Sie ist grundsätzlich dem **Arbeitgeber gegenüber** abzugeben, wobei auch eine Mitteilung an den Vertreter oder eine zur Entgegennahme solcher Erklärungen befugte Person genügt, z. B. an die Personalsachbearbeiterin (BAG in BB 1956, 562) oder die Filialleiterin (LAG Düsseldorf in BB 1965, 223; LAG München vom 23.8.1990 in ZTR 1991, 212). Nach LAG Köln (Urteil vom 10.10.1990, Az: 7 Sa 214/90) kann dem Arbeitgeber die Mitteilung an den unmittelbaren **Vorgesetzten** nur zugerechnet werden, wenn dieser eine ähnlich selbständige Stellung wie ein Vertreter des Arbeitgebers hat. Der Vorgesetzte muß demnach mit der Wahrnehmung von Arbeitgeberfunktionen, vor allem mit der Wahrnehmung von Pflichten aus dem MuSchG betraut sein. Besteht im Betrieb jedoch die Übung, daß Arbeitnehmerinnen eine Schwangerschaft dem unmittelbaren Vorgesetzten anzeigen, muß der Arbeitgeber die Mitteilung gegen sich gelten lassen. Für das Bestehen einer solchen betrieblichen Übung trägt die Schwangere aber die volle Darlegungs- und Beweislast.

Tip:
Aus Beweisgründen sollte die Schwangerschaft i. d. R. **schriftlich** angezeigt werden.

2. Ärztliches Attest

Hat der Arbeitgeber Kenntnis von der Schwangerschaft, kann er jederzeit von der werdenden Mutter das schriftliche Zeugnis eines (approbierten) Arztes oder einer (staatlich zugelassenen) Hebamme über die bestehende Schwangerschaft und den mutmaßlichen Tag der Entbindung verlangen. In diesem Fall »soll« die Frau das Attest vorlegen (§ 5 Abs. 1 S. 2 MuSchG), d. h., eine Verpflichtung dazu besteht auch hier – abgesehen von einer eventuell vorliegenden arbeitsvertraglichen oder tariflichen Regelung – nicht schlechthin, sondern nur im Einzelfall aus der Treuepflicht, z. B. bei Beschäftigungsverboten bzw. spätestens vor Beginn der Schutzfrist. Im Zweifel sollte die werdende Mutter allerdings im eigenen Interesse dem Verlangen nach Vorlage des Attestes nachkommen, wenn auch die Erfüllung der öffentlich-rechtlichen Mutterschutzpflichten durch den Arbeitgeber an das objektive Bestehen der Schwangerschaft anknüpft und nicht an deren Nachweis.

Die Untersuchung durch einen von ihm bestimmten Arzt oder eine bestimmte Hebamme kann der Arbeitgeber nicht verlangen, da die Frau die **freie Arzt- bzw. Hebammenwahl** hat.

Die **Kosten** des Zeugnisses trägt der Arbeitgeber nur, wenn es auf sein Verlangen hin ausgestellt worden ist (§ 5 Abs. 3 MuSchG). Hat die Frau das Attest von sich aus besorgt, braucht der Arbeitgeber die Kosten nicht zu erstatten.

Tip:
Gem. § 196 der Reichsversicherungsordnung (RVO) haben in der gesetzlichen Krankenversicherung versicherte Frauen u. a. Anspruch auf **Feststellung der Schwangerschaft zu Lasten der Krankenkasse.** Versicherte Frauen sollten daher von dieser Möglichkeit Gebrauch machen. Übernimmt die Krankenkasse die Kosten, entfällt insoweit die eventuelle Kostenverpflichtung des Arbeitgebers.

3. Wirkung der Mitteilung

Vom Zeitpunkt der **Kenntnis der Schwangerschaft** an ist der Arbeitgeber straf- und zivilrechtlich für die Einhaltung der Vorschriften des Mutterschutzgesetzes verantwortlich. Außerdem darf er der Frau nun nicht mehr kündigen. (Näheres siehe Seite 29 ff.)

Während der Arbeitgeber **unbefugt Dritte nicht** über die Schwangerschaft **informieren** darf, muß er unverzüglich, d. h. ohne schuldhaftes Zögern, das örtlich zuständige **Gewerbeaufsichtsamt** (Aufsichtsbehörde) von der Mitteilung der Frau benachrichtigen (§ 5 Abs. 1 S. 3 MuSchG). Diesem soll damit Gelegenheit gegeben werden, beispielsweise die Einhaltung der einzelnen Beschäftigungsverbote zu überprüfen und in Streitfällen Entscheidungen herbeizuführen. Außerdem kann das Gewerbeaufsichtsamt Ausnahmen von den Beschäftigungsverboten anordnen und sich generell um die Situation der werdenden Mutter am Arbeitsplatz kümmern.

4. Unbefugte Bekanntgabe

Die Arbeitnehmerin braucht keine Sorge zu haben, daß mit der Mitteilung der Schwangerschaft an den Arbeitgeber auch Dritte darüber informiert werden. Sowohl aus der arbeitsvertraglichen Fürsorgepflicht als auch aus der speziellen Regelung im Mutterschutzgesetz (§ 5 Abs. 1 S. 4) ergibt sich, daß es dem Arbeitgeber **verboten** ist, **Dritte unbefugt** über die ihm mitgeteilte Schwangerschaft einer Arbeitnehmerin zu **informieren.** Etwas anderes kann nur gelten, wenn die betroffene Arbeitnehmerin damit einverstanden ist oder wenn der Arbeitgeber **berechtigte Gründe** für eine Bekanntgabe hat.

Beispiel:
Der Arbeitgeber informiert den unmittelbaren Vorgesetzten einer schwangeren Arbeitnehmerin, damit dieser die Beschäftigungsverbote beachten kann und zum Beispiel von der Arbeitnehmerin keine Mehrarbeit mehr verlangt.

Hat die schwangere Mitarbeiterin um vertrauliche Behandlung ihrer Mitteilung gebeten, so muß der Arbeitgeber die Personen, denen er befugterweise die Information weitergegeben hat, ebenfalls zur Verschwiegenheit verpflichten.

Dem **Betriebsrat** gegenüber ist der Arbeitgeber unaufgefordert zur Mitteilung über die Schwangerschaft verpflichtet. Ob dies auch für den Fall gilt, daß die Frau dem Arbeitgeber die Weitergabe der Mitteilung ausdrücklich untersagt, ist streitig, wird vom Bundesarbeitsgericht aber bejaht (BAG vom 27.2.1968, AP Nr. 1 zu § 58 BetrVG). Denn nur, wenn der Betriebsrat weiß, welche werdenden und stillenden Mütter im Betrieb beschäftigt sind, kann er seine Aufgaben aus dem Betriebsverfassungsgesetz ordnungsgemäß erfüllen, d. h. auf Einhaltung der Schutzvorschriften der Schwangeren zu achten.

5. Mitteilung vor der Einstellung/Offenbarungspflicht

Im Anschluß an den Europäischen Gerichtshof (Urteil vom 8.11.1990 in BB 1991, 692) hat das Bundesarbeitsgericht entschieden, daß die **Frage nach einer Schwangerschaft** vor Einstellung einer Arbeitnehmerin in der Regel eine **unzulässige** Benachteiligung wegen des Geschlechts darstellt und damit gegen das Diskriminierungsverbot des § 611 a BGB verstößt (Urteil vom 15.10.1992 in BB 1993, 433). Die Frage soll **ausnahmsweise** nur dann **zulässig** sein, wenn das Vertragsverhältnis bei bestehender Schwangerschaft überhaupt nicht durchgeführt werden kann, die Bewerberin also für die angestrebte Arbeit objektiv ungeeignet ist (z. B. entgegenstehende Beschäftigungsverbote nach dem Mutterschutzgesetz oder Unmöglichkeit einer Beschäftigung der Bewerberin in einem befristeten Arbeitsverhältnis wegen sogleich eintretender Mutterschutzfristen/Erziehungsurlaub). Ausnahmsweise soll die Frage nach der Schwangerschaft auch dann sachlich gerechtfertigt sein, wenn sie objektiv dem gesundheitlichen Schutz der Bewerberin und des ungeborenen Kindes dient (BAG vom 1.7.1993 in AiB 1994, 122). Dies entspricht letztlich den Fällen, in denen die Frau von sich aus zur Offenbarung der Schwangerschaft verpflichtet sein soll (siehe unten).

Wird eine ausnahmsweise **zulässige** Frage beantwortet, muß die Antwort auch ehrlich sein, wobei die bloße **Vermutung** einer Schwangerschaft nicht angegeben werden muß. Eine falsche Antwort berechtigt den Arbeitgeber unter Umständen zur **Anfechtung** (Näheres siehe Seite 40) des Arbeitsvertrages wegen **arglistiger Täuschung**. Zwar braucht die Bewerberin auch eine zulässige Frage nicht zu beantworten, allerdings besteht dann die Gefahr, daß der Arbeitgeber daraus nachteilige Schlüsse zieht und von einer Einstellung absieht.

Von sich aus muß eine Bewerberin **nicht** auf eine bestehende Schwangerschaft hinweisen, es sei denn, die beabsichtigte Tätigkeit kann von ihr aufgrund der Schwangerschaft gar nicht ausgeübt werden, z. B. Sportlehrerin, Tänzerin, Mannequin, Pflegekraft ausschließlich für Nachtdienst (BAG vom 8.9.1988 in DB 1989, 585) usw. Praktisch deckt sich damit die **Offenbarungspflicht ohne Befragen** inhaltlich mit dem Fragerecht des Arbeitgebers in den von der Rechtsprechung des Bundesarbeitsgerichts gezogenen Grenzen.

Der Arbeitgeber kann von einer Bewerberin nicht verlangen, daß sie ein Attest über das **Nichtvorliegen** einer Schwangerschaft beibringt.

Die oben dargestellte Rechtsprechung des Bundesarbeitsgerichts zum Fragerecht des Arbeitgebers nach der Schwangerschaft bzw. zur Offenbarungspflicht der Bewerberin dürfte allerdings zumindest teilweise nicht mehr lange Bestand haben, nachdem der **Europäische Gerichtshof** entschieden hat, daß die Richtlinie 76/207/EWG vom 9.2.1976 zur Verwirklichung des Grundsatzes der Gleichbehandlung von Männern und Frauen hinsichtlich des Zugangs zur Beschäftigung, zur Berufsausbildung und zum beruflichen Aufstieg sowie in Bezug auf die Arbeitsbedingungen es **ausschließt**, daß ein **unbefristeter** Arbeitsvertrag, der sich auf eine nachts zu verrichtende Arbeit bezieht und zwischen einem Arbeitgeber und einer schwangeren Arbeitnehmerin in **beiderseitiger Unkenntnis der Schwangerschaft** geschlossen wurde, wegen des nach nationalem Recht während der Schwangerschaft geltenden Nachtarbeitsverbots für **nichtig** erklärt wird und daß er vom Arbeitgeber aufgrund eines Irrtums über die verkehrswesentlichen Eigenschaften der Arbeitnehmerin bei Vertragsabschluß **angefochten** wird (EuGH vom 5.5.1994 in EuroAS 1994, 6). Letztlich wird also eine auf solchen Beschäftigungsverboten beruhende **vorübergehende** Verhinderung der Arbeitnehmerin, mit der ein **unbefristeter** Arbeitsvertrag abgeschlossen werden soll, die Zulässigkeit der Frage nach der Schwangerschaft bzw. eine Offenbarungspflicht nicht mehr begründen können.

3. Kapitel:

Kündigungsverbot für den Arbeitgeber

1. Kündigungsschutz

Wird eine Arbeitnehmerin schwanger, soll sie davor geschützt sein, aus diesem Grund ihren Arbeitsplatz zu verlieren. Deshalb verbietet das Mutterschutzgesetz (§ 9 Abs. 1) dem Arbeitgeber, **während der Schwangerschaft und bis zum Ablauf von vier Monaten nach der Entbindung (Schutzzeit)** eine Kündigung auszusprechen. Nimmt eine Arbeitnehmerin Erziehungsurlaub, so gilt das Kündigungsverbot auch während dieser Zeit (§ 18 BErzGG; Näheres siehe Seite 138 ff).

Das Kündigungsverbot umfaßt nicht nur jede fristgemäße ordentliche Kündigung, sondern auch eine fristlose Entlassung aus wichtigem Grund. Außerdem sind verboten: Änderungskündigungen, Kündigungen eines nicht befristeten Probe-Arbeitsverhältnisses, Kündigungen in Insolvenzverfahren sowie im Zuge einer Massenentlassung oder einer Betriebsstillegung. Auch eine Kündigung **vor** Dienstantritt fällt unter § 9 Abs. 1 MuSchG (LAG Düsseldorf vom 30.9.1993 in DB 1993, 1293). Zu den Ausnahmen vom Kündigungsschutz siehe Seite 36 ff.

Unzulässig sind auch Kündigungen, die **während** der Schutzzeit **ausgesprochen,** aber aufgrund langer Kündigungsfristen erst **nach** Ablauf der Schutzzeit **wirksam** werden.

> **Beispiel:**
> Frau A hat am 20. März ein Kind bekommen. Die Schutzzeit endet damit am 20. Juli. Eine Kündigung des Arbeitgebers, die dieser fristgerecht am 28. Juni für den 30. September ausgesprochen hat, ist ungültig.

Dagegen fällt eine Kündigung **nicht** unter das Verbot, wenn sie bereits **vor** der Schwangerschaft **ausgesprochen** wurde, das Arbeitsverhältnis aber erst **während** der Schwangerschaft **endet**.

Beispiel:
Der Arbeitgeber kündigt einer Mitarbeiterin am 20. März fristgerecht zum 30. Juni. Anfang Mai teilt die Arbeitnehmerin mit, sie sei seit einem Monat schwanger. Diese Kündigung verstößt nicht gegen § 9 Abs. 1 MuSchG.

Tip:
Um Streitfälle und eine eventuelle gerichtliche Klärung zu vermeiden, sollte eine Schwangerschaft möglichst frühzeitig festgestellt und angezeigt werden.

In **Heimarbeit** Beschäftigte und ihnen Gleichgestellte dürfen während der Schwangerschaft und bis zum Ablauf von vier Monaten nach der Entbindung nicht gegen ihren Willen bei der Ausgabe von Heimarbeit ausgeschlossen werden (§ 9 Abs. 4 MuSchG). In dieser Zeit besteht Anspruch auf Heimarbeit mindestens in demselben Umfang wie die Frau während der letzten drei Monate vor Beginn des Schwangerschaftsmonats gearbeitet hat. Anderenfalls befindet sich der Auftraggeber in Annahmeverzug und muß das bisherige Entgelt weiterzahlen.

2. Voraussetzungen des Kündigungsverbots

Bei **Zugang** der Kündigung muß eine Schwangerschaft **bestehen** bzw. eine Entbindung stattgefunden haben.

Zur Feststellung des **Beginns** der Schwangerschaft (und damit des Kündigungsverbots) kann der Arbeitgeber das Zeugnis eines Arztes oder einer Hebamme verlangen. Von dem darin angegebenen voraussichtlichen Tag der Niederkunft sind dann 280 Tage zurückzurechnen, um den maßgeblichen Schwangerschaftsbeginn festzustellen. Dabei wird der mutmaßliche Entbindungstag nicht mitgezählt (BAG vom 12. 12. 1985 in DB 1986, 1579).

Erleidet die schwangere Arbeitnehmerin eine **Fehlgeburt** oder läßt sie einen **Schwangerschaftsabbruch** vornehmen, so endet damit von diesem Zeitpunkt ab auch der Kündigungsschutz (BAG vom 16.2.1973, AP Nr. 2 zu § 9 MuSchG 1968). Dagegen bleibt der Kündigungsschutz erhalten, wenn ein Kind **tot** geboren wird, später stirbt oder wenn die Mutter es zur **Adoption** freigibt.

Weitere Voraussetzung für das Eingreifen des Kündigungsverbots ist, daß der Arbeitgeber bei Ausspruch der Kündigung von der Schwangerschaft bzw. der Entbindung **weiß**, unabhängig davon, auf welche Weise er die Kenntnis (dienstlich oder außerdienstlich) erlangt hat. Eine bloße Vermutung reicht nicht aus. Hat die Arbeitnehmerin ihren Dienstvorgesetzten (wenn dieser arbeitgeberähnliche Funktion hat) oder das Personalbüro über ihre Schwangerschaft informiert, so reicht dies aus und wird der Mitteilung an den Arbeitgeber gleichgesetzt. Dagegen ersetzt die Information des Betriebsrates, der Betriebsfürsorgerin oder des Vorarbeiters nicht die Kenntnis des Arbeitgebers (siehe auch Seite 23 ff.).

Tip:
Ob bei einem **Betriebsübergang** nach § 613 a BGB, der den mutterschutzrechtlichen Status der Arbeitnehmerin grundsätzlich nicht verändert (siehe Seite 73), die Kenntnis des früheren Arbeitgebers von der Schwangerschaft oder Entbindung dem neuen Betriebsinhaber zugerechnet werden kann, ist umstritten. Die Frau sollte daher in diesen Fällen vorsorglich dem neuen Arbeitgeber (erneut) Mitteilung machen.

3. Zweiwochenfrist

War dem Arbeitgeber bei Ausspruch der Kündigung die **Schwangerschaft/Entbindung unbekannt**, so gilt das Kündigungsverbot trotzdem, wenn die gekündigte Mitarbeiterin den Arbeitgeber oder seinen Vertreter (siehe Seite 23) innerhalb von **zwei Wochen nach Zugang der Kündigung** über das Vorliegen einer Schwangerschaft/Entbindung informiert (§ 9 Abs. 1 S. 1 MuSchG). Die Zweiwochenfrist beginnt bei mündlicher Kündigung mit deren Ausspruch, bei schriftlicher Kündigung dann, wenn die Arbeitnehmerin unter normalen Umständen die Möglichkeit der Kenntnisnahme hatte. Die Mitteilung durch einen Dritten (z. B. Ehemann) genügt, wenn der Zusammenhang mit der Kündigung deutlich wird.

Nach einer Entscheidung des BAG (vom 15.11.1990 in BB 1991, 179) muß die nachträgliche Mitteilung das Bestehen einer Schwangerschaft **zum Zeitpunkt des Zugangs der Kündigung** oder die Vermutung einer solchen Schwangerschaft zum Inhalt haben. Dies gilt sowohl bei Mitteilung innerhalb der Zweiwochenfrist als auch bei unverschuldeter Fristversäumnis und unverzüglicher Nachholung (siehe Seite 32 ff.). Teilt die

Arbeitnehmerin ausdrücklich nur das Bestehen einer Schwangerschaft mit, hängt es von den Umständen des Einzelfalles ab, ob die Mitteilung dahin verstanden werden muß, daß die Schwangerschaft bereits bei Zugang der Kündigung bestanden habe, wobei auch der zeitliche Zusammenhang der Mitteilung mit der Kündigung von Bedeutung sein kann.

Tip:
Im eigenen Interesse sollte die Frau daher auch immer ausdrücklich darauf hinweisen, daß die Schwangerschaft schon bei Zugang der Kündigung bestand bzw. vermutlich bestand, falls der genaue Beginn der Schwangerschaft noch nicht feststeht.

Auf Verlangen des Arbeitgebers ist die Frau nunmehr aufgrund ihrer arbeitsvertraglichen Treuepflicht verpflichtet, ein ärztliches Attest vorzulegen.

Die Fristberechnung erfolgt nach den §§ 187 bis 193 BGB.

Beispiele:
1. Eine Kündigung ist freitags zugegangen. Die Arbeitnehmerin muß bis zum übernächsten Freitag ihre Schwangerschaft dem Arbeitgeber anzeigen. Entscheidend ist der Zugang der Kündigung.
2. Ist eine Kündigung am Samstag zugegangen, muß die Anzeige bis zum dritten darauf folgenden Montag (falls kein Feiertag) erfolgen, da an Samstagen, Sonn- und Feiertagen keine Fristen ablaufen, sondern erst am nächsten Werktag.

Versäumt eine Frau diese Zweiwochenfrist, so führt dies nicht grundsätzlich zum Verlust des besonderen Kündigungsschutzes. Nur wenn dieses Versäumnis von der Arbeitnehmerin **verschuldet** ist, kann sie sich nicht mehr auf den Schutz des § 9 Abs. 1 MuSchG berufen. **Verschuldet** ist die Fristversäumung, wenn die Frau entweder die **Schwangerschaft kannte** und die **fristgemäße Mitteilung unterließ oder** die Schwangerschaft **schuldhaft nicht kannte**. Eine vage Schwangerschaftsvermutung reicht für einen Verschuldensvorwurf regelmäßig nicht aus. Eine schuldhafte Fristversäumung liegt nur dann vor, wenn diese auf einen groben Verstoß gegen das von einem verständigen Menschen im eigenen Interesse zu erwartende Verhalten zurückzuführen ist (BAG vom 6.10.1983, AP Nr. 12 zu § 9 MuSchG 1968).

Beispiel 1:
Am 15. März erfährt Frau A von ihrem Arzt, daß sie schwanger ist. Am 25. März erhält sie ihre ordentliche Kündigung. Aber erst am 15. April zeigt sie die Schwangerschaft ihrem Arbeitgeber an. Folge: Verlust des Kündigungsschutzes nach § 9 Abs.1 MuSchG.

Beispiel 2:
Seit sechs Monaten bleibt bei Frau B die Regelblutung aus. Trotzdem geht sie nicht zum Arzt, um die Ursache, also auch eine eventuelle Schwangerschaft, feststellen zu lassen. Am 25. März wird ihr fristgerecht gekündigt. Erst Ende April geht sie zum Arzt, erfährt, daß sie schwanger ist und teilt dies anschließend dem Arbeitgeber mit.
Auch hier wird sich Frau B nicht mehr auf den besonderen Kündigungsschutz berufen können, da sie auf Grund der zwingenden und unabweisbaren Schwangerschaftsvermutung schon im eigenen Interesse gehalten war, sich frühzeitig durch eine geeignete Untersuchung Gewißheit über das Vorliegen einer Schwangerschaft zu verschaffen und den Arbeitgeber spätestens innerhalb der Zweiwochenfrist hätte informieren können.

Bei einem **unverschuldeten** Überschreiten der Zweiwochenfrist (aus einem von der Frau nicht zu vertretenden Grund) bleibt der besondere Kündigungsschutz bestehen, wenn die schwangere Mitarbeiterin **unverzüglich** nach Feststellung der Schwangerschaft die Mitteilung nachholt (§ 9 Abs. 1 S. 1, 2. Halbs. MuSchG).

Unverschuldet ist die Zweiwochenfrist versäumt, wenn die Arbeitnehmerin **schuldlos innerhalb der Frist von der Schwangerschaft keine Kenntnis hat bzw. trotz Kenntnis die Mitteilungsfrist ohne Verschulden versäumt**, z. B. wegen Krankheit oder Urlaub (BAG vom 13.6.1996 in NZA 1996, 1154).

Beispiel 1:
Frau A sucht nach der letzten Regelblutung am 5. Oktober am 27. November einen Arzt auf, um einen Schwangerschaftstest vornehmen zu lassen. Teilt sie unverzüglich nach der ärztlichen Untersuchung dem Arbeitgeber mit, daß sie bereits bei Zugang der Kündigung am 28. Oktober schwanger war, hat sie die Zweiwochenfrist unverschuldet versäumt.

Beispiel 2:
Frau B weiß, daß sie schwanger ist, hat dies dem Arbeitgeber aber

noch nicht mitgeteilt. Hinweise auf eine bevorstehende Kündigung gibt es nicht. Am 1. August tritt sie eine Auslandsreise an. Nach ihrer Rückkehr am 15. August findet sie in ihrem Briefkasten ein Kündigungsschreiben ihres Arbeitgebers vor, das am 2. August eingeworfen wurde. Mit Schreiben vom 16. August, das ihrem Arbeitgeber am 18. August zugeht, macht sie unter gleichzeitiger Vorlage eines ärztlichen Attestes Mitteilung von der Schwangerschaft.
Da Frau B trotz Kenntnis der Schwangerschaft die Zweiwochenfrist unverschuldet versäumt und die Mitteilung unverzüglich nachgeholt hat, ist die Kündigung unwirksam.

Unverzüglich bedeutet, daß die Mitteilung **ohne schuldhaftes Zögern** nachgeholt wird. Dabei wird ein Zeitraum von einer Woche im allgemeinen als noch rechtzeitig und nicht zu lang angesehen (BAG vom 6.10.1983, AP Nr. 12 zu § 9 MuSchG 1968). Letztlich sind jedoch immer die besonderen Umstände des konkreten Einzelfalles entscheidend (BAG vom 20.5.1988 in BB 1988, 1963).

Beispiel:
Erfährt eine Arbeitnehmerin, der am 25. März gekündigt wurde, am 19. April, daß sie bereits zum Kündigungstermin schwanger war, reicht es im allgemeinen aus, wenn sie bis zum 26. April ihren Arbeitgeber davon unterrichtet. Um unnötige Risiken zu vermeiden, sollte die Frau die Mitteilung allerdings so **schnell wie möglich** machen!

Die schwangere Arbeitnehmerin muß im Streitfall die Kenntnis des Arbeitgebers von der Schwangerschaft beweisen. Sie trägt auch die **Darlegungs- und Beweislast** dafür, daß sie ohne Verschulden die zweiwöchige Mitteilungsfrist versäumt bzw. die Mitteilung unverzüglich nachgeholt hat (BAG vom 13.1.1982, AP Nr. 9 zu § 9 MuSchG 1968).

Tip:
Die Schwangerschaft oder Entbindung kann dem Arbeitgeber mündlich oder schriftlich mitgeteilt werden. Aus Beweisgründen sollte sie aber i. d. R. **schriftlich** erfolgen.

4. Wirkungen des Kündigungsverbots

Jegliche trotz des Kündigungsverbots ausgesprochene Kündigung ist **nichtig** (§ 134 BGB), d. h. das Arbeitsverhältnis ist dadurch nicht aufgelöst. Vielmehr kann eine Kündigung in einem solchen Fall erst nach Ablauf der Schutzzeit (falls anschließend nicht Erziehungsurlaub genommen wird) erneut ausgesprochen werden, wobei sich deren Wirksamkeit dann nur nach den allgemeinen Kündigungsschutzvorschriften richtet.

> **Beispiel:**
> Eine Arbeitnehmerin, die am 6. April ein Kind bekommen hat, erhält am 30. Juni die Kündigung. Diese ist wegen des Kündigungsverbots, das bis zum 6. August gilt (wenn nicht Erziehungsurlaub genommen wurde), nichtig. Der Arbeitgeber kann also erst nach diesem Zeitpunkt erneut fristgerecht kündigen.

Gegen eine trotz des Kündigungsverbots ausgesprochene Kündigung sollte die Frau **unverzüglich Klage** beim Arbeitsgericht erheben und sich an die zuständige Landesbehörde (siehe Seite 36) wenden.

Ein Arbeitgeber, der einer Frau verbotswidrig gekündigt hat, ist zur **Weiterzahlung der Vergütung** verpflichtet, wenn die Arbeitnehmerin arbeitsbereit und arbeitswillig ist, d. h. ihre **Arbeitskraft** trotz Kündigung weiter **anbietet** (Annahmeverzug).

> **Tip:**
> Das allgemeine Kündigungsrecht und der allgemeine Kündigungsschutz stehen selbständig und unabhängig neben dem besonderen Kündigungsschutz nach § 9 MuSchG. Sollte die Kündigung des Arbeitgebers auch **andere kündigungschutzrechtliche** Bestimmungen (z. B. nach dem Kündigungschutzgesetz, Schwerbehindertengesetz, BetrVG oder BGB) verletzen, so sollte eine Klage beim Arbeitsgericht i. d. R. auf alle in Betracht kommenden Gesichtspunkte gestützt werden, insbesondere dann, wenn nicht eindeutig feststeht, ob alle Voraussetzungen des § 9 Abs. 1 MuSchG erfüllt sind. Insoweit sind dann aber auch die sonstigen kündigungsschutzrechtlichen Regelungen zu beachten, z. B. die Einhaltung der **dreiwöchigen Klagefrist** ab Zugang der Kündigung gem. **§ 4 KSchG**.

5. Ausnahmen vom Kündigungsschutz

Das Kündigungsverbot ist **zwingend**, d. h. eine Frau kann vor Ausspruch der Kündigung nicht auf den Kündigungsschutz verzichten, und er kann auch nicht im voraus vertraglich ausgeschlossen oder beschränkt werden.

Nur **ausnahmsweise** kann der Arbeitgeber in besonderen Fällen, die nicht mit dem Zustand einer Frau während der Schwangerschaft oder ihrer Lage bis zum Ablauf von vier Monaten nach der Entbindung in Zusammenhang stehen, von der **zuständigen Landesbehörde**[1] von dem Kündigungsverbot befreit werden (§ 9 Abs. 3 MuSchG), d. h. auf Antrag wird eine Kündigung für zulässig erklärt. Diese behördliche Zulässigkeitserklärung muß **vor** Ausspruch der Kündigung erteilt sein.

Ein solcher **besonderer Fall** liegt dann vor, wenn es gerechtfertigt erscheint, daß das vom Gesetzgeber als vorrangig angesehene Interesse der schwangeren Arbeitnehmerin bzw. Mutter am Fortbestand des Arbeitsverhältnisses wegen außergewöhnlicher Umstände hinter die Interessen des Arbeitgebers zurücktritt (Bundesverwaltungsgericht vom 18.8.1977, AP Nr. 5 zu § 9 MuSchG 1968).

Beispiele:
1. Gründe, die in der Person oder in dem Verhalten der **Arbeitnehmerin** liegen, kommen vor allem in Betracht, wenn eine besonders grobe Pflichtverletzung vorliegt, die die Weiterbeschäftigung für den Arbeitgeber unzumutbar erscheinen läßt. Es muß aber zweifelsfrei feststehen, daß das Verhalten der Arbeitneh-

---

[1] Bayern: Gewerbeaufsichtsamt Nürnberg und München
Berlin: Landesamt für Arbeitsschutz und technische Sicherheit
Brandenburg: Gewerbeaufsichtsamt
Bremen: Gewerbeaufsichtsamt
Hamburg: Behörde für Arbeit, Gesundheit und Soziales
Hessen: Regierungspräsident
Mecklenburg-Vorpommern: Gewerbeaufsichtsamt
Niedersachsen: Gewerbeaufsichtsamt
Nordrhein-Westfalen: Regierungspräsident
Rheinland-Pfalz: Landesamt für Umweltschutz und Gewerbeaufsicht
Saarland: Ministerium für Frauen, Arbeit, Gesundheit und Soziales
Sachsen: Gewerbeaufsichtsamt
Sachsen-Anhalt: Gewerbeaufsichtsamt
Schleswig-Holstein: Gewerbeaufsichtsamt
Thüringen: Landesamt für Soziales und Familie

merin nicht mit ihrem körperlichen und seelischen Zustand während der Schwangerschaft oder ihrer Lage nach der Entbindung zusammenhängt. Umstände, die nach arbeitsrechtlichen Grundsätzen die Lösung des Arbeitsverhältnisses ohne Einhaltung einer Kündigungsfrist rechtfertigen würden, bedeuten nicht ohne weiteres einen »besonderen Fall«.

2. Gründe, die der **Arbeitgeberseite** zuzurechnen sind, liegen in aller Regel bei einer Betriebsschließung sowie immer dann vor, wenn die Fortzahlung des Arbeitsentgeltes während der Dauer der Schutzzeit gem. § 9 Abs.1 MuSchG die wirtschaftliche Existenz des Arbeitgebers gefährden würde, was eher in Kleinbetrieben der Fall sein kann.
Inhaltlich dürften hier die **»Allgemeinen Verwaltungsvorschriften zum Kündigungsschutz bei Erziehungsurlaub«** vom 2.1.1986 entsprechend Anwendung finden, da sie sich im wesentlichen an der bisherigen Handhabung und Rechtsprechung zu § 9 Abs. 3 MuSchG orientieren (siehe Seite 140 f. und Anhang 5). Eine weitgehend parallele »Allgemeine Verwaltungsvorschrift« zu § 9 Abs. 3 MuSchG liegt bisher erst im Entwurf vor.

Die zuvor von der zuständigen Landesbehörde genehmigte Kündigung des Arbeitgebers muß **schriftlich** erfolgen und den **zulässigen** Kündigungsgrund angeben (§ 9 Abs. 3 S. 2 MuSchG), anderenfalls ist sie unwirksam.

Überschneiden sich die Schutzzeiten nach § 9 Abs. 1 MuSchG und § 18 Abs.1 BErzGG (z. B. bei Inanspruchnahme von Erziehungsurlaub nach den Mutterschutzfristen oder bei erneuter Schwangerschaft/Entbindung während eines laufenden Erziehungsurlaubs), bedarf der Arbeitgeber für seine Kündigung im Überschneidungszeitraum der vorherigen Zulässigkeitserklärung der Aufsichtsbehörde nach **beiden** Vorschriften, da beide Kündigungsverbote nebeneinander bestehen (BAG vom 31.3.1993 in NZA 1993, 646).

Bevor die Behörde eine beantragte Kündigung für zulässig erklärt, muß sie die betroffene Arbeitnehmerin hören und ggf. auch weitere Ermittlungen anstellen, z. B. den Betriebsrat befragen.

> **Tip:**
> Bereits vor der Anhörung sollte sich eine Arbeitnehmerin genau über ihre Situation informieren, zum Beispiel bei der zuständigen Arbeitnehmerkammer, ihrer Gewerkschaft, beim Betriebsrat, ihrem Arzt oder eventuell einem Rechtsanwalt (Kosten!).

Kündigungsverbot für den Arbeitgeber

Die Erteilung der Genehmigung zur Kündigung kann die Frau im **Verwaltungsrechtsweg** anfechten. Hat die zuständige Behörde die Kündigung durch rechtskräftigen Verwaltungsakt für zulässig erklärt, so wird damit nur das Kündigungsverbot des § 9 Abs.1 MuSchG hinfällig. Dies schließt jedoch nicht aus, daß die Kündigung aus anderen arbeitsrechtlichen Gründen unwirksam und eine Klage vor dem Arbeitsgericht erfolgreich ist.

6. Soziale Sicherung nach zulässiger Kündigung

Frauen, denen der Arbeitgeber mit Zustimmung der zuständigen Landesbehörde wirksam gekündigt hat, erhalten bis zum Beginn der Schutzfrist vor der Entbindung **Arbeitslosengeld oder Arbeitslosenhilfe**, soweit sie dafür die Voraussetzungen des SGB III erfüllen. Die Tatsache der Schwangerschaft steht dem Anspruch auf Leistungen nicht entgegen, da auch schwangere Frauen bis auf die Zeit des Beschäftigungsverbots während der Schutzfristen der Arbeitsvermittlung zur Verfügung stehen können. (Zum Anspruch auf Mutterschaftsgeld für Arbeitslose während der Schutzfristen siehe Seite 92.)

> **Tip:**
> Auch Frauen, deren Arbeitsverhältnis noch nicht endgültig aufgelöst ist, sollten sich beim Arbeitsamt arbeitslos melden und Arbeitslosengeld beantragen, falls der Arbeitgeber sie tatsächlich nicht mehr beschäftigt und ihnen auch kein Arbeitsentgelt mehr zahlt (vgl. §§ 117, 118 Abs. 1, 143 Abs. 3 SGB III).

In der **gesetzlichen Kranken- und Pflegeversicherung** bleibt die Mitgliedschaft versicherungspflichtiger Frauen, deren Arbeitsverhältnis zulässig aufgelöst worden ist, gem. § 192 Abs. 2 SGB V während der Schwangerschaft erhalten, sofern sie nicht schon anderweitig (z. B. als Arbeitslose oder Bezieherin von Mutterschaftsgeld, siehe Seite 74, 81 ff.) krankenversichert sind. Ist dies nicht der Fall, müssen sie den Beitrag gem. § 250 Abs. 2 SGB V nach ihrem letzten Grundgehalt allein tragen. Sie können aber auch eine Umstufung in eine ihren neuen Einkommensverhältnissen entsprechende niedrigere Klasse (Mindestbeitrag für freiwillig Versicherte) bei der Krankenkasse **beantragen**.

Wichtig:
Aus diesem Antrag muß deutlich hervorgehen, daß eine zulässige Auflösung des Arbeitsverhältnisses zugrunde liegt. Anderenfalls erfolgt eine Einstufung nach Sozialhilfesätzen.

7. Beendigung des Arbeitsverhältnisses ohne Kündigung, insbesondere Befristung

Das Verbot des § 9 Abs. 1 MuSchG gilt nur für eine **Kündigung** des Arbeitsverhältnisses (durch den Arbeitgeber). Ist der Arbeitsvertrag **nichtig**, so kann sich der Arbeitgeber darauf berufen, allerdings nur mit Wirkung für die Zukunft. Der Arbeitsvertrag kann z. B. nichtig sein wegen Verstoßes gegen die guten Sitten (§ 138 BGB) oder gegen ein gesetzliches Verbot (§ 134 BGB), wegen fehlender Geschäftsfähigkeit (§§ 104 ff. BGB) oder wegen eines Formmangels (§ 125 BGB).

§ 9 Abs. 1 MuSchG steht auch einer wirksamen **Anfechtung** des Arbeitsvertrages einer schwangeren Frau durch den Arbeitgeber nicht entgegen (ebenfalls nur mit Wirkung für die Zukunft). Grundsätzlich ist aber eine bei Abschluß des Arbeitsvertrages bestehende Schwangerschaft keine »verkehrswesentliche« Eigenschaft, da es sich lediglich um einen vorübergehenden Zustand handelt (BAG vom 8.9.1988 in DB 1989, 585).

Eine Anfechtung wegen **Irrtums** über das Bestehen der Schwangerschaft gem. § 119 Abs. 2 BGB ist nach bisheriger Rechtsprechung daher ausnahmsweise nur dann zulässig, wenn die vertraglich vereinbarte Tätigkeit infolge der Schwangerschaft nicht übernommen werden kann (z. B. Tänzerin, Mannequin, Pflegekraft ausschließlich für Nachtdienst), oder wenn die Frau bei einem auf kürzere Zeit befristeten Arbeitsvertrag infolge der Beschäftigungsverbote für einen erheblichen Teil der Vertragsdauer ausfiele, und zwar auch dann, wenn der Frau ihre Schwangerschaft bei Abschluß des Vertrages nicht bekannt war (BAG vom 6.10.1962, AP Nr. 24 zu § 9 MuSchG). Diese Rechtsprechung des Bundesarbeitsgerichts muß teilweise revidiert werden, nachdem der Europäische Gerichtshof entschieden hat, daß ein **unbefristeter** und in Unkenntnis der Schwangerschaft geschlossener Arbeitsvertrag über Nachtarbeit trotz des nach nationalem Recht während der Schwangerschaft und des Stillens geltenden Nachtarbeitsverbots weder nichtig ist noch vom Arbeitgeber wegen Irrtums über die verkehrswesentlichen Eigenschaften der Arbeitnehmerin bei Vertragsabschluß angefochten werden kann (Urteil vom 5.5.1994 in EuroAS 1994, 6; siehe auch Seite 28).

Eine **Anfechtung** wegen **arglistiger Täuschung** über das Bestehen der Schwangerschaft nach § 123 BGB ist grundsätzlich dann möglich, wenn die Frau auf eine in angemessener Form gestellte ausnahmsweise zulässige Frage nach einer Schwangerschaft bzw. trotz ausnahmsweise bestehender Offenbarungspflicht (siehe Seite 27) nicht auf die Schwangerschaft hingewiesen hat und ein ursächlicher Zusammenhang zwischen dem arglistigen Verschweigen der Schwangerschaft und dem Abschluß des Vertrages bestand (LAG Düsseldorf vom 24.11.1966 in BB 1967, 323).

Das Kündigungsverbot greift ebenfalls nicht ein, wenn das Arbeitsverhältnis einvernehmlich durch Abschluß eines **Aufhebungsvertrages** endet (vgl. auch 4. Kapitel: »Eigene Kündigung/Aufhebungsvertrag«, Seite 43 ff.).

Hat die Arbeitnehmerin einen rechts**wirksamen** zeit- oder zweck**befristeten** Arbeitsvertrag (z. B. Aushilfsverhältnis, befristeter Probearbeitsvertrag oder Ausbildungsverhältnis), so endet dieser zum vorgesehenen Beendigungstermin bzw. mit Erreichen oder Erfüllung des bestimmten Vertragszweckes. Da es in diesen Fällen keiner Kündigung bedarf, gilt auch nicht das Kündigungsverbot des § 9 Abs. 1 MuSchG, wenn die Frau zum Zeitpunkt der Beendigung des Arbeitsverhältnisses schwanger ist oder vor weniger als vier Monaten (Ablauf der Schutzzeit) entbunden hat. Das Mutterschutzgesetz schützt die Arbeitnehmerin nur, wenn das befristete Arbeitsverhältnis vorzeitig durch Kündigung des Arbeitgebers aufgelöst werden soll. Die Mitteilung über den bevorstehenden Ablauf bzw. die Nichtverlängerung des befristeten Arbeitsverhältnisses stellt keine Kündigung dar.

Ist die **Befristung unwirksam,** führt dies zur Geltung des Arbeitsvertrages auf unbestimmte Zeit und somit zur Anwendung des § 9 Abs. 1 MuSchG. Eine **Klage** auf Feststellung der Unwirksamkeit der Befristung ist beim Arbeitsgericht spätestens innerhalb von **drei Wochen** nach dem vereinbarten Ende des befristeten Arbeitsverhältnisses zu erheben.

Gem. § 1 BeschFG ist die Befristung eines Arbeitsvertrages allerdings bis zur Dauer von zwei Jahren ohne weiteres zulässig. Bis zur Gesamtdauer von zwei Jahren ist sogar eine höchstens dreimalige Verlängerung eines befristeten Arbeitsvertrages gestattet. Ansonsten bedarf die wirksame Befristung nach der ständigen Rechtsprechung des BAG bei objektiver Umgehung von Arbeitnehmerschutzvorschriften eines besonderen sachlich gerechtfertigten Grundes, z. B. Erprobung des Arbeitnehmers, Vertretung oder Bindung der Stelle an Drittmittel. U. U. kann die Befristung als Benachteiligung wegen des Geschlechts nach § 611 a BGB unwirksam sein (vgl. LAG Köln vom 26.5.1994 in NZA 1995, 1105).

Wichtig:
Bei Auslauf eines **wirksam befristeten** Arbeitsverhältnisses ist der Arbeitgeber grundsätzlich nicht verpflichtet, die Arbeitnehmerin anschließend in ein Dauerarbeitsverhältnis zu übernehmen. Lehnt ein Arbeitgeber eine Übernahme jedoch nur wegen einer bei Fristablauf bestehenden Schwangerschaft ab, verstößt er gegen das **Diskriminierungsverbot** (Benachteiligungsverbot) des § 611 a BGB. Aber auch daraus resultiert i. d. R. keine Weiterbeschäftigungspflicht, sondern gem. § 611 a Abs. 2 und 3 BGB bzw. wegen der Verletzung des Persönlichkeitsrechts nur eine **Schadensersatzpflicht** von höchstens drei Monatsverdiensten. Im Normalfall geht das Bundesarbeitsgericht von einer Entschädigung in Höhe eines Monatsgehalts aus (Urteil vom 14.3.1989 in BB 1989, 2187). Eine Schadensersatzklage nach § 611 a Abs. 2 BGB muß spätestens innerhalb von drei Monaten nach der schriftlichen fristgerechten Geltendmachung des Anspruchs (§ 611 a Abs. 4 BGB) erhoben werden (§ 61 b Abs. 1 ArbGG).

Lediglich in besonders gelagerten Einzelfällen kann die Berufung des Arbeitgebers auf den Fristablauf **rechtsmißbräuchlich** sein und einen Rechtsanspruch auf **Weiterbeschäftigung** im Anschluß an den Zeitvertrag begründen. Verlängert beispielsweise der Arbeitgeber alle anderen vergleichbaren Arbeitsverhältnisse (z. B. bei Übernahme der Auszubildenden in Angestelltenverhältnisse) und beruft er sich nur der werdenden Mutter gegenüber auf den Fristablauf, ist dies i. d. R. ein unzulässiger Rechtsmißbrauch. Ebenso hat das Bundesarbeitsgericht (Urteil vom 28.11.1963 in DB 1964, 225) die ausschließlich wegen der Schwangerschaft verweigerte Weiterbeschäftigung als unzulässige Rechtsausübung bei einer Arbeitnehmerin gewertet, deren befristeter Probearbeitsvertrag tatsächlich auf eine Dauerstellung zugeschnitten war und die sich während der Probezeit voll bewährt hatte. Der Vertrauensschutz erhält auch dann besonderes Gewicht, wenn die Nichtverlängerung des Arbeitsverhältnisses in zeitlich unmittelbarem Zusammenhang mit der Anzeige der Arbeitnehmerin über den Eintritt der Schwangerschaft steht (LAG Hamm vom 6.6. 1991 in DB 1991, 1936). Ein Arbeitgeber kann auch unabhängig von der Schwangerschaft verpflichtet sein, einen an sich wirksam befristeten Arbeitsvertrag auf unbestimmte Zeit fortzusetzen, wenn er die Erwartung geweckt und bestätigt hat, er werde die Arbeitnehmerin bei Eignung und Bewährung unbefristet weiterbeschäftigen und wenn der Arbeitgeber sich mit seiner Ablehnung in Widerspruch zu seinem früheren Verhalten und einem von ihm aufgrund besonderer Umstände geschaffenen Vertrauensbestand setzt (BAG vom 16.3.1989 in DB 1989, 1728).

Tip:
Jede betroffene Frau sollte also sehr genau **prüfen (lassen),** ob der Arbeitgeber nicht zur Fortsetzung des Arbeitsverhältnisses oder zumindest zur Zahlung von Schadensersatz verpflichtet ist.

4. Kapitel:

Eigene Kündigung/ Aufhebungsvertrag

1. Grundlegendes

Das Kündigungsverbot gilt nur für den **Arbeitgeber**. Die Möglichkeit einer Kündigung des Arbeitsverhältnisses durch die **Arbeitnehmerin** ist dagegen nicht eingeschränkt, sondern sogar erweitert. Die Arbeitnehmerin kann nämlich während der Schwangerschaft und der achtwöchigen (bzw. bei Früh- und Mehrlingsgeburten zwölfwöchigen) Schutzfrist nach der Entbindung das Arbeitsverhältnis jederzeit **ohne Einhaltung von Kündigungsfristen zum Ende der Schutzfrist nach der Entbindung** kündigen (§ 10 Abs. 1 MuSchG). Bei Erziehungsurlaub gelten besondere Regelungen (siehe Seite 142 ff.). Lediglich, wenn die Kündigung zu einem früheren oder späteren Zeitpunkt wirksam werden soll, müssen die gesetzlichen, tariflichen oder arbeitsvertraglich vereinbarten Kündigungsfristen eingehalten werden.

An die Auslegung der Erklärungen oder des Verhaltens der Frau, aus denen auf eine Kündigung (**oder vertragliche Aufhebung**) des Arbeitsverhältnisses geschlossen wird, ist aber wegen der Auswirkungen der Beendigung des Mutterschutzes infolge der Kündigung ein besonders strenger Maßstab anzulegen (vgl. BAG vom 19.8.1982, AP Nr. 10 zu § 9 MuSchG 1968), d. h., daß eine Erklärung oder ein bestimmtes Verhalten der Arbeitnehmerin nur dann als Kündigung (oder Zustimmung zur Aufhebung des Arbeitsverhältnisses) gewertet werden kann, wenn darin klar und eindeutig zum Ausdruck kommt, daß sie z. B. nicht nur vorübergehend von der Arbeit freigestellt werden, sondern endgültig aus dem Arbeitsverhältnis ausscheiden will.

Die Arbeitnehmerin kann ihre eigene Kündigung (oder Zustimmung zum Aufhebungsvertrag) **nicht einseitig widerrufen,** u. U. kann sie die Erklärung aber **anfechten.** Eine Anfechtung wegen **Irrtums** gem. § 119 BGB ist beispielsweise möglich, wenn die Frau mit ihrer Erklärung etwas anderes ausdrücken wollte, als sie tatsächlich zum Ausdruck gebracht hat. Die Anfechtung muß gem. § 121 Abs. 1 BGB dann aber unverzüglich nach Erlangung der Kenntnis von dem Anfechtungsgrund erfolgen. Dagegen liegt kein Anfechtungsgrund vor, wenn die Frau bei ihrer Kündigung (oder Zustimmung zum Aufhebungsvertrag) nicht wußte, daß sie schwanger war (BAG vom 6.2.1992 in BB 1992, 1286) oder wenn sie sich über die mutterschutzrechtlichen Folgen ihrer Erklärung irrte (BAG vom 16.2.1983, AP Nr. 22 zu § 123 BGB).

Die Eigenkündigung der Frau ist nach § 123 BGB auch dann anfechtbar, wenn sie durch eine **arglistige Täuschung** (z. B. Erklärung des Arbeitgebers, die Kündigung berühre nicht die mutterschutzrechtlichen Ansprüche) oder eine widerrechtliche **Drohung** des Arbeitgebers veranlaßt war. So ist beispielsweise eine Drohung des Arbeitgebers, er werde der Frau kündigen, falls sie nicht selbst kündige (oder dem Aufhebungsvertrag zustimme), wegen des Kündigungsverbots des § 9 Abs. 1 MuSchG i. d. R. widerrechtlich, es sei denn, daß er mit einer Zulässigkeitserklärung gem. § 9 Abs. 3 MuSchG rechnen konnte. Dagegen liegt keine Drohung vor, wenn einer schwangeren Arbeitnehmerin der Abschluß eines Aufhebungsvertrages angeboten und eine erbetene Bedenkzeit abgelehnt wird.

2. Auswirkungen der Eigenkündigung

Die Sonderkündigung nach § 10 Abs. 1 MuSchG löst das Arbeitsverhältnis zum Ende der Schutzfrist nach der Entbindung auf.

> **Wichtig:**
> Eine Arbeitnehmerin sollte sich sehr genau überlegen und beraten lassen, ob sie das Arbeitsverhältnis selbst zum Ende der Schutzfrist oder (fristgerecht) sogar zu einem noch früheren Zeitpunkt durch eigene Kündigung (oder Aufhebungsvertrag) beendet. Zwar kann die Frau sich nach Beendigung des Arbeitsverhältnisses bzw. des Bezuges des Mutterschaftsgeldes beim Arbeitsamt **arbeitslos** melden und Arbeitslosengeld beantragen. Wer sein Arbeitsverhältnis freiwillig aufgibt, erhält jedoch für i. d. R. zwölf Wochen kein Arbeitslosengeld (**Sperrfrist** gem. § 144 Abs. 1 SGB III), falls er nicht einen **wichtigen Grund** für sein Verhalten hat.

Ein noch nicht gewährter (Rest-)Urlaub ist gem. § 7 Abs. 4 BUrlG abzugelten, da er wegen der Beendigung des Arbeitsverhältnisses nicht mehr gegeben werden kann. U. U. ist eine erhaltene Weihnachtsgratifikation zurückzuzahlen, wenn die Voraussetzungen einer wirksamen vertraglichen Rückzahlungsklausel erfüllt sind.

Tatsächlich nehmen die allermeisten Arbeitnehmerinnen im Anschluß an die Mutterschutzfristen **Erziehungsurlaub**. Neben Erziehungsgeld kann Anspruch auf andere (einkommensabhängige) Sozialleistungen bestehen. **Teilzeitarbeit** ist bis zu 19 Stunden in der Woche auch im Erziehungsurlaub zulässig, mit Zustimmung des bisherigen Arbeitgebers sogar bei einem anderen Arbeitgeber oder als Selbständiger. (Im einzelnen siehe das 9. Kapitel »Erziehungsgeld« und das 10. »Erziehungsurlaub«.)

Kündigt eine schwangere Arbeitnehmerin zu einem Zeitpunkt vor Beginn der sechswöchigen Schutzfrist vor der Entbindung, so erhält sie (abgesehen vom Sperrfrist-Risiko) während der Mutterschutzfristen kein Arbeitslosengeld, da sie in dieser Zeit nicht arbeiten darf. In diesem Fall **entfällt** auch grundsätzlich ihr Anspruch auf **Mutterschaftsgeld** nach § 13 Abs. 2 MuSchG oder § 200 Abs. 2 S. 1 RVO bzw. auf den **Arbeitgeberzuschuß**; in Betracht kommt lediglich Mutterschaftsgeld bzw. Entbindungsgeld nach §§ 200 Abs. 2 S. 6, 200 b RVO. (Näheres siehe Seite 92 f. bzw. 94.)

Der Arbeitgeber hat die **Aufsichtsbehörde** (Gewerbeaufsichtsamt) von der Kündigung einer **schwangeren** Frau (gilt nicht bei Kündigung nach Entbindung) unverzüglich zu **benachrichtigen** (§ 9 Abs. 2 MuSchG). Diese hat dann vor allem die Aufgabe, mit der Frau ein Gespräch über die Kündigung und ihre Gründe zu führen und sie auf die ihr noch zustehenden Rechte (z. B. eventuelles Anfechtungsrecht oder Rechte aus § 10 Abs. 2 MuSchG; siehe unten) hinzuweisen. Unterläßt der Arbeitgeber die Mitteilung, so wird die Kündigung dadurch allerdings nicht unwirksam, u. U. kann sich aber eine Schadensersatzpflicht des Arbeitgebers ergeben (BAG vom 19. 8.1982, AP Nr. 10 zu § 9 MuSchuG 1968).

Tip:
Hat der Arbeitgeber die Aufsichtsbehörde nicht informiert, sollte die Frau im Fall einer Eigenkündigung von sich aus das Gespräch mit der Behörde suchen und sich beraten lassen.

Eigene Kündigung / Aufhebungsvertrag

Wird eine Arbeitnehmerin, die ihr Arbeitsverhältnis **zum Ende der Schutzfrist** gekündigt (oder einvernehmlich aufgehoben) hat, **innerhalb eines Jahres** nach der Entbindung in ihrem bisherigen Betrieb **wieder eingestellt** (keine Verpflichtung des Arbeitgebers zur Wiedereinstellung!), so gilt für ihre Ansprüche aus dem Arbeitsverhältnis, z. B. im Rahmen der betrieblichen Altersversorgung oder bei Weihnachtsgratifikationen, das Arbeitsverhältnis als **nicht unterbrochen,** es sei denn, sie war in der Zwischenzeit bei einem anderen Arbeitgeber beschäftigt (§ 10 Abs. 2 MuSchG). Auch die Zeit der Unterbrechung selbst ist voll auf die Dauer der Betriebszugehörigkeit anzurechnen (streitig). Hat die Frau zu einem anderen Zeitpunkt als dem Ende der Schutzfrist nach der Entbindung gekündigt, müßte sie eine besondere Vereinbarung mit ihrem Arbeitgeber treffen, wenn sie ihre Rechte aus § 10 Abs. 2 MuSchG erhalten will.

Tip:
Wegen der oben genannten Nachteile und der Möglichkeit, bis zur Vollendung des dritten Lebensjahres des Kindes Erziehungsurlaub in Anspruch zu nehmen (einschließlich der genannten Teilzeitmöglichkeiten), ist von einer Eigenkündigung bzw. dem Abschluß eines Aufhebungsvertrages i. d. R. **abzuraten.**

5. Kapitel:

Schutzvorschriften für Mutter und Kind

Durch Regelungen über die **Gestaltung des Arbeitsplatzes** sowie **Beschäftigungsverbote** bzw. -beschränkungen soll der Gesundheitsgefährdung begegnet werden, die sich aus der beruflichen Tätigkeit während der Schwangerschaft und nach der Entbindung für die (werdende) Mutter und das Kind ergibt.

Verletzungen der mutterschutzrechtlichen Bestimmungen durch den Arbeitgeber können in bestimmten Fällen als **Straftaten** bzw. als **Ordnungswidrigkeiten** geahndet werden (vgl. § 21 MuSchG). Bei anderen Vorschriften handelt es sich um öffentlichrechtliche Verpflichtungen des Arbeitgebers, deren Nichtbefolgung zwar nicht strafbewehrt ist, aber **Schadensersatzansprüche** der Arbeitnehmerin auslösen kann. Aufgrund der Fürsorgepflicht des Arbeitgebers hat die werdende (oder stillende) Mutter auch einen arbeitsvertraglichen Anspruch auf Beachtung und Einhaltung der Beschäftigungsverbote. Sie kann die Erledigung verbotener Arbeiten verweigern (**Leistungsverweigerungsrecht**), ohne hierdurch ihre Pflichten aus dem Arbeitsvertrag zu verletzten (zum eventuellen Umsetzungsrecht des Arbeitgebers siehe Seite 56 f.) bzw. ihren Vergütungsanspruch zu verlieren (zum sog. Mutterschutzlohn siehe Seite 58 ff.).

1. Gestaltung des Arbeitsplatzes

Wer eine werdende oder stillende Mutter beschäftigt, muß deren Arbeitsplatz einschließlich der Maschinen, Werkzeuge und Geräte so einrichten und unterhalten bzw. die Beschäftigung so regeln, daß sie vor **Gefahren für Leben und Gesundheit ausreichend geschützt** ist (§ 2 Abs. 1 MuSchG). Zum Arbeitsplatz gehören dabei z. B. auch die Kantine, Wasch- und Toilettenräume und die Zugangswege.

Schutzvorschriften für Mutter und Kind

Welche Maßnahmen und Vorkehrungen erforderlich sind, kann nicht immer generell bestimmt werden, sondern nur anhand des Einzelfalls unter Berücksichtigung der Gegebenheiten des Betriebs, der Konstitution der schwangeren Arbeitnehmerin sowie des Standes der Medizin und der Technik. Die **Aufsichtsbehörde** (siehe Seite 36) kann insoweit besondere Anordnungen verfügen (§ 2 Abs. 5 MuSchG).

> **Beispiele:**
> Besondere Pausen- bzw. andere Arbeitszeitregelung; Regelung der Raumtemperatur; besonderer Lärmschutz; Schutz vor Tabakrauch; Zuteilung anderer Arbeit.

Zur Gestaltung des Arbeitsplatzes gehören auch Regelungen hinsichtlich der Durchführung der Arbeit und des Arbeitsablaufes, z. B. Art, Lage, Dauer und Tempo der Tätigkeit sowie die Schichteinteilung und das Tragen von Schutzkleidung. Außerdem ist eine ausdrückliche Regelung (§ 2 Abs. 2 und 3 MuSchG) für die Fälle getroffen, in denen eine werdende oder stillende Mutter bei ihrer Arbeit **ständig gehen oder stehen** (z. B. Verkäuferin) oder aber **ständig sitzen** (z. B. Stenotypistin) muß. Ob eine Arbeitnehmerin „ständig" eine gewisse Tätigkeit ausübt, beurteilt sich danach, welche Art der Beschäftigung ihre Tätigkeit prägt.

> **Beispiel:**
> Eine Verkäuferin im Kaufhaus übt auch dann eine Beschäftigung aus, bei der sie ständig stehen und/oder gehen muß, wenn sie für ca. eine Stunde täglich die Kassiererin an der Kasse ablöst und diese Tätigkeit im Sitzen ausüben kann.

Als Ausgleich für die einseitige Beanspruchung hat der Arbeitgeber **Sitzgelegenheiten** zum kurzen Ausruhen bereitzustellen bzw. **Arbeitsunterbrechungen** für Ausgleichsbewegungen zu genehmigen. Dabei kommt es auf das Ruhebedürfnis der Arbeitnehmerin an, wie lange sie die Sitzgelegenheit in Anspruch nehmen bzw. ihre Arbeitsleistung unterbrechen darf. Kann die Sitzgelegenheit nicht am Arbeitsplatz selbst, sondern nur an einer anderen Stelle des Betriebs bereitgestellt werden, so muß die Frau die Möglichkeit erhalten, den Arbeitsplatz nach Bedarf zum Ausruhen im Sitzen zu verlassen. Halten sich die Arbeitsausfälle in angemessenem Rahmen, hat der Arbeitgeber das **Arbeitsentgelt** insoweit **fortzuzahlen** (§ 616 Abs. 1 BGB).

Durch die am 19.4.1997 in Kraft getretene **Verordnung zum Schutze** der Mütter am Arbeitsplatz (MuSchRiV; siehe Anhang 2) ist der Arbeitgeber verpflichtet, rechtzeitig für jede Tätigkeit, bei der werdende oder stillende Mütter durch bestimmte chemische Gefahrstoffe, biologische Arbeitsstoffe, physikalische Schadfaktoren, Verfahren oder Arbeitsbedingungen gefährdet werden können, Art, Ausmaß und Dauer der Gefährdung zu **beurteilen** und das Ergebnis den werdenden oder stillenden Müttern, den übrigen bei ihm beschäftigten Arbeitnehmerinnen sowie dem Betriebs- oder Personalrat **mitzuteilen.** Ergibt die Beurteilung, daß die Sicherheit oder Gesundheit der betroffenen Arbeitnehmerinnen gefährdet und Auswirkungen auf Schwangerschaft oder Stillzeit möglich sind, müssen die Arbeitsbedingungen und ggf. die Arbeitszeiten vorübergehend **umgestaltet** werden. Ist dies oder ein ansonsten erforderlicher **Arbeitsplatzwechsel** nicht möglich bzw. unzumutbar, dürfen werdende oder stillende Mütter so lange **nicht beschäftigt** werden, wie dies zum Schutz ihrer Sicherheit oder Gesundheit nötig ist. Für Arbeiten mit bestimmten Gefahrstoffen und Schadfaktoren besteht ein **generelles Beschäftigungsverbot.** (Zu den Einzelheiten siehe Seite 53 f. und die Verordnung zum Schutze der Mütter am Arbeitsplatz, abgedruckt im **Anhang 2).**

2. Bildschirmarbeit

Viele Schwangere, die an Bildschirmgeräten arbeiten, haben Sorge, daß sich dies negativ auf den Schwangerschaftsverlauf und die Entwicklung des Kindes auswirken könnte.

Entgegen einer weitverbreiteten Ansicht gibt es insoweit aber für werdende Mütter noch **keine besonderen gesetzlichen Beschäftigungsverbote oder -beschränkungen,** da keine der bisher vorliegenden wissenschaftlichen Untersuchungen über Bildschirmarbeit ein erhöhtes Risiko für den Schwangerschaftsverlauf nachgewiesen hat. Es hat sich gezeigt, daß zwar allgemein bei Frauen im Berufsleben die Zahl der Fehlgeburten signifikant größer ist als bei anderen Schwangeren. Dabei führt jedoch Bildschirmarbeit zu keiner erhöhten Zahl von negativen Schwangerschaftsverläufen. Auch scheint – nach dem heutigen Stand der Erkenntnisse – die Befürchtung unberechtigt, daß die von den Bildschirmgeräten ausgehenden leichten Röntgenstrahlen die Gesundheit von Mutter und Kind gefährden.

Schutzvorschriften für Mutter und Kind

Auch wenn bisher noch keine negativen Auswirkungen nachgewiesen sind, sollte man doch als vorbeugende Maßnahmen zumindest versuchen, die belastenden Auswirkungen der Bildschirmarbeit, beispielsweise die langandauernde einseitige Körperhaltung durch eine ergonomisch richtige Gestaltung der Arbeitsplätze, der Arbeitsmittel, der Arbeitsumgebung und der Programme zu minimieren.

Hier bietet sich die Einrichtung von Mischarbeitsplätzen sowie die Schaffung von ausreichenden Erholungszeiten an (siehe z. B. die Dienstvereinbarung über Arbeitsbedingungen beim Ersatz von automatischen Datenverarbeitsanlagen und Bildschirmgeräten im **bremischen öffentlichen Dienst** sowie den »Tarifvertrag über die Arbeitsbedingungen von Arbeitnehmerinnen und Arbeitnehmern auf Arbeitsplätzen mit Geräten der Informationstechnik« zwischen der Regierung des Saarlandes, dem Kommunalen Arbeitgeberverband Saar e. V. und der Gewerkschaft ÖTV, Bezirksverwaltung Saar).

Nach der am 20.12.1996 in Kraft getretenen **Bildschirmarbeitsverordnung** hat der Arbeitgeber **generell** bei Bildschirmarbeitsplätzen die Sicherheits- und Gesundheitsbedingungen insbesondere hinsichtlich einer möglichen Gefährdung des Sehvermögens sowie körperlicher Probleme und psychischer Belastungen zu ermitteln und zu beurteilen. Zusätzlich zu den besonderen Anforderungen an die Gestaltung der Bildschirmarbeitsplätze, dem Angebot von Augenuntersuchungen bzw. der eventuellen Zurverfügungstellung spezieller Sehhilfen muß der Arbeitgeber die Tätigkeit **aller** Arbeitnehmer, die gewöhnlich bei einem wesentlichen Teil ihrer normalen Arbeit ein Bildschirmgerät benutzen, so organisieren, daß die tägliche Arbeit regelmäßig durch andere Tätigkeiten (**Mischarbeit**) oder durch bezahlte **Pausen** unterbrochen wird, die die Belastungen durch Bildschirmarbeit verringern (§ 5 Bildschirmarbeitsverordnung).

> **Tip:**
> Schwangere Frauen, die an Bildschirmgeräten arbeiten und trotz der bisher vorliegenden wissenschaftlichen Ergebnisse über mögliche Beeinträchtigungen des Schwangerschaftsverlaufes besorgt sind, sollten sich von ihrem **Arzt bzw. Betriebsarzt** beraten lassen. Der Betriebsarzt (falls vorhanden) ist am ehesten in der Lage, aus seiner Kenntnis des Arbeitsplatzes und der Beschäftigten einen fachkundigen Rat zu erteilen. Ergebnis der Beratung könnte unter Umständen auch sein, daß er für die Dauer der Schwangerschaft einen anderen Arbeitsplatz wählt. Auch hier kann das **Ge-**

werbeaufsichtsamt beratend hinzugezogen werden. Empfehlenswert ist der Abschluß von **Betriebsvereinbarungen/Dienstvereinbarungen** durch die Betriebsräte/Personalräte.

3. Beschäftigungsverbote

a) Individuelle Beschäftigungsverbote

Bedeutet die Fortsetzung der bisherigen Tätigkeit eine **Gefahr für Leben oder Gesundheit der werdenden Mutter bzw. des Kindes**, darf die Arbeitnehmerin damit nicht weiterbeschäftigt werden. Dabei setzt der Erlaß eines Beschäftigungsverbotes nicht voraus, daß der konkrete Arbeitsplatz oder die Arbeit als solche gesundheitsgefährdend ist; es reicht vielmehr aus, wenn die Beschäftigung für nicht schwangere Frauen keinerlei Gefährdung mit sich bringt, wohl aber aufgrund der **individuellen** Verhältnisse der schwangeren Frau die Gesundheit von Mutter oder Kind gefährden würde (BAG vom 12.3.1997 in BB 1997, 1485). Die Schwangere muß jedoch ein **ärztliches** Attest vorlegen, aus dem sich die Gefährdung ergibt (§ 3 Abs. 1 MuSchG).

Ob ein den **An- und Abfahrtsweg zur Arbeitsstätte** betreffendes ärztliches Verbot ein solches Beschäftigungsverbot darstellt, ist umstritten, wird vom Bundesarbeitsgericht aber verneint (Urteil vom 7.8.1970 in DB 1970, 1980).

Frauen, die in den ersten (d. h. in der Regel maximal sechs) Monaten **nach** der Entbindung nach ärztlichem Attest noch nicht wieder voll leistungsfähig sind, dürfen außerdem nicht zu einer ihre Leistungsfähigkeit übersteigenden Arbeit herangezogen werden (§ 6 Abs. 2 MuSchG; Näheres siehe Seite 65 f.).

Zum Beschäftigungsverbot bei zulässiger **Teilzeitarbeit im Erziehungsurlaub** siehe Seite 144.

Diese **individuellen Beschäftigungsverbote**, mit denen die Arbeit ganz oder teilweise untersagt bzw. auch auf leichtere Tätigkeiten reduziert werden kann, werden erst mit der **Vorlage des ärztlichen Zeugnisses wirksam** und sind zwingend. Der Arbeitgeber muß die Frau dann entsprechend dem Inhalt des Attestes **freistellen bzw. umsetzen** (siehe Seite 56 f.).

Dem **ärztlichen Attest** kommt dabei grundsätzlich ein **hoher**

Beweiswert zu. Hat der Arbeitgeber dennoch **berechtigte Zweifel,** daß die Voraussetzungen für ein Beschäftigungsverbot vorliegen, kann er nicht nur auf seine Kosten eine anderweitige ärztliche Untersuchung verlangen, sondern z.b. im Streitfall auch tatsächliche Umstände darlegen, die den Schluß zulassen, daß das Beschäftigungsverbot auf nicht zutreffenden Angaben der Schwangeren beruht oder nur eine krankheitsbedingte Arbeitsunfähigkeit besteht (siehe auch Seite 58 f.). Insoweit trägt der Arbeitgeber aber die Beweislast (BAG vom 31.7.1996 in BB 1996, 2467).

Der Arzt der Schwangeren muß zwar die Fragen des Arbeitgebers nach dem **Umfang** des Beschäftigungsverbotes beantworten bzw. ob Arbeitsumstände, die vom Arbeitgeber abgestellt werden können, für das Verbot ausschlaggebend waren (insoweit Entbindung des Arztes von der Schweigepflicht nicht erforderlich), **nicht** aber nach den **Gründen,** da Angaben über den Gesundheitszustand und über den Schwangerschaftsverlauf nicht in das nach § 3 Abs. 1 MuSchG auszustellende ärztliche Zeugnis gehören. Durch einfaches Bestreiten kann der Arbeitgeber nicht erreichen, daß die Schwangere oder ihr Arzt dazu Auskunft gibt bzw. sie ihren Arzt von der Schweigepflicht entbindet (BAG vom 12.3.1997 in BB 1997, 1485). Dies könnte allerdings erforderlich sein, wenn die Frau einen vom Arbeitgeber nicht gezahlten Mutterschutzlohn (siehe Seite 58 ff.) einklagt und der Arbeitgeber Umstände darlegt und beweist, die zu ernsthaften Zweifeln am Vorliegen der Voraussetzungen des Beschäftigungsverbotes Anlaß geben.

b) Generelle Beschäftigungsverbote

Darüber hinaus sind wegen ihrer möglichen negativen Auswirkungen **bestimmte Arbeiten** während der Schwangerschaft bzw. der Stillzeit **generell verboten** (§§ 4 Abs. 1, 6 Abs. 3 MuSchG). So dürfen werdende / stillende Mütter keine schweren körperlichen Arbeiten mehr ausüben. Auch Tätigkeiten, bei denen sie schädlichen Einwirkungen von gesundheitsgefährdenden Stoffen oder Strahlen, von Staub, Gasen oder Dämpfen, von Hitze, Kälte oder Nässe, von Erschütterungen oder Lärm ausgesetzt sind, sind verboten.

Weiterhin zählt das Mutterschutzgesetz beispielhaft Arbeiten auf, mit denen werdende (und teilweise stillende) Mütter insbesondere **nicht** beschäftigt werden dürfen (§§ 4 Abs. 2, 6 Abs. 3 MuSchG):

- Arbeiten mit schweren Lasten, d. h. bei denen regelmäßig Lasten von mehr als 5 kg Gewicht oder gelegentlich Lasten von mehr als 10 kg Gewicht ohne mechanische Hilfsmittel von Hand gehoben, bewegt oder befördert werden,
- nach Ablauf des fünften Schwangerschaftsmonats ständige Arbeiten im Stehen über vier Stunden täglich,
- Arbeit unter häufigem Strecken und Beugen,
- Schälen von Holz,
- Arbeiten unter der erhöhten Gefahr einer Berufserkrankung,
- Beschäftigung auf Beförderungsmitteln nach Ablauf des dritten Schwangerschaftsmonats,
- Arbeiten mit erhöhter Unfallgefahr.

Beispiele:
Verboten ist demnach z. B. eine ständig stehende Tätigkeit an einer Maschine von mehr als vier Stunden täglich ab dem sechsten Schwangerschaftsmonat. »Ständiges Stehen« liegt nicht vor, wenn die Arbeit ihrer Art nach durch Gehen oder Sitzen unterbrochen wird, z. B. die Arbeit von Verkäuferinnen, die nicht ständig an einer Stelle stehen müssen, sondern sich auch im Raum bewegen oder sitzen können.
Verboten ist auch die Tätigkeit als Bus- oder Taxifahrerin ab dem vierten Schwangerschaftsmonat.

Außerdem dürfen werdende/stillende Mütter **nicht** mit **Akkordarbeiten** bzw. sonstigen Arbeiten, bei denen durch ein gesteigertes Arbeitstempo ein höheres Entgelt erzielt werden kann, oder am **Fließband** mit vorgeschriebenem Arbeitstempo beschäftigt werden (§§ 4 Abs. 3, 6 Abs. 3 MuSchG). Dadurch soll verhindert werden, daß die schwangeren/stillenden Arbeitnehmerinnen durch den Anreiz der arbeitstempoabhängigen Entlohnung ihre Kräfte in einer für sie bzw. für das Kind schädlichen Weise überbeanspruchen.

Die 1997 in Kraft getretene **Verordnung zum Schutze der Mütter am Arbeitsplatz** (MuSchRiV, siehe Anhang 2) verpflichtet den Arbeitgeber, rechtzeitig für jede Tätigkeit, bei der werdende oder stillende Mütter durch bestimmte chemische Gefahrstoffe, biologische Arbeitsstoffe, physikalische Schadfaktoren, Verfahren oder Arbeitsbedingungen nach **Anlage 1** der MuSchRiV (abgedruckt in Anhang 2) gefährdet werden können, Art, Ausmaß und Dauer der Gefährdung zu **beurteilen** und die werdenden oder stillenden Mütter, die übrigen bei ihm beschäftigten Ar-

beitnehmerinnen sowie den Betriebs-/Personalrat über die Ergebnisse der Beurteilung und die zu ergreifenden Maßnahmen zu **informieren**.
Ist eine **Umgestaltung** der Arbeitsbedingungen, ggf. der Arbeitszeiten oder ein Arbeitsplatzwechsel nicht möglich oder unzumutbar, dürfen werdende oder stillende Mütter so lange **nicht beschäftigt** werden, wie dies zum Schutz ihrer Sicherheit und Gesundheit erforderlich ist. Ergibt die Beurteilung eine Gefährdung durch Gefahrstoffe, Schadfaktoren oder Arbeitsbedingungen nach **Anlage 2** der MuSchRiV (abgedruckt in Anhang 2), ist die Beschäftigung ebenfalls nicht erlaubt.

Generell verboten ist gem. § 5 MuSchRiV i.V.m. der Gefahrstoffverordnung für werdende oder stillende Mütter z. B. die Arbeit mit
- giftigen, gesundheitsschädlichen oder in sonstiger Weise den Menschen chronisch schädigenden Gefahrstoffen, wenn bestimmte Grenzwerte überschritten sind,
- Stoffen, Zubereitungen oder Erzeugnissen, die ihrer Art nach erfahrungsgemäß Krankheitserreger übertragen können, wenn sie den Krankheitserregern ausgesetzt sind,
- krebserzeugenden, fruchtschädigenden oder erbgutverändernden Gefahrstoffen (für stillende Mütter nur bei Grenzwertüberschreitung).

Alle diese im Mutterschutzgesetz und in der Mutterschutzrichtlinienverordnung aufgeführten Tätigkeiten wurden aufgrund medizinischer Erkenntnisse verboten, da sie für werdende/stillende Mütter als besonders schädlich anzusehen sind. Die Beschäftigungsverbote muß der Arbeitgeber übrigens von sich aus beachten. Sie sind darüber hinaus **zwingend**, d. h. die betroffene Arbeitnehmerin kann nicht darauf verzichten bzw. freiwillig verbotene Arbeiten erledigen. In Einzelfällen kann die **Aufsichtsbehörde** (siehe Seite 36) weitere Beschäftigungen verbieten.

4. Keine Mehr-, Nacht-, Sonn- und Feiertagsarbeit

Werdende und stillende Mütter dürfen schließlich nicht mit Mehrarbeit, mit Nachtarbeit zwischen 20.00 und 6.00 Uhr und auch nicht an Sonn- und Feiertagen beschäftigt werden (§ 8 Abs. 1 S. 1 MuSchG).

Was **Mehrarbeit** ist, richtet sich dabei gem. § 8 Abs. 2 MuSchG nach der Art der Tätigkeit bzw. dem Alter der Arbeitnehmerin:

- Für im Haushalt mit hauswirtschaftlichen Arbeiten und in der Landwirtschaft Beschäftigte:
Über neun Stunden täglich oder 102 Stunden in der Doppelwoche,
- bei Frauen unter 18 Jahren:
Über acht Stunden täglich oder 80 Stunden in der Doppelwoche,
- bei allen anderen Frauen:
Über achteinhalb Stunden täglich oder 90 Stunden in der Doppelwoche.

Der Begriff der Mehrarbeit ist insofern im Mutterschutzgesetz etwas anders definiert als in den meisten Tarifverträgen, in denen inzwischen weitgehend eine Wochenarbeitszeit von weniger als 40 Stunden festgeschrieben ist.

Die Doppelwoche umfaßt einen Zeitraum von zwei aufeinanderfolgenden Kalenderwochen einschließlich der Sonntage, also zum Beispiel von Montag bis zum darauffolgenden zweiten Sonntag. Das Beschäftigungsverbot greift in diesem Fall bereits dann ein, wenn entweder die zulässige tägliche Arbeitszeit oder die zulässige Arbeitszeit in der Doppelwoche überschritten ist.

Beispiel:
Eine Verkäuferin ist teilzeitbeschäftigt und arbeitet nur an drei Tagen in der Woche, jedoch an diesen Tagen jeweils neun Stunden. Geht man nun von einer Doppelwoche aus, so wäre diese Arbeit während der Schwangerschaft durchaus zulässig. Es greift jedoch trotzdem das Beschäftigungsverbot, da die tägliche zulässige Arbeitszeit überschritten wird.

Abweichend vom Nachtarbeitsverbot, das grundsätzlich auch für Schichtarbeit gilt, dürfen gem. § 8 Abs. 3 MuSchG werdende Mütter in den ersten vier Monaten der Schwangerschaft und stillende Mütter beschäftigt werden
- in Gast- und Schankwirtschaften und im übrigen Beherbergungswesen bis 22 Uhr,
- in der Landwirtschaft mit dem Melken von Vieh ab 5 Uhr,
- als Künstlerinnen bei Musikaufführungen, Theatervorstellungen und ähnlichen Aufführungen bis 23 Uhr.

Auch das grundsätzliche **Verbot der Sonn- und Feiertagsarbeit** gilt gem. § 8 Abs. 4 MuSchG **nicht** für bestimmte Branchen, in denen üblicherweise in besonderem Maße Sonn- und Feiertagsarbeit anfällt. So dürfen im Verkehrswesen, in Gast- und Schankwirtschaften und im übrigen Beherbergungswesen, im Familienhaushalt, in Krankenpflege- und in Badeanstalten, bei Musikaufführungen, Theatervorstellungen, anderen Schaustellungen, Darbietungen und Lustbarkeiten werdende oder stillende Mütter an Sonn- und Feiertagen beschäftigt werden, wenn ihnen in jeder Woche (nicht Kalenderwoche!) einmal eine ununterbrochene Ruhezeit von mindestens 24 Stunden im Anschluß an eine Nachtruhe im Sinne des § 8 Abs.1 und 3 MuSchG i.V.m. § 5 Abs. 1 Arbeitszeitgesetz (grundsätzlich 11 Stunden ununterbrochene **Ruhezeit** nach Ende der täglichen Arbeitszeit vorgeschrieben), nicht etwa im Anschluß an die Arbeitszeit, gewährt wird.

> **Beispiel:**
> Frau A, die im dritten Monat schwanger ist, hat als Kellnerin bis Sonntag 22.00 Uhr gearbeitet. Ihr Anspruch auf die 24stündige Ruhezeit ist erfüllt, wenn sie nun beispielsweise von Montagmorgen 9.00 Uhr, also im Anschluß an eine Nachtruhe, bis Dienstagmorgen 9.00 Uhr dienstfrei hat.

Nach einer Entscheidung des Bundesarbeitsgerichts vom 12.12.1990 (NZA 1991, 505) gilt die **Ausnahme** vom Verbot der Sonn- und Feiertagsarbeit aber nicht für (schwangere oder stillende) Arbeitnehmerinnen, die von einem **Drittunternehmen** in einen der in § 8 Abs. 4 MuSchG genannten Betriebe entsandt werden. Setzt beispielsweise ein Krankenhaus Personal einer Reinigungsfirma ein, so obliegt es dem Drittunternehmen als Arbeitgeber, seine Vertragspflichten gegenüber der Krankenanstalt durch andere Arbeitnehmerinnen zu erfüllen.

Eine Sondervorschrift für die Ausgabe von Arbeiten an in **Heimarbeit** Beschäftigte und ihnen Gleichgestellte enthält § 8 Abs. 5 MuSchG, der sicherstellen soll, daß auch die Heimarbeiterinnen, die Mutterschutz genießen, nur eine solche Arbeitsmenge zugewiesen bekommen, die ohne Mehrarbeit zu erledigen ist.

5. Umsetzungsrecht des Arbeitgebers

Darf der Arbeitgeber eine Frau nach dem Mutterschutzgesetz, der Mutterschutzrichtlinienverordnung oder aufgrund eines besonderen ärztlichen Zeugnisses auf ihrem bisherigen Arbeitsplatz mit bestimmten Arbeiten oder während einer bestimmten Dauer oder Lage der Arbeitszeit nicht beschäftigen, so kann er sie während einer **anderen zumutbaren Arbeitszeitdauer oder -lage** beschäftigen bzw. sie auf einen **anderen zumutbaren Arbeitsplatz** umsetzen. Dies gilt selbst dann, wenn die Arbeitnehmerin nach dem im Arbeitsvertrag festgelegten Tätigkeitsbereich zur Leistung der angebotenen Arbeiten nicht verpflichtet wäre, die Frau z. B. als Nachtschwester in einem Krankenhaus eingestellt ist und nun im Tagesdienst eingesetzt werden soll.

Hinsichtlich der **Zumutbarkeit** der neuen Arbeit, bei der alle wesentlichen Umstände des **Einzelfalles** berücksichtigt werden müssen, sind allerdings enge Grenzen zu ziehen. So braucht die Arbeitnehmerin z. B. kein Arbeitsangebot anzunehmen, in dem eine Maßregelung oder Ehrenkränkung zum Ausdruck kommt. Auch dürfen ihr keine vermehrten Belastungen, bisher völlig ungewohnte schwere körperliche oder gänzlich berufsfremde Arbeiten zugemutet werden (BAG vom 8.2.1984, Az.: 5 AZR 182/82).

Das Angebot muß zudem auf die berechtigten **persönlichen Belange** der Arbeitnehmerin, gegebenenfalls auch außerhalb des Arbeitsverhältnisses, Rücksicht nehmen, z. B. auf die Betreuung ihrer Kinder (BAG vom 14.4.1972, AP Nr. 6 zu § 11 MuSchG 1968).

> **Beispiel:**
> Hat eine Mutter von vier kleinen Kindern Arbeit nur für die Abend- und Nachtzeit übernommen, in der ihr Ehemann die Kinder betreuen kann, so braucht sie sich im Fall des schwangerschaftsbedingten Nachtarbeitsverbotes nicht auf eine Arbeit zu einer solchen Tageszeit umsetzen zu lassen, in der sie ihre Kinder betreuen muß.

In jedem Fall ist der Frau **mindestens der bisherige Durchschnittsverdienst** weiterzuzahlen (§ 11 MuSchG; siehe Seite 58 ff.), es sei denn, sie lehnt ein zumutbares Arbeitsangebot ab. Wird aufgrund der wegen der Beschäftigungsverbote geänderten Tätigkeit ein **höherer Verdienst** erzielt, hat der Arbeitgeber diesen zu zahlen (BAG vom 28.6.1963, AP Nr. 2 zu §10 MuSchG).

6. Das volle Einkommen ist gesichert / Mutterschutzlohn

Werdende oder stillende Mütter, die wegen eines der bisher genannten Beschäftigungsverbote (einschließlich des Verbotes von Mehr-, Nacht-, Sonn- und Feiertagsarbeit) ganz oder teilweise mit der Arbeit aussetzen müssen, brauchen keine finanziellen Verluste zu befürchten. Vielmehr ist in § 11 Abs. 1 MuSchG festgelegt, daß der Arbeitgeber den Nachteil, der durch den Ausfall der Arbeit, den Wegfall der Zuschläge für Mehr-, Nacht-, Sonn- und Feiertagsarbeit bzw. durch einen Wechsel der Beschäftigung bzw. Entlohnung entsteht, ersetzen muß. (Zum Anspruch auf Mutterschaftsgeld während der Schutzfristen vor und nach der Entbindung siehe Seite 81 ff.)

a) Voraussetzungen Mutterschutzlohn

Ein Anspruch auf diesen sog. **Mutterschutzlohn** setzt allerdings voraus, daß die Verdiensteinbuße **allein wegen eines Beschäftigungsverbotes** eingetreten ist, d. h. die Beachtung des Verbotes muß die ausschließliche und nicht hinwegzudenkende Ursache für die Gehaltsminderung sein (ständige Rechtsprechung des BAG). Beruht der Arbeitsausfall dagegen nicht auf einem Beschäftigungsverbot, sondern beispielsweise auf der wirksamen Anordnung von Kurzarbeit im Betrieb, so hat eine schwangere Arbeitnehmerin die dadurch eintretende Verdienstminderung ebenso hinzunehmen wie jeder andere Arbeitnehmer, ohne daß ein Ausgleich nach § 11 MuSchG gezahlt wird.

Wird die (werdende) Mutter arbeitsunfähig **krank,** so besteht in diesem Fall auch kein Anspruch auf Mutterschutzlohn, sondern nur auf die gesetzlich auf sechs Wochen begrenzte volle Entgeltfortzahlung im Krankheitsfall, bei länger andauernder Krankheit auf Krankengeld von der Krankenkasse (70 Prozent des zuvor erzielten regelmäßigen Bruttoarbeitsentgelts, maximal 90 Prozent des Nettoarbeitsentgelts). Dabei sind Schwangerschaft (normale Schwangerschaftsbeschwerden) und Entbindung als solche keine „Krankheit" in diesem Sinne.

Stellt der Arzt Beschwerden fest, die auf der Schwangerschaft beruhen, hat er zu prüfen und zu entscheiden, ob die schwangere Frau wegen eingetretener Komplikationen arbeitsunfähig krank ist oder ob – ohne daß eine Krankheit vorliegt – zum Schutz des Lebens und der Gesundheit von Mutter und Kind ein Beschäftigungsverbot geboten ist. Dabei steht dem Arzt ein Beurteilungsspielraum zu. Seinem **Attest** kommt ein **hoher Beweiswert** zu. Es bleibt dem Arbeitgeber aber unbenommen, Umstände geltend zu machen, die den Schluß zulassen, daß der Arzt das Beschäftigungsverbot zu Unrecht erlassen hat (BAG vom 5.7.1995 in NZA 1996, 137; siehe auch Seite 51 f.).

Zu den Auswirkungen krankheitsbedingter Arbeitsunfähigkeit **während** eines Beschäftigungsverbotes bzw. der Mutterschutzfristen siehe Seite 71 f.

Kein Anspruch auf Mutterschutzlohn, sondern auf Entgeltfortzahlung im Krankheitsfall bzw. Krankengeld besteht auch im Fall eines straffreien **Schwangerschaftsabbruchs** und in Zusammenhang damit stehender krankheitsbedingter Arbeitsunfähigkeit (BAG vom 5.4.1989 in BB 1989, 1624), allerdings wird Krankengeld bei **rechtswidrigen** Abbrüchen **nicht** gezahlt.

b) Berechnung Mutterschutzlohn

Für die **Höhe** des Mutterschutzlohnes ist der Durchschnittsverdienst der letzten 13 Wochen bzw. drei Monate (Berechnungszeitraum) vor Beginn des Monats, in dem die Schwangerschaft eingetreten ist, maßgeblich.

> **Beispiel:**
> Eine Arbeitnehmerin wurde laut ärztlichem Attest im Mai schwanger. Der Mutterschutzlohn berechnet sich somit nach dem Durchschnittsverdienst der Monate Februar, März und April.

Der Frau ist grundsätzlich das zu zahlen, was sie **während des Berechnungszeitraums als Durchschnittsverdienst erzielt** hat, nicht etwa nur das, was ihr in diesem Zeitraum tatsächlich ausgezahlt wurde (BAG vom 28.11.1984 in DB 1985, 756). Beginnt das Arbeitsverhältnis erst nach Eintritt der Schwangerschaft, dann sind die ersten 13 Wochen oder drei Monate der Beschäftigung der maßgebliche Berechnungszeitraum. Hat das Arbeitsverhältnis bei dem Arbeitgeber, von dem Mutterschutzlohn verlangt wird, kürzer, d. h. weniger als 13 Wochen oder drei Monate gedauert, so ist der entsprechend kürzere Zeitraum der Berechnung zugrunde zu legen. Zeiten, in denen kein Arbeitsentgelt erzielt wurde, bleiben außer Betracht (§ 11 Abs. 1 Sätze 3 bis 5 MuSchG).

Zum **Durchschnittsverdienst** – dem die Bruttobezüge zugrunde liegen – gehört die **gesamte** während des Berechnungszeitraums gewährte **Gegenleistung** für die Arbeit der Arbeitnehmerin, einschließlich entgeltbezogener **Zuschläge**, wie z. B. für Überstunden, Mehrarbeit, Nacht-, Feiertags- oder Sonntagsarbeit, Zulagen für besondere Leistungen und Erschwernisse sowie Anwesenheitsprämien. Ob die Mehrarbeit oder Nacht-, Sonntags- oder Feiertagsarbeit im Berechnungszeitraum **regelmäßig** angefallen ist, ist dabei **unerheblich** (vgl. BAG vom 9.12.1965 in BB 1966, 165 zur gleichlautenden Vorschrift des § 11 BUrlG).

Beispiel:
Eine Arbeitnehmerin leistet jeden Monat, wenn auch in unterschiedlichem Umfang, Überstunden. Die dafür durchschnittlich gezahlten Zuschläge sind bei der Berechnung des Mutterschutzlohnes zu berücksichtigen. Das gleiche gilt, wenn die Frau in den drei Monaten vor Beginn des Schwangerschaftsmonats z. B. ausnahmsweise nur zweimal sonntags gearbeitet hat.

Provisionen, die allein oder neben einem Festgehalt gezahlt werden, sind mit dem Betrag zu berücksichtigen, der im Berechnungszeitraum verdient, also fällig geworden ist. Unberücksichtigt bleiben Provisionen, die auf Geschäftsabschlüssen während des Berechnungszeitraums beruhen, aber erst später fällig geworden sind (§ 87 a HGB). Diese sind bei Fälligkeit neben dem Mutterschutzlohn zu zahlen. Reine **Aufwandsentschädigungen,** wie z. B. Fahrtgelder und Reisespesen, sind dagegen nicht einzubeziehen.

Ebenfalls unberücksichtigt bleiben **einmalige Zuwendungen** wie Gewinnbeteiligungen, Urlaubsgelder, Weihnachtsgratifikationen, 13. Monatsgehalt und ähnliche Sondervergütungen (selbst wenn sie in den Berechnungszeitraum fallen), da diese i. d. R. für das ganze Jahr gezahlt werden, also auch bereits für die Zeit des Mutterschutzlohnbezuges. Anders, wenn ein 13. Monatsgehalt nach der tariflichen Gestaltung ausschließlich Vergütung für geleistete Arbeit darstellt und dem monatlich verdienten Arbeitsentgelt anteilig hinzuzurechnen ist (BAG vom 17.4.1991 in NZA 1992, 298). Zu den Auswirkungen von Beschäftigungsverboten auf Sonderzahlungen siehe Seite 70.

Bei **Gehaltserhöhungen** nicht nur vorübergehender Art, die während oder nach Ablauf des Berechnungszeitraums eintreten, ist der Durchschnittsverdienst nach dem erhöhten Arbeitsentgelt zu berechnen (§ 11 Abs. 2 S. 1 MuSchG). Das betrifft insbesondere tarifliche, betriebliche oder einzelvertragliche Erhöhungen des Gehalts oder der Zulagen/Zuschläge sowie z. B. Arbeitszeitverkürzungen mit Gehaltsausgleich und Arbeitszeitverlängerung mit Gehaltssteigerung. Auch bei mit einer Arbeitnehmerin vor Eintritt der Schwangerschaft vereinbarten fortlaufenden Bereitschaftsdiensten (Nacht- und Sonntagsdienste) ab einem bestimmten Zeitpunkt, die aber wegen der Beschäftigungsverbote nicht aufgenommen werden können, ist von dem erhöhten Verdienst auszugehen (BAG vom 8.8.1990 in BB 1990, 2491).

Verdienstkürzungen, die im Berechnungszeitraum infolge von Kurzarbeit, Arbeitsausfällen oder unverschuldeter Arbeitsversäumnis zum Tragen kommen, bleiben dagegen gem. § 11 Abs. 2 Satz 2 MuSchG für die Berechnung des Durchschnittsverdienstes außer Betracht. Sonstige Verdienstkürzungen (auch nach Ablauf des Berechnungszeitraums), insbesondere durch eine entsprechende Änderung der Arbeitsbedingungen, wirken sich aber mindernd auf den Mutterschutzlohn aus.

Vom Mutterschutzlohn sind – wie auch vom normalen Gehalt – **Lohnsteuer** und **Sozialversicherungsbeiträge** abzuführen.

Im sog. **Lohnausgleichsverfahren** in Kleinbetrieben erhalten **Arbeitgeber**, die nicht mehr als 20 Arbeitnehmer (einschließlich Auszubildende) beschäftigen, von der Krankenkasse **volle Erstattung** des nach § 11 MuSchG bei allen Beschäftigungsverboten gezahlten **Mutterschutzlohns**, des nach § 14 Abs. 1 MuSchG gezahlten **Arbeitgeberzuschusses** zum Mutterschaftsgeld sowie der **Arbeitgeberanteile** zur **Sozialversicherung**. Kleineren Betrieben entstehen entgegen einer weitverbreiteten Meinung also keine unmittelbaren finanziellen Einbußen durch Schwangerschaft und Entbindung von Mitarbeiterinnen!

6. Kapitel:

Schutzfristen vor und nach der Geburt

In den letzten sechs Wochen vor und acht Wochen (zwölf Wochen bei Früh- und Mehrlingsgeburten) nach der Entbindung dürfen Mütter überhaupt nicht beschäftigt werden (§ 3 Abs. 2 und § 6 Abs. 1 MuSchG; Ausnahmen siehe Seite 64 f.). Durch diese **Schutzfristen** wird der speziellen Situation und den besonderen Belastungen der Schwangeren bzw. der jungen Mutter in dieser Zeit Rechnung getragen. Der Bestand des Arbeitsverhältnisses wird dadurch nicht berührt.

1. Berechnung

Die Berechnung der Mutterschutzfristen erfolgt im einzelnen nach den §§ 187, 188 BGB. Die Sechswochenfrist vor der Entbindung richtet sich nach dem im **Attest** für alle Beteiligten verbindlich errechneten **mutmaßlichen Geburtstermin,** ohne Rücksicht darauf, ob der Arzt oder die Hebamme sich geirrt hat, es sei denn, daß das Zeugnis berichtigt wird. Die Frist beginnt sechs Wochen vor dem Wochentag, der dem Tag der voraussichtlichen Entbindung entspricht. Sie darf nicht rückschauend vom tatsächlichen Tag der Geburt berechnet werden (BAG vom 27.10.1983 in NZA 1985, 222).

> **Beispiel:**
> Der Arzt hat als Geburtstermin Donnerstag, den 16.9.1999 errechnet. Die Schutzfrist beginnt danach am Donnerstag, dem 5.8.1999, d. h. an diesem Tag darf die schwangere Arbeitnehmerin bereits nicht mehr beschäftigt werden.

Liegt der **tatsächliche** Geburtstermin nachher entweder vor dem voraussichtlichen Termin, der für die Berechnung herangezogen wurde, oder später, so **verkürzt oder verlängert** sich die Schutzfrist vor der Entbindung entsprechend (§ 5 Abs. 2 S. 2 MuSchG). Es kann also sein, daß sie nur vier Wochen, ebenso aber auch acht Wochen beträgt.

Bei der Berechnung der achtwöchigen Schutzfrist nach der Entbindung (§ 6 Abs. 1 S. 1 MuSchG) wird der Tag der Geburt nicht mitgerechnet (§§ 187 Abs. 1, 188 Abs. 2 BGB).

Beispiel:
Eine Mutter bekommt am Donnerstag, dem 16.9.1999 ein Kind. Die normale Schutzfrist endet am Donnerstag, dem 11.11.1999, d. h. ab Freitag, dem 12. November 1999, darf die Arbeitnehmerin wieder beschäftigt werden.

Die Schutzfrist nach der Entbindung gilt auch in den Fällen, in denen das Kind **tot** geboren wird oder später stirbt, **nicht** dagegen bei einer **Fehlgeburt** oder einem **Schwangerschaftsabbruch**.

Bei **Früh- bzw. Mehrlingsgeburten** geht man von einer erhöhten Pflegebedürftigkeit des Kindes/der Kinder aus. Deshalb wurde in diesen Fällen die Schutzfrist nach der Entbindung um vier Wochen auf **zwölf Wochen** verlängert (§ 6 Abs. 1 S. 2 MuSchG). Als **Frühgeburt** gilt ein Kind mit einem Geburtsgewicht unter 2.500 Gramm oder eines, das wegen noch nicht vollausgebildeter Reifezeichen oder vorzeitiger Geburt einer wesentlich erweiterten Pflege bedarf.

Zusätzlich wird bei **Frühgeburten** die **Schutzfrist von zwölf Wochen** nach der Entbindung um den Zeitraum **verlängert**, um den sich im Einzelfall die sechswöchige Schutzfrist vor der Geburt wegen der Frühgeburt verkürzt hat (§ 6 Abs. 1 S. 2 MuSchG). Dies gilt auch für Frühgeburten, die anläßlich **weiterer Schwangerschaften während des Erziehungsurlaubs** eintreten.

Beispiel:
Mutmaßlicher Entbindungstag	8.2.1999
Beginn der Schutzfrist	28.12.1998
Letzter Arbeitstag	27.12.1998
Entbindungstag	9.1.1999
Verkürzung der Schutzfrist	28.12.1998 – 8.1.1999
Dadurch nicht in Anspruch genommen	30 Tage

Ergebnis: Die Schutzfrist nach der Entbindung von zwölf Wochen (Ende 3.4.1999) verlängert sich um 30 Tage und endet nunmehr am 3.5.1999.

Schutzfristen vor und nach der Geburt

Nach Auffassung der Spitzenverbände der Krankenkassen (Besprechungsergebnis vom 25.6.1997) gilt die Verlängerung der zwölfwöchigen Schutzfrist nach der Entbindung auch für die Fälle, in denen die Frau bei Beginn der Schutzfrist vor der Entbindung **nicht gearbeitet** hat, z. B. wegen Arbeitsunfähigkeit, bezahltem (u.U. unbezahltem) Urlaub oder Arbeitslosigkeit mit Leistungsbezug.

2. Kann frau von den Schutzfristen abweichen?

Bei den Schutzfristen vor und nach der Entbindung handelt es sich um absolute Beschäftigungsverbote, d. h. kein Arbeitgeber kann oder darf fordern, daß eine Schwangere in dieser Zeit weiterarbeitet. Allerdings ist es möglich, daß eine schwangere Arbeitnehmerin **ausdrücklich** erklärt, sie möchte die **Sechs-Wochen-Frist vor** der Entbindung nicht in Anspruch nehmen, sondern lieber weiterarbeiten (vgl. § 3 Abs. 2 MuSchG). In diesem Fall darf der Arbeitgeber sie weiterbeschäftigen, ist aber nicht dazu verpflichtet. Die Frau kann ihre Erklärung zur Weiterarbeit ohne Angaben von Gründen gegenüber dem Arbeitgeber **jederzeit widerrufen**. An die Erklärung der Frau sind strenge Anforderungen zu stellen, eine stillschweigende Weiterbeschäftigung genügt i. d. R. nicht.

Bevor eine schwangere Arbeitnehmerin erklärt, über die Sechs-Wochen-Frist hinaus arbeiten zu wollen, sollte sie jedoch folgendes bedenken:
- Eine Weiterarbeit während der Schutzfrist ist nicht immer problemlos, sondern kann die Gesundheit der Schwangeren und des Kindes gefährden.
- Finanzielle Vorteile ergeben sich im Grundsatz aus einer Weiterarbeit nicht, da für die Zeit, in der das laufende Gehalt (gilt nicht für Einmalzahlungen) weitergezahlt wird, die Ansprüche auf das Mutterschaftsgeld und den Arbeitgeberzuschuß entfallen (§ 200 Abs. 4 RVO, § 14 Abs. 1 MuSchG).

Tip:
Bevor eine Arbeitnehmerin erklärt, auch während der Schutzfrist vor der Entbindung arbeiten zu wollen, sollte sie sich auf jeden Fall mit ihrem Arzt beraten und nach eventuellen Bedenken fragen.

Die acht- bzw. zwölfwöchige Schutzfrist **nach** der Entbindung kann grundsätzlich **nicht** freiwillig verkürzt werden, auch nicht mit Einwilligung der Mutter. Nur in dem Fall, daß das Kind **tot** geboren wird oder kurz nach der Entbindung stirbt, kann die Frau auf ihr ausdrückliches Verlangen schon vor Ablauf dieser Fristen wieder beschäftigt werden, wenn nach ärztlichem Attest (dessen Kosten sie trägt) nichts dagegen spricht (§ 6 Abs. 1 S. 3 MuSchG). Sie kann ihre Erklärung aber jederzeit widerrufen (§ 6 Abs. 1 S. 4 MuSchG). Eine Anordnung des Arbeitgebers zur vorzeitigen Wiederaufnahme der Arbeit gegen ihren Willen ist unwirksam.

Reicht die reguläre Schutzfrist nicht aus, um die volle Leistungsfähigkeit der Frau nach der Entbindung wiederherzustellen, will oder muß die Arbeitnehmerin jedoch wieder anfangen zu arbeiten, so darf sie während der ersten Monate nach der Entbindung gem. § 6 Abs. 2 MuSchG nur zu solchen Tätigkeiten herangezogen werden, die ihre eingeschränkte Leistungsfähigkeit nicht übersteigen. Dies gilt nur, wenn die Leistungsminderung auf Gründen beruht, die mit der Mutterschaft in Zusammenhang stehen. Voraussetzung für die Anwendung des Beschäftigungsverbotes ist ferner die Vorlage eines **ärztlichen Zeugnisses**, aus dem sich die Einschränkung der Leistungsfähigkeit aufgrund der körperlichen Konstitution der Frau ergibt und das möglichst auch Aufschluß über die voraussichtliche Dauer dieser Einschränkung gibt. Die Kosten dieses Attestes hat die Arbeitnehmerin zu tragen. (Zu diesem über die Schutzfrist nach der Entbindung hinausreichenden Beschäftigungsverbot siehe auch Seite 51.)

3. Stillzeiten

(Zu den Beschäftigungsverboten für stillende Mütter bzw. den Anspruch auf Mutterschutzlohn siehe Seite 51 ff. bzw. 58 ff.)

Für viele junge Mütter wäre eine Weiterarbeit nach der regulären Schutzfrist (bzw. einem ggf. kürzeren Erziehungsurlaub oder bei Teilzeitarbeit im Erziehungsurlaub) praktisch unmöglich oder zumindest sehr erschwert, wenn ihnen nicht die Möglichkeit eingeräumt würde, ihr Kind während der Arbeitszeit zu stillen.

Aus diesem Grund ist in § 7 Abs. 1 MuSchG geregelt, daß auf Verlangen der Arbeitnehmerin die zum Stillen **erforderliche** Zeit freizugeben ist. Die stillende Mutter hat Anspruch auf **täglich mindestens zwei Still-**

pausen von je einer halben Stunde oder auf eine einstündige Stillpause. Bei einer zusammenhängenden (d. h. nicht von einer mindestens zweistündigen Ruhepause unterbrochenen) Arbeitszeit von mehr als acht Stunden soll auf Verlangen täglich zweimal eine Stillzeit von mindestens 45 Minuten oder, wenn in der Nähe der Arbeitsstätte keine Stillgelegenheit vorhanden ist, einmal eine Stillzeit von mindestens 90 Minuten gewährt werden. Für diese Zeit erfolgt **keine Kürzung des Verdienstes**, die Stillzeit darf auch nicht vor- oder nachgearbeitet bzw. auf andere Ruhepausen angerechnet werden (§ 7 Abs. 2 MuSchG). Zur Vorlage einer **Stillbescheinigung** ist die Frau nur auf Verlangen des Arbeitgebers und auf dessen Kosten verpflichtet.

Welche Zeit für das Stillen **erforderlich** ist, richtet sich nach dem jeweiligen Einzelfall. Bei den gesetzlich genannten Zeiten handelt es sich lediglich um **Mindeststillpausen**. Auf jeden Fall sind dabei die Wegezeiten vom Arbeitsplatz zur Wohnung, die Zeit zum Fertigmachen des Säuglings, die Umkleidezeit usw. zu berücksichtigen. Die Arbeitnehmerin soll die Möglichkeit haben, das Stillen in Ruhe und in gehöriger Weise durchzuführen.

Allerdings sind auch **betriebliche Belange** zu berücksichtigen und die Stillzeiten durch zumutbare organisatorische Maßnahmen in angemessenen Grenzen zu halten (vgl. BAG vom 3.7.1985 in DB 1986, 129). So können evtl. sehr lange Wegezeiten (z. B. eine Stunde pro Wegstrecke), die dazu führen, daß die Mutter mehrere Stunden vom Betrieb abwesend wäre, die Betriebsabläufe so beeinträchtigen, daß verlangt werden kann, daß die Mutter sich das Kind zum Stillen an den Arbeitsplatz bringen läßt oder es an andere Stillzeiten gewöhnt. Erbringt die Arbeitnehmerin im Einzelfall aufgrund häufiger Stillzeit und/oder langer Wegezeiten überhaupt keine Arbeitsleistung, entfällt jeglicher Gehaltsanspruch (BAG, a. a. O.).

Auch **teilzeitbeschäftigten** Müttern sind die Stillzeiten zu gewähren. Jedoch kann unter Umständen aufgrund der Kürze der Arbeitszeit erwartet werden, daß die Mutter vor bzw. nach der Arbeit stillt.

> **Tip:**
> Bei Meinungsverschiedenheiten wegen der Stillzeiten sollte die Arbeitnehmerin sich an den Betriebsrat und die Aufsichtsbehörde wenden, die u. U. auch die Einrichtung von Stillräumen beantragen bzw. vorschreiben können. In Einzelfällen kann das Gewerbeaufsichtsamt gem. § 7 Abs. 3 MuSchG nähere Bestimmungen über die Anzahl, Lage und Dauer der Stillzeiten treffen.

Eine **äußerste zeitliche Grenze** für den Anspruch auf Stillzeit ist in § 7 MuSchG nicht ausdrücklich vorgesehen. Nach den heutigen ernährungsphysiologischen und immunologischen Erkenntnissen ist jedoch i. d. R. ein über das **erste Lebensjahr** des Kindes hinausgehender Anspruch aus Gründen des Gesundheitsschutzes nicht mehr erforderlich. Daher will die herrschende Meinung (so auch LAG Niedersachsen vom 29.10.1987 in NZA 1988, 312) den Anspruch auf Stillzeit auf diesen Zeitraum begrenzen. Dagegen stellt das LAG Baden-Württemberg in seinem Urteil vom 3.11.1989 (AiB 1990, 266 f.) mehr auf die Bedeutung des Stillens für die Mutter-Kind-Beziehung und die Förderung der Entwicklung des Kindes in psychischer und sozialer Hinsicht ab und überläßt ohne zeitliche Obergrenze alleine der Frau die Entscheidung über die Dauer der Stillperiode (mit Freistellungsanspruch ohne Verdienstausfall).

Nach dem **Abstillen** ist die Mutter zu einer entsprechenden Mitteilung an den Arbeitgeber verpflichtet.

7. Kapitel:

Auswirkungen des Mutterschutzes

1. Arbeitsverhältnis

Die **Beschäftigungsverbote und Mutterschutzfristen** berühren **nicht den Bestand des Arbeitsverhältnisses**. Sie untersagen nur die tatsächliche Beschäftigung, d. h. es ruht während dieser Zeit die Arbeits- und Vergütungspflicht. Der Arbeitsvertrag, die Betriebszugehörigkeit und die gegenseitige Treue- und Fürsorgepflicht bleiben bestehen.

Der mit den Beschäftigungsverboten und den Mutterschutzfristen bezweckte Schutz von Mutter und Kind ist aber nur dann eine wirkliche Hilfe, wenn die Arbeitnehmerin zugleich vor wirtschaftlichen Nachteilen bewahrt wird.

2. Gehalt

Kann eine Arbeitnehmerin wegen eines **Beschäftigungsverbotes** gar nicht mehr oder nur eingeschränkt weiterarbeiten, so erhält sie für diese Zeit **Mutterschutzlohn,** der sich nach dem Durchschnittsverdienst der letzten drei Monate vor dem Beginn des Schwangerschaftsmonats richtet. (Näheres siehe Seite 58 ff.).

Während der **Mutterschutzfristen** (Seite 62 ff.) erhält eine schwangere Arbeitnehmerin bzw. junge Mutter **Mutterschaftsgeld** von der Krankenkasse und ggf. noch einen **Zuschuß des Arbeitgebers,** so daß auch in diesem Fall im Grundsatz das Nettogehalt erhalten bleibt. (Näheres siehe Seite 81 ff.).

3. Urlaub

Fehlzeiten infolge der Beschäftigungsverbote und der Mutterschutzfristen wirken sich auf den Erholungsurlaub für das laufende Urlaubsjahr nicht aus (anders beim Erziehungsurlaub, siehe Seite 155 ff.), d. h. dieser darf **nicht** entsprechend **gekürzt** werden, sondern bleibt voll erhalten, da der Anspruch auf Erholungsurlaub grundsätzlich nicht an die tatsächliche Arbeitsleistung, sondern an den Bestand des Arbeitsverhältnisses anknüpft.

Beispiel:
Am 20. August bekommt eine Straßenbahnfahrerin ein Kind. Ab 9. Juli bis einschließlich 15. Oktober ist sie in Mutterschutz. Danach tritt sie ihre Arbeit wieder an.
Bereits ab Mitte Februar durfte sie aber schon nicht mehr arbeiten, da § 4 Abs. 2 Nr. 7 MuSchG die Beschäftigung auf Beförderungsmitteln nach Ablauf des dritten Schwangerschaftsmonats verbietet. Obwohl die Arbeitnehmerin also nur gut vier Monate in diesem Jahr gearbeitet hat, hat sie trotzdem Anspruch auf ihren vollen Jahresurlaub.

Nach einer Entscheidung des BAG vom 9.8.1994 (NZA 1995, 174) **verfällt** der Anspruch auf den Urlaub aber ersatzlos, soweit dieser (zu Beginn des Jahres) **bereits festgelegt** wurde, die Arbeitnehmerin anschließend schwanger wird und ihre Beschäftigung für die vorgesehene Urlaubszeit mutterschutzrechtlich verboten ist. In diesem Fall (anders bei krankheitsbedingter Arbeitsunfähigkeit während der festgelegten Urlaubszeit) besteht für den Arbeitgeber keine Verpflichtung zur anderweitigen Neufestsetzung des Urlaubs.

Der Anspruch auf Erholungsurlaub kann auch grundsätzlich gem. § 7 Abs. 3 BUrlG nicht über das Ende des Übertragungszeitraums (i. d. R. 31. März des Folgejahres) hinaus geltend gemacht werden, d. h. zu diesem Zeitpunkt **verfällt** ein eventuell noch aus dem **Vorjahr** bestehender Resturlaubsanspruch, auch wenn er wegen eines Beschäftigungsverbotes und/oder der Mutterschutzfristen nicht mehr genommen werden kann.

Im Einzelfall kann das Verlangen des Arbeitgebers gerechtfertigt sein, **Erholungsurlaub während eines Beschäftigungsverbotes** (nicht während Mutterschutzfristen) zu nehmen, insbesondere dann, wenn Betriebsferien vereinbart sind und die Arbeitnehmerin trotz Beschäftigungsverbotes arbeitsfähig ist. Eine entsprechende Erklärung muß aber erkennbar machen, daß der Arbeitgeber als Schuldner des Urlaubsanspruchs die Frau von der Arbeitspflicht freistellt; eine nachträgliche Verrechnung mit Urlaubsansprüchen ist rechtlich nicht möglich (BAG vom 25.1.1994 in BB 1994, 1012).

4. Jahressonderleistungen (13. Monatsgehalt/Gratifikationen)

Grundsätzlich dürfen Jahressonderleistungen des Arbeitgebers (z. B. 13. Monatsgehalt, Weihnachtsgeld, Urlaubsgeld) **nicht ohne weiteres** für Zeiten, in denen die Arbeit mutterschutzrechtlich verboten ist, **gekürzt** oder gestrichen werden. Durch Tarifvertrag, Betriebsvereinbarung oder Arbeitsvertrag kann aber im einzelnen bestimmt werden, inwieweit sich Zeiten ohne tatsächliche Arbeitsleistung anspruchsmindernd oder -ausschließend auf Sonderzahlungen auswirken. Dies gilt auch für Zeiten, für die der Arbeitnehmer einen gesetzlichen Anspruch auf Fortzahlung des Arbeitsentgelts hat.

In seiner Entscheidung vom 12.7.1995 (BB 1995, 2273) hat das BAG unter Aufgabe der vorherigen gegenteiligen Rechtsprechung ausdrücklich festgestellt, daß die Zeit des Beschäftigungsverbotes während der Mutterschutzfristen nicht als Zeit einer tatsächlichen Arbeitsleistung gilt, wenn eine (tarifliche) Regelung den Anspruch auf eine Jahressonderzahlung von einer bestimmten erbrachten Arbeitsleistung im Berechnungszeitraum abhängig macht.

5. Vermögenswirksame Leistungen

Die Zahlung vermögenswirksamer Leistungen **durch den Arbeitgeber** ist nicht gesetzlich vorgeschrieben, sondern ergibt sich aus Tarifverträgen, Betriebsvereinbarungen oder dem jeweiligen Einzelarbeitsvertrag. Ob der Arbeitgeber zur Fortzahlung vermögenswirksamer Leistungen während der Fehlzeiten bzw. Schutzfristen verpflichtet ist, richtet sich jeweils nach der in diesen Verträgen bzw. Vereinbarungen enthaltenen Regelung. Hat er sich dazu verpflichtet, muß er die darauf entfallende Arbeitnehmer-Sparzulage wie bisher auszahlen.

Nach dem Vermögensbildungsgesetz kann nur **Arbeitslohn** vermögenswirksam angelegt werden. Das Mutterschaftsgeld ist kein Arbeitslohn und kann daher nicht vermögenswirksam angelegt werden.

> **Tip:**
> Frauen brauchen für die Zeit des Mutterschaftsgeldbezuges trotzdem i. d. R. keine Nachteile für ihre Arbeitnehmer-Sparzulage

befürchten. Wenn sie rechtzeitig vor oder nach dem Bezug des Mutterschaftsgeldes entsprechende Beträge des Arbeitslohns vermögenswirksam anlegen, können sie auch dadurch den begünstigten Höchstbetrag des Vermögensbildungsgesetzes im jeweiligen Kalenderjahr voll ausnutzen. Denn der Höchstbetrag ist ein Jahresbetrag, der zu einem beliebigen Zeitpunkt des Kalenderjahres ausgeschöpft werden kann.

6. Krankheit

Schwangerschaft und Entbindung sind keine Krankheit, sofern sie nicht mit außergewöhnlichen Beschwerden oder Störungen verbunden sind. Bei Fehlzeiten infolge **Schwangerschaft oder Entbindung** kann die Frau daher nicht auf die Entgeltfortzahlung im Krankheitsfall verwiesen werden, sie hat vielmehr Anspruch auf Mutterschutzlohn, Mutterschaftsgeld bzw. den Arbeitgeberzuschuß (BAG vom 12.3.1997 in ARST 1997, 199).

Ist die Frau **während der Mutterschutzfristen arbeitsunfähig krank**, so geht der Anspruch auf Mutterschaftsgeld (bzw. Arbeitgeberzuschuß) dem Anspruch auf Entgeltfortzahlung im Krankheitsfall vor. Auch der Anspruch auf Krankengeld ruht, solange Mutterschaftsgeld bezogen wird (§ 49 Abs. 1 Nr. 3a SGB V). Ob die Arbeitsunfähigkeit vor Beginn oder während der Schutzfristen einsetzte, ist dabei unerheblich.

Beispiel 1:
Arbeitsunfähigkeit vom 20.12.1998 bis 31.3.1999
Entbindung am 12.2.1999
Schutzfristen vom 1.1. bis 9.4.1999
Der Entgeltfortzahlungsanspruch gegen den Arbeitgeber besteht nur vom 20.12.1998 bis 31.12.1998. Ab dem 1.1.1999 ist bis zum Ablauf der Schutzfristen Mutterschaftsgeld (bzw. Arbeitgeberzuschuß) zu zahlen. Krankengeld wird von der Krankenkasse nicht gewährt.

Beispiel 2:
Arbeitsunfähigkeit vom 15.1.1999 bis 31.3.1999
Entbindung am 12.2.1999
Schutzfristen vom 1.1.1999 bis 9.4.1999
Es besteht kein Entgeltfortzahlungs- oder Krankengeldanspruch. Mutterschaftsgeld (bzw. Arbeitgeberzuschuß) steht vom 1.1.1999 bis 9.4.1999 zu.

Dauert die Arbeitsunfähigkeit über das Ende der Schutzfristen fort, beginnt der Anspruch auf **Entgeltfortzahlung** mit dem Tag nach Ablauf der Schutzfristen. Die in die Dauer der Schutzfristen fallende Zeit der Arbeitsunfähigkeit wird auf den i. d. R. sechswöchigen Entgeltfortzahlungsanspruch nicht angerechnet. Ist von der Beschäftigten aber für die Zeit nach Ablauf der Schutzfristen die Inanspruchnahme des **Erziehungsurlaubs** angemeldet worden, stellt der Erziehungsurlaub die vorrangige Ursache für die fehlende Arbeitsleistung dar, so daß der Entgeltfortzahlungsanspruch weiterhin nicht bestehen kann. (Näheres zur Arbeitsunfähigkeit im Erziehungsurlaub siehe Seite 164 f. bzw. 168 ff.).

Beispiel:
Arbeitsunfähigkeit vom 15.1.1999 bis 30.6.1999
Entbindung am 12.2.1999
Schutzfristen vom 1.1.1999 bis 9.4.1999
Erziehungsurlaub ab 10.4.1999
Es besteht kein Entgeltfortzahlungsanspruch im Anschluß an die Schutzfristen; bei Nichtinanspruchnahme des Erziehungsurlaubs hätte der gesetzliche sechswöchige Entgeltfortzahlungsanspruch vom 10.4.1999 bis 21.5.1999 bestanden.

Bei **Krankheit während sonstiger Beschäftigungsverbote** hat die Arbeitnehmerin dagegen grundsätzlich Anspruch auf Entgeltfortzahlung im Krankheitsfall und nach sechs Wochen i. d. R. Anspruch auf Krankengeld von der Krankenkasse, da bei einem Aussetzen mit der Arbeit infolge Krankheit der beim Anspruch auf Mutterschutzlohn nach § 11 MuSchG geforderte ursächliche Zusammenhang mit einem Beschäftigungsverbot fehlt (BAG vom 22.3.1995 in ZTR 1995, 421).

Zur Arbeitsunfähigkeit der (werdenden) Mutter, die nicht Beschäftungsverbote oder Schutzfristen berührt, siehe Seite 58.

7. Kurzarbeit

Bei Kurzarbeit fehlt es an der Kausalität zwischen dem Arbeitsausfall und einem Beschäftigungsverbot. Die Arbeitnehmerin ist hinsichtlich ihres Anspruchs auf Mutterschutzlohn so zu stellen, wie sie ohne die schwangerschaftsbedingte Arbeitsverhinderung gestanden hätte. Dies gilt unabhängig davon, ob die Frau im Zeitpunkt der Einführung der Kurzarbeit noch im Betrieb beschäftigt wird oder bereits Mutterschutzlohn erhält.

8. Arbeitskampf

Setzt die Arbeitnehmerin wegen eines Arbeitskampfes (**Streik oder Aussperrung**) mit der Arbeit aus, ist dieser die Ursache für den Entgeltausfall, so daß ein Anspruch auf **Mutterschutzlohn** nicht entstehen kann. War die Frau bereits vor Beginn des Arbeitskampfes infolge eines Beschäftigungsverbotes von der Arbeitspflicht befreit, verliert sie ihren Anspruch auf Mutterschutzlohn nicht, solange sie sich nicht am Streik beteiligt oder nicht tatsächlich ausgesperrt wird, selbst wenn sie sich ohne die Arbeitsbefreiung beteiligt hätte (BAG vom 15.1.1991, AP Nr. 114 zur Art. 9 GG Arbeitskampf). Der Anspruch auf **Mutterschaftsgeld** wird durch rechtmäßige Arbeitskämpfe nicht berührt, da die Mitgliedschaft in der Krankenkasse erhalten bleibt (§ 192 Abs. 1 Nr. 1 SGB V).

9. Betriebsübergang

Im Fall eines Betriebsübergangs nach § 613a BGB tritt der Erwerber des Betriebes oder Betriebsteils in alle Rechte und Pflichten aus den im Zeitpunkt des Übergangs bestehenden Arbeitsverhältnissen ein, d. h. am **mutterschutzrechtlichen Status** einer Arbeitnehmerin **ändert sich nichts.** Der neue Inhaber darf nicht kündigen, er ist zur Weiterzahlung des Mutterschutzlohnes bzw. des Arbeitgeberzuschusses und zur Fortsetzung des Arbeitsverhältnisses nach Ablauf der Schutzfristen verpflichtet.

10. Sozialversicherung

a) Kranken- und Pflegeversicherung

In der gesetzlichen **Kranken- und Pflegeversicherung** bleibt das Versicherungsverhältnis bei Anspruch auf (oder Bezug von) Mutterschaftsgeld **während der Schutzfristen** nach § 192 Abs. 1 Nr. 2 SGB V bestehen. Das Mutterschaftsgeld ist für pflichtversicherte und freiwillige Mitglieder **beitragsfrei** gem. § 224 SGB V, § 56 Abs. 3 SGB XI.

Ist das Arbeitsverhältnis vom Arbeitgeber **zulässig aufgelöst** worden und besteht ausnahmsweise **kein** Anspruch auf Mutterschaftsgeld, bleibt die Mitgliedschaft pflichtversicherter Frauen während der Schwangerschaft gem. § 192 Abs. 2 SGB V bestehen, sofern keine Mitgliedschaft nach anderen Vorschriften besteht. Sie haben gem. § 250 Abs. 2 SGB V die Krankenversicherungsbeiträge, die sich nach der jeweiligen Satzung der Krankenkasse richten (§ 226 Abs. 3 SGB V), allein zu tragen. Für die Zeit nach der Entbindung endet die Mitgliedschaft, sofern nicht eine freiwillige Weiterversicherung erfolgt.

Der krankenversicherungsrechtliche Status der Arbeitnehmerin wird i. d. R. nicht berührt, wenn sie infolge eines **sonstigen Beschäftigungsverbotes** mit ihrer Arbeit aussetzen muß.

b) Rentenversicherung

In der **Rentenversicherung** zählen Zeiten, in denen eine versicherte Beschäftigung wegen Schwangerschaft oder Mutterschaft während der **Schutzfristen** nach dem Mutterschutzgesetz nicht ausgeübt wird und dadurch eine versicherte Tätigkeit unterbrochen wird, als Anrechnungszeiten (§ 58 Abs. 1 Nr. 2 SGB VI). Zum Zusammentreffen mit der Kindererziehungszeit nach § 56 SGB VI siehe Seite 184.

Zeiten, in denen die Frau vor oder nach den Schutzfristen wegen eines **Beschäftigungsverbotes** mit der Arbeit aussetzt, zählen als normale Beitragszeiten.

c) Arbeitslosenversicherung

In der **Arbeitslosenversicherung** waren die beitragsfreien Zeiten des Bezuges von Mutterschaftsgeld (und Erziehungsgeld) früher beitragspflichtigen Beschäftigungszeiten gleichgestellt und dienten somit der Erfüllung der Anwartschaft auf den Anspruch auf Arbeitslosengeld sowie der Verlängerung der Dauer des Arbeitslosengeldanspruchs.

Seit dem **1.1.1998** zählen insoweit nur noch Zeiten, für die Beiträge zur Arbeitslosenversicherung entrichtet werden. Arbeitnehmerinnen, die nach Ablauf der Schutzfristen arbeitslos werden, bzw. Berufsrückkehrer(innen), die mit oder nach Beendigung eines Erziehungsurlaubs arbeitslos werden, sind aber dennoch **regelmäßig in den Arbeitslosenversicherungsschutz einbezogen.** Voraussetzung für den Anspruch auf Arbeitslosengeld ist zwar, daß in einer Rahmenfrist von drei Jahren vor Beginn der Arbeitslosigkeit für mindestens zwölf Monate ein beitragspflichtiges Versicherungsverhältnis bestanden hat. Gem. **§ 124 Abs. 3 Nr. 2 SGB III** verlängert sich die Rahmenfrist aber um **Zeiten der Betreuung und Erziehung eines Kindes** des Arbeitslosen, das das **dritte Lebensjahr** noch nicht vollendet hat (Beispiel siehe Seite 171 f.).

Bei der Berechnung der **Dauer des Arbeitslosengeldanspruchs,** die nach der Dauer der vorangegangenen beitragspflichtigen Versicherungsverhältnisse gestaffelt ist, werden die Zeiten des Mutterschaftsgeld- und Erziehungsgeldbezuges dagegen **nicht** (mehr) berücksichtigt. Eine **Übergangsregelung** stellt aber sicher, daß diese Zeiten, soweit sie **vor dem 1.1.1998** zurückgelegt worden sind, als Zeiten eines beitragspflichtigen Versicherungsverhältnisses gelten und noch zur Begründung eines Anspruchs auf Arbeitslosengeld und zur Verlängerung der Anspruchsdauer beitragen (§ 427 Abs. 3 SGB III).

Bei Frauen, die **zu Beginn des Mutterschaftsgeldbezuges Arbeitslosengeld/Arbeitlosenhilfe bezogen** haben, ruht der Anspruch auf Arbeitslosengeld/Arbeitslosenhilfe für die Zeit der Zahlung des Mutterschaftsgeldes (§§ 142 Abs. 1 Nr. 2, 198 Abs. 1 Nr. 6 SGB III). Sucht die Mutter auch nach dem Auslaufen des Mutterschaftsgeldes eine Arbeit, kann sie unter den gleichen Voraussetzungen wie vorher Arbeitslosengeld/ Arbeitslosenhilfe erhalten, wenn sie sich beim Arbeitsamt persönlich arbeitslos meldet und Arbeitslosengeld/Arbeitslosenhilfe beantragt (§§ 117 Abs. 1, 122 Abs. 1, 198 Satz 2 Nr. 1 und 2 SGB III).

8. Kapitel:

Leistungen der Krankenkasse

Alle Frauen, die selbst oder als Familienangehörige in der gesetzlichen Krankenversicherung **freiwillig oder pflichtversichert** sind, erhalten bereits während der Schwangerschaft und auch anschließend an die Entbindung vielfältige Leistungen, die sie auch in Anspruch nehmen sollten, da sie dem Schutz der (werdenden) Mutter und des Kindes dienen.

Privat versicherte Frauen müssen sich mit ihrer jeweiligen Versicherung in Verbindung setzen und sich über deren Leistungsangebot informieren bzw. sich erkundigen, welche Leistungen durch ihren konkreten Versicherungsvertrag abgedeckt sind.

1. Leistungen bei Schwangerschaft und Mutterschaft

In der Reichsversicherungsordnung (RVO; abgedruckt in Anhang 3) sind die Leistungen bei Schwangerschaft und Mutterschaft, die in der gesetzlichen Krankenversicherung freiwillig oder pflichtversicherten Frauen zustehen, aufgeführt. Nach § 195 RVO werden folgende Leistungen erbracht:
– ärztliche Betreuung und Hebammenhilfe,
– Versorgung mit Arznei-, Verband- und Heilmitteln,
– stationäre Entbindung,
– häusliche Pflege,
– Haushaltshilfe,
– Mutterschaftsgeld (siehe Seite 81 ff.),
– Entbindungsgeld (siehe Seite 94).
Ärztliche Betreuung wird während der Schwangerschaft, bei und nach der Entbindung gewährt und schließt die Untersuchungen zur Schwangerschaftsfeststellung bzw. Schwangerenvorsorge ein (§ 196

Abs. 1 RVO). Von großer Bedeutung sind dabei insbesondere die **Vorsorgeuntersuchungen,** mit deren Hilfe der normale Schwangerschaftsverlauf überprüft, aber auch möglichst frühzeitig Komplikationen oder eventuelle Schäden beim Kind erkannt und wenn möglich behoben werden sollen. Nach Feststellung der Schwangerschaft soll im allgemeinen im Abstand von vier Wochen, in den letzten beiden Schwangerschaftsmonaten im Abstand von zwei Wochen, eine solche Vorsorgeuntersuchung stattfinden. Dabei werden neben Gewicht, Blutdruck und Urin insbesondere der Gebärmutterstand, die Lage des Kindes und dessen Herztöne kontrolliert. Der Umfang der Leistungen im Rahmen der ärztlichen Betreuung ist im einzelnen in den »Richtlinien des Bundesausschusses der Ärzte und Krankenkassen« geregelt. Wird auch eine Untersuchung des Vaters erforderlich, beispielsweise bei der Bestimmung des Rhesus-Faktors, so zahlt auch dies die Krankenkasse, und zwar die Krankenkasse der werdenden Mutter.

Jede werdende Mutter sollte sich, auch wenn sie keine Schwangerschaftsbeschwerden hat, ihrer Verantwortung bewußt sein und das Angebot der Krankenkassen wahrnehmen. **Der Arbeitgeber** hat die für die Untersuchungen **erforderliche Freizeit** zu gewähren, ein **Verdienstausfall** darf dadurch **nicht eintreten** (§ 16 MuSchG).

Hebammenhilfe (§ 196 Abs. 1 RVO) erstreckt sich auf die notwendige Mutterschaftsvorsorge und Schwangerenbetreuung durch Hebammen und Entbindungspfleger, z. B. Vorsorgeuntersuchungen, Hilfe bei Schwangerschaftsbeschwerden, Geburtsvorbereitung, Geburtshilfe im Krankenhaus oder bei Hausgeburten sowie Leistungen während des Wochenbetts. Bei der Geburt wird zusätzlich ärztliche Hilfe geleistet, wenn dies nach den Umständen des Einzelfalles erforderlich ist.

Bei Schwangerschaftsbeschwerden und im Zusammenhang mit der Entbindung erhält die Versicherte **Arznei-, Verband- und Heilmittel** (§ 196 Abs. 2 RVO). Hierfür wird keine Verordnungsblattgebühr erhoben.

Die **stationäre Entbindung** umfaßt Unterkunft, Pflege und Verpflegung in einem zur Entbindung aufgesuchten Krankenhaus oder einer anderen Einrichtung, in der Geburtshilfe geleistet wird (§ 197 RVO). Der Anspruch beginnt mit dem Tag, an dem die Schwangere aufgenommen wird, also u. U. bereits einige Tage vor der Entbindung. Die Kosten für den Krankenhausaufenthalt **nach** der Geburt werden im Rahmen der Leistungen bei Schwangerschaft und Mutterschaft für längstens sechs Tage nach der Entbindung – der Tag der Entbindung nicht mitgerechnet – gezahlt. Muß eine junge Mutter länger in der Klinik bleiben, wird anschließend normale Krankenhausbehandlung gewährt. Nur in diesem Fall ist sie gem. § 39 Abs. 4 SGB V zur Zuzahlung von 17 DM in den alten und 14 DM in den neuen Bundesländern je Kalendertag (maximal bis zu 14 Tagen je Kalenderjahr) verpflichtet, nicht dagegen für die Zeit der stationären Entbindung.

Grundsätzlich kann zur Entbindung ein **zugelassenes** Krankenhaus **frei gewählt** werden. Allerdings können der Versicherten Mehrkosten ganz oder teilweise auferlegt werden, wenn sie ohne zwingenden Grund nicht eine der nächsterreichbaren stationären Einrichtungen in Anspruch nimmt. Die Frau sollte sich daher rechtzeitig entsprechend durch ihre Krankenkasse beraten lassen.

Wählt sie ein **nicht** zugelassenes Krankenhaus (z. B. Privatklinik), besteht – abgesehen von Notfällen – kein Kostenerstattungsanspruch gegen die Krankenkasse, auch nicht in Höhe der Kosten für die entsprechenden Sachleistungen in zugelassenen Krankenhäusern (BSG vom 23.11.1995 in DOK 1996, 189).

Auf Antrag kann der Versicherten auch statt oder nach stationärer Entbindung **häusliche Pflege** (z. B. im Rahmen einer ambulanten Geburt) ohne hauswirtschaftliche Versorgung als persönliche Betreuung gewährt werden (§ 198 RVO), ggf. in Verbindung mit anderen Leistungen bei Schwangerschaft und Mutterschaft (z. B. ärztliche Betreuung, Haushaltshilfe). Der Anspruch auf häusliche Pflege entfällt oder reduziert sich, soweit eine im Haushalt lebende Person die Versicherte ganz oder teilweise pflegen und versorgen kann. Kann von der Krankenkasse eine Pflegeperson nicht gestellt werden, sind die Kosten für eine selbstbeschaffte Pflegekraft in angemessener Höhe zu erstatten (vgl. § 198 S. 2 RVO i. V. m. § 37 Abs. 3 und 4 SGB V).

Tip:
Die häusliche Pflege ist bei der Krankenkasse grundsätzlich **vor** dem Tätigwerden der Pflegekraft zu **beantragen**. Diesem Antrag ist eine ärztliche Bescheinigung beizufügen, die Angaben über den Grund, die Art, die Intensität sowie die voraussichtliche Dauer der häuslichen Pflege enthält.

Gemäß § 199 RVO erhält die Versicherte **Haushaltshilfe,** soweit ihr wegen Schwangerschaft oder Entbindung die Weiterführung des Haushalts nicht möglich ist und eine andere im Haushalt lebende Person den Haushalt nicht weiterführen kann. Während der Schwangerschaft wird Haushaltshilfe nur in Ausnahmefällen in Betracht kommen, z. B. wenn die Schwangere nach ärztlicher Anordnung Bettruhe einhalten muß. Aus Anlaß der Entbindung kann der Anspruch bei stationärer Entbindung, frühzeitiger Rückkehr aus der stationären Entbindung oder Hausgeburt gegeben sein. Die Notwendigkeit und der Umfang der Leistung sind jeweils unter Berücksichtigung der individuellen Verhältnisse zu prüfen. Kann die Krankenkasse keine Haushaltshilfe stellen, sind der Versicherten die Kosten für eine selbstbeschaffte Haushaltshilfe in angemessener Höhe zu erstatten. Für Verwandte und Verschwägerte bis zum zweiten Grad werden keine Kosten erstattet; die Krankenkasse kann jedoch die erforderlichen Fahrtkosten und den Verdienstausfall erstatten, wenn dies in einem angemessenen Verhältnis zu den sonst für eine Ersatzkraft entstehenden Kosten steht.

Tip:
Die Haushaltshilfe ist – von dringenden Fällen abgesehen – **vor** ihrer Inanspruchnahme bei der Krankenkasse zu **beantragen.** Es ist eine ärztliche Bescheinigung beizufügen, die Angaben über die voraussichtliche Dauer der erforderlichen Maßnahmen enthält.

Zum Anspruch auf **sonstige Hilfen** der Krankenkasse (außerhalb der Leistungen bei Schwangerschaft und Mutterschaft), z. B. ärztliche Beratung zur **Empfängnisverhütung,** Leistungen bei nicht rechtswidriger **Sterilisation** oder nicht rechtswidrigem **Schwangerschaftsabbruch,** siehe §§ 24a, 24 b SGB V (siehe Anhang 6) sowie Urteil des Bundesverfassungsgerichts vom 28.5.1993 (Az.: 2 BvF 2/90, 2 BvF 4/92 und 2 BvF 5/92).

2. Leistungen bei Familienversicherung

Die vorstehend genannten Leistungen bei Schwangerschaft und Mutterschaft erhalten nicht nur Frauen, die selbst Mitglied in einer gesetzlichen Krankenkasse sind, sondern auch diejenigen, die als Angehörige von Mitgliedern **familienversichert** sind. Dies sind gem. § 10 SGB V der **Ehegatte** und die **Kinder** von Mitgliedern, wenn sie ihren Wohnsitz oder gewöhnlichen Aufenthalt in der Bundesrepublik Deutschland haben.

Ausgeschlossen von der Familienversicherung ist, wer
– bereits freiwillig versichert oder versicherungspflichtig ist (Ausnah-

me: Studenten, Praktikanten und Auszubildende ohne Entgelt; für sie hat die Familienversicherung Vorrang),
- von der Versicherungspflicht befreit oder versicherungsfrei ist (Ausnahme: Versicherungsfreiheit bei geringfügiger Beschäftigung),
- hauptberuflich selbständig erwerbstätig ist oder
- ein Gesamteinkommen hat, das regelmäßig im Monat ein Siebtel der monatlichen Bezugsgröße (1999: 630 DM; neue Bundesländer 530 DM) überschreitet.

Für **Kinder** (gleichgestellt sind Stiefkinder und Enkel, die das Mitglied überwiegend unterhält sowie Pflegekinder und Adoptionspflegekinder) gelten **zusätzliche Voraussetzungen bzw. Altersgrenzen.** Sie sind von der Familienversicherung ausgeschlossen, wenn der mit den Kindern verwandte Ehegatte des Mitglieds nicht Mitglied einer Krankenkasse ist und ein Gesamteinkommen erzielt, das regelmäßig im Monat ein Zwölftel der Jahresarbeitsentgeltgrenze (1999: 6.375 DM; neue Bundesländer: 5.400 DM) übersteigt und regelmäßig höher als das Gesamteinkommen des Mitglieds ist. Die Familienversicherung besteht für Kinder grundsätzlich nur bis zur Vollendung des 18. Lebensjahres, darüber hinaus
- bis zur Vollendung des 23. Lebensjahres, wenn sie nicht erwerbstätig sind,
- bis zur Vollendung des 25. Lebensjahres, wenn sie sich in Schul- oder Berufsausbildung befinden oder ein freiwilliges soziales Jahr leisten bzw. entsprechende Verlängerung über das 25. Lebensjahr hinaus bei Unterbrechung der Schul- oder Berufsausbildung durch Wehr- oder Zivildienst,
- ohne Altersgrenze, wenn sie wegen körperlicher, geistiger oder seelischer Behinderung außerstande sind, sich selbst zu unterhalten.

Familienversicherte erhalten von der Krankenkasse allerdings grundsätzlich kein Mutterschaftsgeld, sondern nach der Entbindung nur ein einmaliges **Entbindungsgeld** in Höhe von 150 DM gem. § 200 b RVO (siehe Seite 94). Sofern diese Familienangehörigen aber selbst in einem versicherungsfreien Arbeitsverhältnis stehen, haben sie unter bestimmten Voraussetzungen zusätzlich Anspruch auf Mutterschaftsgeld nach § 13 Abs. 2 MuSchG (siehe Seite 93 f.).

9. Kapitel:

Mutterschaftsgeld/ Arbeitgeberzuschuß während der Schutzfristen

1. Überblick

1. **Arbeitnehmerinnen** in der gesetzlichen Krankenversicherung (pflichtversicherte und freiwillig versicherte Mitglieder)	Nettoarbeitsentgelt (bis zu 25 DM pro Tag tragen die Krankenkassen, den Unterschiedsbetrag der Arbeitgeber)
2. Frauen, deren **Arbeitsverhältnis** während der Schwangerschaft **zulässig aufgelöst** wurde	Wie 1. oder 5., aber Krankenkasse bzw. Bundesversicherungsamt zahlt auch den Arbeitgeberzuschuß aus
3. **Andere Mitglieder** in der gesetzlichen Krankenversicherung (z. B. Selbständige, familienversicherte Frauen, Studentinnen)	Bei Anspruch auf Krankengeld: Mutterschaftsgeld in Höhe des Krankengeldes. Sonst: Einmaliges Entbindungsgeld von 150 DM
4. **Arbeitslose Frauen** oder Frauen in Ausbildung/ Umschulung	Umwandlung des Arbeitslosen- bzw. Unterhaltsgeldes in Mutterschaftsgeld derselben Höhe
5. **Privat** krankenversicherte **Arbeitnehmerinnen** oder **Arbeitnehmerinnen ohne Krankenversicherung** (z.B. geringfügig Beschäftigte)	Einmaliges Mutterschaftsgeld bis zu 400 DM vom Bundesversicherungsamt, den Unterschied zwischen 25 DM pro Tag und dem Nettoarbeitsentgelt trägt der Arbeitgeber

2. Wer hat Anspruch auf Mutterschaftsgeld?

In der gesetzlichen Krankenversicherung **freiwillig oder pflichtversicherte** weibliche **Mitglieder** erhalten gem. § 200 Abs. 1 RVO **auf Antrag** während der Mutterschutzfristen vor und nach der Entbindung von ihrer Krankenkasse Mutterschaftsgeld, wenn sie
- bei Arbeitsunfähigkeit **Anspruch auf Krankengeld** haben *oder*
- wegen der Schutzfristen (siehe Seite 62 ff.) **kein Arbeitsentgelt erhalten**.

Die Mitgliedschaft muß bei Eintritt des Versicherungsfalles (i. d. R. Beginn der sechswöchigen Schutzfrist vor der Entbindung) bestehen.

Voraussetzung ist ferner, daß sie **vom Beginn des zehnten bis zum Ende des vierten Monats** vor der Entbindung mindestens **zwölf Wochen Mitglieder** waren oder in einem **Arbeitsverhältnis** standen. Insoweit genügt auch ein **ruhendes** Arbeitsverhältnis (z. B. bei Beurlaubung, BSG vom 17.4.1991 in DOK 1991, 449). Da die Frau nicht tatsächlich in dieser Rahmenfrist gearbeitet haben muß, bleibt der Anspruch auch im **Erziehungsurlaub** erhalten. Unerheblich ist, ob das Arbeitsverhältnis krankenversicherungspflichtig war oder nicht (z. B. geringfügige Beschäftigung). Während der Rahmenfrist muß die Frau **insgesamt,** jedoch nicht zusammenhängend, zwölf Wochen oder 84 Kalendertage Mitglied gewesen sein oder in einem Arbeitsverhältnis (auch mehrere Arbeitsverhältnisse bei verschiedenen Arbeitgebern möglich) gestanden haben.

Die **Siebenmonats-Rahmenfrist** errechnet sich nach dem **mutmaßlichen** Entbindungstermin, wenn der Antrag auf Mutterschaftsgeld **vor** der Entbindung gestellt wird.

Beispiel:
Entbindung voraussichtlich am   20. 1.1999
Beginn des zehnten Monats   20. 3.1998
Ende des vierten Monats   19.10.1998

Der **tatsächliche** Geburtstermin wird ausnahmsweise nur dann zugrunde gelegt, wenn ansonsten die erforderliche Zeit der zwölfwöchigen Mitgliedschaft oder des Arbeitsverhältnisses nicht erfüllt sein sollte.

Bei Antragstellung **nach** der Entbindung (oder vor der Entbindung, aber nach dem im ärztlichen Zeugnis angegebenen mutmaßlichen Entbindungstag) ist grundsätzlich der tatsächliche Entbindungstermin maßgebend (siehe auch Seite 88).

3. Mutterschaftsgeld bei Arbeitsverhältnis

Neben der Zugehörigkeit zum Personenkreis und dem Nachweis der zeitlichen Anspruchsvoraussetzungen (siehe Seite 82) ist für Frauen **mit Arbeitsverhältnis** Voraussetzung für einen Anspruch auf Mutterschaftsgeld nach § 200 Abs. 2 S. 1 und 2 RVO in Höhe des »Nettoarbeitsentgelts«, daß sie **bei Beginn der Schutzfrist**, also sechs Wochen vor der Entbindung,
- in einem **Arbeitsverhältnis** stehen *oder*
- in **Heimarbeit** beschäftigt sind *oder*
- deshalb **nicht mehr** in einem Arbeitsverhältnis stehen, weil dieses während der Schwangerschaft zulässigerweise (z. B. mit Zustimmung der Aufsichtsbehörde) vom Arbeitgeber **aufgelöst** wurde.

Wichtig:
Nach der herrschenden Meinung und der Praxis der Krankenkassen kommt es für die **Bestimmung des Beginns der Schutzfrist** (und der Bezugsdauer während der Schutzfrist vor der Entbindung, siehe Seite 87 f.) entscheidend darauf an, ob der **Antrag** auf Mutterschutzgeld **vor oder nach** der Entbindung gestellt wird. Wird der Antrag **vor** der Entbindung gestellt, ist grundsätzlich von dem im ärztlichen Attest angegebenen **mutmaßlichen** Entbindungstermin, bei Antragstellung **nach** der Entbindung vom **tatsächlichen** Entbindungstag auszugehen.

Hat die Frau den Antrag **vor** der Entbindung gestellt, so ist dennoch im Einzelfall dann der tatsächliche Entbindungstermin maßgeblich, wenn dies für sie **günstiger** wäre (sogenannte Günstigkeitsregelung). So kann ausnahmsweise Anspruch auf Mutterschaftsgeld gegeben sein, wenn eine Frau ihr Arbeitsverhältnis vor Beginn der Schutzfrist aufgelöst hat und somit zu diesem Zeitpunkt kein Arbeitsverhältnis mehr bestand. Dieser Ausnahmefall liegt dann vor, wenn das Kind früher als errechnet zur Welt kommt und zwischen dem tatsächlichen Geburtstermin und der Auflösung des Arbeitsverhältnisses nicht mehr als sechs Wochen liegen.

Beispiel:
Nach ärztlicher Bescheinigung, die Frau A mit dem Antrag auf Mutterschaftsgeld **vor** der Entbindung bei der Krankenkasse eingereicht hat, soll das Kind am 10. April geboren werden. Die Schutz-

frist beginnt also am 27. Februar. Bereits zum 15. Februar endet jedoch das Arbeitsverhältnis von Frau A.
Wird ihr Kind nun früher als errechnet, nämlich bis zum 29. März, geboren, so hat Frau A dennoch Anspruch auf Mutterschaftsgeld, da zwischen dem tatsächlichen Geburtstermin und der Beendigung des Arbeitsverhältnisses nicht mehr als sechs Wochen liegen.

Art und Umfang des Arbeitsverhältnisses bei Beginn der Schutzfrist spielen für den Anspruch auf Mutterschaftsgeld **keine Rolle.** Auch Teilzeitarbeit (einschließlich geringfügig entlohnter Beschäftigung) zählt dazu. Unerheblich ist auch, ob die Frau bei Beginn der Schutzfrist tatsächlich gearbeitet hat oder nicht (z. B. wegen Arbeitsunfähigkeit, Beschäftigungsverbot, Erholungsurlaub; Arbeitskampf siehe Seite 91), ob das Arbeitsverhältnis **nach** dem Beginn der Schutzfrist durch Kündigung/Aufhebungsvertrag aufgelöst wird oder durch Ablauf einer Befristung endet.

Mutterschaftsgeld nach § 200 Abs. 2 S. 1 und 2 RVO ist auch zu zahlen, wenn infolge der Geburt eines weiteren Kindes eine **neue Schutzfrist während** eines noch nicht beendeten **Erziehungsurlaubs** beginnt (Spitzenverbände der Krankenkassen vom 11./12.11.1996 in DOK 1997, 105). Allerdings besteht grundsätzlich für den Überschneidungszeitraum **kein** Anspruch auf **Arbeitgeberzuschuß** (Ausnahme u. U. bei zulässiger Teilzeitarbeit im Erziehungsurlaub, siehe Seite 91).

Beginnt dagegen eine (neue) **Schutzfrist während** eines vom Arbeitgeber gewährten (z. B. auch an einen Erziehungsurlaub anschließenden) **unbezahlten Urlaubs,** besteht grundsätzlich **kein** Anspruch auf Mutterschaftsgeld, da die Frau in dieser Zeit i. d . R. ohne Krankengeldanspruch krankenversichert ist und der Anspruch auf Arbeitsentgelt infolge des unbezahlten Urlaubs und nicht »wegen der Schutzfristen« entfällt (BSG vom 8.3.1995 in NZS 1995, 459). Endet im Verlauf der Schutzfristen der unbezahlte Urlaub, wird auch von diesem Zeitpunkt an kein Anspruch auf Mutterschaftsgeld begründet, da insoweit die Verhältnisse bei Beginn der Schutzfrist maßgebend sind.

Der Arbeitgeber ist i. d. R. **nicht verpflichtet,** einer **vorzeitigen Beendigung** eines unbezahlten Urlaubs **zuzustimmen,** um das Mutterschaftsgeld in Anspruch nehmen zu können. **Anders** ist die Rechtslage nur, wenn dem Arbeitgeber die Beschäftigung der Frau möglich und zumutbar ist und wenn der Grund für die Bewilligung des Sonderurlaubs weggefallen ist oder schwerwiegende negative Veränderungen in den wirtschaftlichen Verhältnissen der Arbeitnehmerin eingetreten sind, wobei die Geburt eines weiteren Kindes und die damit verbundenen Kosten und Belastungen nicht dazu zählen (BAG vom 6.9.1994 in ARST 1995, 111). Aufgrund seiner Fürsorgepflicht kann der Arbeitgeber auch gehalten sein, der vorzeitigen Beendigung des Sonderurlaubs zuzustimmen, wenn statt dessen **Erziehungsurlaub begehrt** wird (BAG vom 16.7.1997 in BB 1997, 2280; für Beamte BVerwG vom 21.3.1996, Az: 2 C 8.95).

Nach Auffassung der Spitzenverbände der Krankenkassen (siehe Seite 84) besteht Anspruch auf Mutterschaftsgeld **neben unbezahltem Urlaub** ausnahmsweise nur dann, wenn der unbezahlte Urlaub **nicht länger als einen Monat** dauert oder gerade **aus Anlaß der Schwangerschaft** vereinbart wurde. Es wird z. B. häufig wenig Sinn machen, nach einem maximal dreijährigen Erziehungsurlaub wieder für einen kurzen Zeitraum in das Berufsleben zurückzukehren, um dann erneut in den Mutterschutz zu gehen bzw. anschließend Erziehungsurlaub zu nehmen.

> **Tip:**
> Bevor eine Frau in diesen Fällen unbezahlten Urlaub vereinbart, sollte sie sich vorsorglich aber von ihrer Krankenkasse beraten und zusichern lassen, daß sie ihren Anspruch auf Mutterschaftsgeld nicht verliert und mit ihrem Arbeitgeber ausdrücklich regeln, daß der unbezahlte Urlaub »aus Anlaß der (erneuten) Schwangerschaft« genommen wird.

Kein Anspruch auf Mutterschaftsgeld nach § 200 RVO besteht, wenn zu Beginn einer neuen Schutzfrist das **Arbeitsverhältnis** bereits **beendet** ist und lediglich nach § 192 Abs. 1 Nr. 2 SGB V eine Mitgliedschaft wegen des Bezuges von **Erziehungsgeld** besteht (BSG vom 8.8.1995 in DOK 1996, 562). Das gleiche gilt für Frauen, die vor dem Bezug von Mutterschaftsgeld und Erziehungsgeld als **Arbeitslose** nach § 5 Abs. 1 Nr. 2 SGB V krankenversichert waren.

4. Höhe des Mutterschaftsgeldes

Als Mutterschaftsgeld wird Frauen »**mit Arbeitsverhältnis**« (siehe Seite 83 ff.) das um die gesetzlichen Abzüge (Lohn- und Kirchensteuer, Beiträge zur Kranken-, Pflege-, Renten- und Arbeitslosenversicherung) verminderte durchschnittliche **kalendertägliche** Arbeitsentgelt der **letzten**

Mutterschaftsgeld / Arbeitgeberzuschuß während der Schutzfristen

drei abgerechneten Kalendermonate vor Beginn der Schutzfrist (Bemessungszeitraum) gezahlt, **höchstens** jedoch 25 DM für den Kalendertag (§ 200 Abs. 2 S. 1 und 2 RVO), d. h. monatlich höchstens 700 DM bis 775 DM je nach Länge des Monats. Bei wöchentlicher Abrechnung sind die letzten 13 Wochen maßgebend.

Während dieser Zeit geleistete **Einmalzahlungen**, z. B. 13. Monatsgehalt, Weihnachts- oder Urlaubsgeld, sonstige Gratifikationen, sowie **Tage**, an denen infolge von Kurzarbeit, Arbeitsausfällen oder unverschuldeter Arbeitsversäumnis (z. B. unbezahlter Urlaub) **kein oder** ein **vermindertes Arbeitsentgelt** erzielt wurde, bleiben bei der Berechnung **außer Betracht** (§ 200 Abs. 2 S. 3 RVO).

Verdiensterhöhungen während des Bemessungszeitraums sind dagegen entsprechend zu berücksichtigen. Dies gilt auch für eine **nach** dem Bemessungszeitraum (drei Kalendermonate vor Beginn der Schutzfrist) erfolgte **rückwirkende** Erhöhung des Arbeitsentgelts, soweit sie sich für den Bemessungszeitraum auswirkt (BAG vom 6.4.1994 in NZA 1994, 793).

Die **Umrechnung** des **Monats**- oder Wochen**verdienstes** auf das kalendertägliche Arbeitsentgelt erfolgt in der Weise, daß der Kalendermonat einheitlich mit 30 Tagen, die Woche mit sieben Tagen anzusetzen ist, unabhängig davon, wie viele Tage der Kalendermonat bzw. Arbeitstage die Woche tatsächlich hatte.

> **Beispiel:**
> Frau A erzielte in den letzten drei abgerechneten Kalendermonaten vor Beginn der Schutzfrist ein Netto-Arbeitsentgelt von insgesamt 4.500 DM. Dieser Betrag wird auf den Kalendermonat umgerechnet (4.500 DM : 90 Kalendertage = 50 DM pro Kalendertag). Der durchschnittliche kalendertägliche Nettolohn beträgt also 50 DM.

Als Mutterschaftsgeld wird im Einzelfall nun der Betrag (bis höchstens 25 DM) gezahlt, der dem kalendertäglichen Nettoentgelt entspricht. Liegt dieses **über** 25 DM, zahlt der **Arbeitgeber** den darüber hinausgehenden Betrag als **Zuschuß** (Näheres siehe Seite 88 ff.).

> **Beispiel 1:**
> Frau A hat, wie im vorstehenden Beispiel, ein kalendertägliches Nettoentgelt von 50 DM. Sie erhält pro Kalendertag den Höchstbetrag, also 25 DM, Mutterschaftsgeld und die Differenz zu ihrem Nettogehalt, also noch einmal 25 DM kalendertäglich, als Arbeitgeberzuschuß.

Beispiel 2:
Das kalendertägliche Nettoentgelt von Frau B beträgt 15 DM. Diesen Betrag erhält sie auch als Mutterschaftsgeld. Der Arbeitgeber braucht keinen Zuschuß zu zahlen.

Haben während des Bemessungszeitraums **mehrere Arbeitsverhältnisse** nebeneinander (z. B. auch geringfügig entlohnte Nebenbeschäftigung neben nicht geringfügiger Hauptbeschäftigung) bestanden, so sind zur Berechnung der Höhe des Mutterschaftsgeldes alle Entgelte zu berücksichtigen. Die Summe der auf den Kalendertag entfallenden Durchschnittsverdienste (für jedes Arbeitsverhältnis gesondert zu ermitteln) bestimmt die Höhe des gesamten Mutterschaftsgeldes.

Wechselt eine Frau ihre **Steuerklasse** ohne sachlichen Grund nur, um das Nettogehalt in den letzten drei Kalendermonaten, die für die Berechnung des Mutterschaftsgeldes maßgebend sind, zu erhöhen und damit einen höheren Arbeitgeberzuschuß zu erhalten, so ist dies rechtsmißbräuchlich und der Wechsel insoweit unbeachtlich (BAG vom 22.10.1986 in DB 1987, 944). Das gilt entsprechend auch nach einer Eheschließung bei der erstmaligen Wahl einer Steuerklassenkombination, wenn sie ohne sachlichen Grund nur deshalb erfolgte, um im Hinblick auf die Zuschußpflicht des Arbeitgebers einen höheren Nettoverdienst zu erzielen, als er sich sonst bei vernünftiger Wahl der Steuerklassen ergeben würde (BAG vom 18.9.1991 in ZTR 1992, 115).

5. Bezugsdauer

Das errechnete Mutterschaftsgeld (und der eventuelle Arbeitgeberzuschuß) wird für jeden Tag der Schutzfrist, d. h. für **sechs Wochen vor, den Entbindungstag und für acht Wochen nach der Geburt** gewährt, bei Früh- und Mehrlingsgeburten bis zwölf Wochen nach der Entbindung (§ 200 Abs. 3 S. 1 RVO).

Verlängert sich bei Antragstellung **vor** der Entbindung die sechswöchige Schutzfrist vor der Entbindung, da das Kind **später** als errechnet auf die Welt kommt, so wird für die gesamte Zeit, also beispielsweise für sieben oder acht Wochen, Mutterschaftsgeld gezahlt (§ 200 Abs. 3 S. 5 RVO). Kommt das Kind **vor** dem mutmaßlichen Termin, **verkürzt** sich dagegen die Zeit der Zahlung des Mutterschaftsgeldes **nicht,** d. h. der

Beginn der Anspruchszeit muß dann entsprechend in die Vergangenheit zurückverlegt werden. Dies gilt grundsätzlich auch für den Anspruch auf den Arbeitgeberzuschuß (BAG vom 7.10.1987 in BB 1988, 567). Zu beachten ist aber, daß der Anspruch auf Mutterschaftsgeld (und somit auf den Arbeitgeberzuschuß) gem. § 200 Abs. 4 RVO **ruht**, soweit die Frau für dieselbe Zeit **Arbeitsentgelt** erhalten hat.

Wird der Antrag erst **nach** der Entbindung gestellt, so ist auch bei der Bestimmung der **Bezugsdauer** des Mutterschaftsgeldes (wie bei den Anspruchsvoraussetzungen) grundsätzlich vom **tatsächlichen** Entbindungstag auszugehen, d. h. die Bezugsdauer von sechs Wochen vor der Entbindung verlängert sich nicht, falls die Frau nicht aus zwingenden Gründen verhindert war, den Antrag vor der Entbindung zu stellen (vgl. BAG vom 10.9.1975, Az.: 3 RK 69/74). Da es die Schwangere regelmäßig in der Hand hat, den Antrag auf Mutterschaftsgeld und das Zeugnis über den mutmaßlichen Entbindungstermin der Krankenkasse bereits vor der Entbindung vorzulegen, trägt sie das Risiko wirtschaftlicher Nachteile bei Antragstellung nach der Entbindung. In einem solchen Fall sollte die Frau dennoch durch die Krankenkasse prüfen lassen, ob im Rahmen einer Ermessens- oder Härtefallentscheidung die gegebenenfalls günstigere Regelung zugrunde gelegt werden kann. Grundsätzlich sollte die Frau den **Antrag** auf Mutterschaftsgeld möglichst **frühzeitig vor der Entbindung** stellen, auch schon um ihren Lebensunterhalt während der Schutzfrist vor der Entbindung zu sichern.

Bei **Frühgeburten** verlängert sich die Bezugsdauer des Mutterschaftsgeldes von zwölf Wochen nach der Entbindung um den Zeitraum, um den sich im Einzelfall die sechswöchige Schutzfrist vor der Entbindung wegen der Frühgeburt verkürzt hat (§ 200 Abs. 3 S. 2 RVO). Damit kann die gesamte Anspruchsdauer von achtzehn Wochen zuzüglich Entbindungstag ausgeschöpft werden (siehe auch Seite 63 f. mit Beispiel).

6. Arbeitgeberzuschuß

Für alle Frauen, deren Nettogehalt von drei Monaten insgesamt 2.250 DM (kalendertäglich 25 DM) übersteigt, reicht das Mutterschaftsgeld nicht aus, um während der Schutzfristen (sowie für den Entbindungstag) das Nettoeinkommen zu sichern. Aus diesem Grunde erhalten sie nach § 14 Abs. 1 MuSchG zusätzlich zum Mutterschaftsgeld einen Zuschuß des Arbeitgebers in Höhe des **Unterschiedsbetrages zwischen dem Mutterschaftsgeld von 25 DM und ihrem durchschnittlichen kalendertäglichen Nettoarbeitsentgelt** (siehe Beispiele Seite 86 f.), berechnet nach den letzten drei abgerechneten Kalendermonaten **vor** Beginn der Schutzfrist.

Ebenso wie beim Mutterschaftsgeld bleiben im Bemessungszeitraum gezahlte **Einmalzahlungen**, z. B. 13. Monatsgehalt, Weihnachts- oder Urlaubsgeld, sonstige Gratifikationen sowie Tage, an denen infolge von Kurzarbeit, Arbeitsausfällen oder unverschuldeter Arbeitsversäumnis **kein oder** ein **vermindertes Arbeitsentgelt** erzielt wurde, bei der Berechnung des Arbeitgeberzuschusses **außer Betracht** (§ 14 Abs. 1 S. 4 MuSchG).

Bei der Berechnung des Arbeitgeberzuschusses ist eine **nach** dem Bemessungszeitraum **erfolgte rückwirkende** Erhöhung des Arbeitsentgelts zu berücksichtigen, soweit sie sich für den Bemessungszeitraum auswirkt, und zwar unabhängig davon, ob die rückwirkende Gehaltserhöhung vor oder nach Beginn der Schutzfrist vereinbart wurde (BAG vom 6.4.1994 in NZA 1994, 793).

Beispiel:
Die Schutzfrist von Frau A beginnt am 23.2.1999. Im März 1999 wird ihr Gehalt durch Tarifvertrag rückwirkend ab 1.1.1999 erhöht, für Januar 1999 erfolgt eine entsprechende Nachzahlung.
Da sich diese Erhöhung für den Bemessungszeitraum (November und Dezember 1998 sowie Januar 1999) auswirkt, ist sie bei der Berechnung des Arbeitgeberzuschusses zu berücksichtigen.

Auch (nicht nur vorübergehende) Gehaltserhöhungen, die **während** der Schutzfristen vor und nach der Entbindung wirksam werden, sind noch ab diesem Zeitpunkt in die Berechnung einzubeziehen (§ 14 Abs. 1 S. 3 MuSchG).

Wird durch eine wirksame vertragliche Vereinbarung die **Arbeitszeit** von einem **innerhalb der Schutzfristen liegenden Zeitpunkt** ab mit entsprechender Vergütungsminderung **herabgesetzt,** so ist dies für die Höhe des Arbeitgeberzuschusses (nicht für die des Mutterschaftsgeldes) zu berücksichtigen (BAG vom 11.6.1986 in DB 1986, 2499).

Ist die Frau in **mehreren Arbeitsverhältnissen** nebeneinander beschäftigt und hat sie Anspruch auf Mutterschaftsgeld aus jedem dieser Arbeitsverhältnisse (auch aus einer geringfügig entlohnten Nebentätigkeit), so hat jeder Arbeitgeber einen Zuschuß zum Mutterschaftsgeld zu leisten, sofern das gesamte kalendertägliche Nettoarbeitsentgelt 25 DM übersteigt. Der Zuschuß errechnet sich in diesem Fall aus dem Verhältnis der einzelnen im Durchschnitt ermittelten Nettoarbeitsentgelte zum gesamten Nettoeinkommen (BAG vom 3.6.1987 in DB 1987, 2159).

Beispiel:
1. Arbeitgeber (Hauptbeschäftigung) 1.400 DM
2. Arbeitgeber
 (geringfügig entlohnte Nebenbeschäftigung) 280 DM
 1.680 DM

Einkommen insgesamt 1.680 DM : 30 Tage
= 56 DM pro Tag
./. 25 DM kalendertäglich von der Krankenkasse
31 DM

Diese 31 DM werden folgendermaßen auf die beiden Arbeitgeber verteilt: Der erste Arbeitgeber zahlt bei einem Arbeitsentgelt von 1.400 DM im Verhältnis zum Gesamteinkommen von 1.680 DM 83,33 Prozent von 31 DM (= 25,83 DM). Die restlichen 16,67 Prozent (= 5,17 DM) zahlt der zweite Arbeitgeber.

Wichtig:
Der Arbeitgeberzuschuß wird – anders als das Mutterschaftsgeld – nicht auf das Erziehungsgeld angerechnet (vgl. § 7 BErzGG).

Beginnt infolge der Geburt eines weiteren Kindes eine **neue Mutterschutzfrist** noch **während des Erziehungsurlaubs,** besteht trotz Anspruch auf Mutterschaftsgeld grundsätzlich **kein Anspruch** auf den **Arbeitgeberzuschuß,** solange die neue Schutzfrist mit dem laufenden Erziehungsurlaub zusammenfällt (§ 14 Abs. 4 MuSchG). **Endet** der Erziehungsurlaub während der Schutzfristen, ist somit für den nach Ende des Erziehungsurlaubs verbleibenden Zeitraum die **Zuschußpflicht des Arbeitgebers gegeben.**

Beispiel:
Erziehungsurlaub (ohne Teilzeitarbeit) bis 31. März
Beginn der neuen Schutzfrist 10. März
Kalendertägliches Nettoarbeitsentgelt 100 DM
(vor Beginn des Erziehungsurlaubs)
Mutterschaftsgeld wird ab dem 10. März bis zum Ende der Schutzfrist nach § 6 Abs. 1 MuSchG in Höhe von 25 DM kalendertäglich gezahlt. Ein Arbeitgeberzuschuß nach § 14 Abs. 1 MuSchG in Höhe von 75 DM kalendertäglich steht erst ab dem 1. April zu.

Nur wenn die Frau während des Erziehungsurlaubs, in dessen Verlauf eine **neue Schutzfrist** beginnt, eine **zulässige Teilzeitarbeit** (siehe Seite 143 ff.) ausübt, gibt § 14 Abs. 4 S. 2 MuSchG **ausnahmsweise** einen Anspruch auf den **Arbeitgeberzuschuß auch für den Überschneidungszeitraum,** wenn sie ansonsten in dieser Zeit Teilzeit gearbeitet hätte. Die Höhe des Zuschusses bemißt sich dann nach dem Unterschiedsbetrag zwischen dem Mutterschaftsgeld von maximal 25 DM und der durchschnittlichen kalendertäglichen Netto-Teilzeitvergütung aus den letzten drei abgerechneten Kalendermonaten vor Beginn der Schutzfrist. Lag die Netto-Teilzeitvergütung kalendertäglich unter 25 DM (wie z. B. bei einer geringfügig entlohnten Beschäftigung auf 630 DM-Basis), so entsteht auch in diesem Fall kein Anspruch auf einen Arbeitgeberzuschuß.

Befindet sich die Frau bei Beginn einer (ggf. neuen) Schutzfrist in **unbezahlten Urlaub,** ist grundsätzlich **kein** Arbeitgeberzuschuß zu zahlen, da i. d. R. kein Anspruch auf Mutterschaftsgeld (siehe Seite 84 f.) bzw. Arbeitsentgelt besteht und somit auch keine ausgleichbare Differenz zwischen Mutterschaftsgeld und Arbeitsentgelt entstehen kann.

Dagegen wird der Anspruch auf den Arbeitgeberzuschuß durch eine **Arbeitsunfähigkeit** der Frau während der Schutzfristen nicht berührt (BAG vom 12.3.1997 in ARST 1997, 199; siehe auch Seite 71 f. mit Beispielen).

Bei einem **Betriebsübergang** ist der **Erwerber** ab diesem Zeitpunkt zur Weiterzahlung des Arbeitgeberzuschusses verpflichtet.

Bei einem **Streik** entfällt der Arbeitgeberzuschuß nur dann, wenn die Frau sich durch ausdrückliche oder konkludente Erklärung am Arbeitskampf beteiligt (LAG Berlin vom 28.7.1992 in ArbuR 1993, 85), z. B. durch Arbeitsniederlegung vor Beginn der Schutzfrist oder aktive Unterstützung von Streikaktionen während der Schutzfristen. Während der Dauer einer **rechtmäßigen Aussperrung** entfällt der Zuschuß. Dagegen wird der Anspruch auf **Mutterschaftsgeld** durch rechtmäßige Arbeitskämpfe nicht berührt, da die Mitgliedschaft in der Krankenkasse erhalten bleibt (§ 192 Abs. 1 Nr. 1 SGB V).

Wurde das Arbeitsverhältnis vom Arbeitgeber **während der Schwangerschaft bzw. der Schutzfristen** zulässigerweise **aufgelöst,** zahlt nach § 14 Abs. 2 MuSchG statt des Arbeitgebers die für die Zahlung des Mutterschaftsgeldes zuständige Stelle (Krankenkasse bzw. Bundesversicherungsamt) den Arbeitgeberzuschuß. Das gilt auch, wenn der Arbeitgeber seine Verpflichtung zur Zahlung des Zuschusses wegen Zahlungsunfähigkeit für die Zeit nach Eröffnung eines **Insolvenzverfahrens** oder nach rechtskräftiger Abweisung eines Antrags auf Eröffnung eines Insolvenzverfahrens mangels Masse bis zur zulässigen Auflösung des Arbeitsverhältnisses nicht erfüllen kann (§ 14 Abs. 3 MuSchG). Bis zur Eröffnung des Insolvenzverfahrens oder Ablehnung des Antrages mangels Masse ist die Arbeitnehmerin hinsichtlich rückständiger Ansprüche auf den Arbeitgeberzuschuß durch das **Insolvenzgeld** nach §§ 183 ff. SGB III abgesichert, wonach das Arbeitsamt auf Antrag Ansprüche aus dem Arbeitsverhältnis bis zu drei Monaten vor der Eröffnung des Insolvenzverfahrens oder den gleichgestellten Tatbeständen zu erfüllen hat.

Zum **Steuerklassenwechsel** siehe Seite 87, zum **Lohnausgleichsverfahren** in Kleinbetrieben Seite 61.

7. Mutterschaftsgeld für »andere Mitglieder«

Nach § 200 Abs. 2 S. 6 RVO erhalten »andere Mitglieder«, d. h. solche, die **nicht die Voraussetzungen des § 200 Abs. 2 S. 1 RVO** erfüllen (z. B. kein Arbeitsverhältnis bei Beginn der Schutzfrist), ebenfalls Mutterschaftsgeld während der Schutzfristen von der Krankenkasse. **Voraussetzung dafür** ist allerdings, daß auch sie
– in der Zeit zwischen dem zehnten und vierten Monat vor der Entbindung mindestens zwölf Wochen **Mitglieder** (keine Versicherungspflicht erforderlich) waren oder in einem **Arbeitsverhältnis** standen und
– so versichert sind, daß sie im Fall der Arbeitsunfähigkeit Anspruch auf **Krankengeld** haben.

Erhalten Frauen Mutterschaftsgeld nach § 200 Abs. 2 S. 6 RVO, so steht ihnen grundsätzlich **kein Anspruch** auf den **Arbeitgeberzuschuß** nach § 14 MuSchG zu.

Zum Kreis dieser »anderen Mitglieder« zählen z. B. freiwillig versicherte Frauen ohne Arbeitsverhältnis, aber mit Krankengeldanspruch und **Arbeitslose**, die bei Beginn der Sechs-Wochen-Frist vor der Entbindung Arbeitslosengeld oder -hilfe oder Unterhaltsgeld beziehen.

Das Mutterschaftsgeld für diesen Personenkreis wird in Höhe des **Krankengeldes** (§ 47 SGB V), das bei Arbeitsunfähigkeit zustünde, bzw. gem. § 47 b Abs. 1 SGB V in Höhe des **Arbeitslosengeldes**, der **Arbeitslosenhilfe** oder des **Unterhaltsgeldes** gezahlt.

Das Bundessozialgericht (BSG) hatte in seiner Entscheidung vom 1.2.1983 (a. F. in SozR 2200 § 200a RVO Nr. 5) unter Berufung auf das Gleichheitsgebot festgestellt, das »**andere Mitglieder**« auch solche sind, die zwar die Voraussetzungen des § 200 Abs. 2 S. 1 RVO erfüllen (z. B. Arbeitsverhältnis bei Beginn der Schutzfrist), die aber keinen Anspruch (mehr) auf den **Arbeitgeberzuschuß** nach § 14 MuSchG haben. **Endet** somit beispielsweise das **befristete** Arbeitsverhältnis einer versicherten Frau nach Beginn der Schutzfrist, erhält sie bis zu diesem Zeitpunkt Mutterschaftsgeld nach § 200 Abs. 2 S. 1 und 2 RVO in Höhe von maximal 25 DM pro Kalendertag sowie den Arbeitgeberzuschuß. Anschließend ist die Zahlung auf Mutterschaftsgeld gem. § 200 Abs. 2 S. 6 RVO in Höhe des Krankengeldes umzustellen.

8. Mutterschaftsgeld für privat bzw. nicht krankenversicherte Frauen

Unter den gleichen Voraussetzungen wie versicherte Frauen nach § 200 Abs. 1 und 2 S. 1 RVO erhalten bei Beginn der Schutzfrist privat bzw. nicht krankenversicherte Frauen Mutterschaftsgeld (§ 13 Abs. 2 MuSchG). Dazu gehören insbesondere Frauen, die mit einem **über** der **Versicherungspflichtgrenze** liegenden regelmäßigen Jahresarbeitsverdienst (1999: 76.500 DM = monatlich 6.375 DM; neue Bundesländer: 64.800 DM bzw. 5.400 DM) nach § 6 Abs. 1 Nr. 1 SGB V versicherungsfrei sind **oder** die eine versicherungsfreie **geringfügige Beschäftigung** (§§ 7 SGB V, 8 SGB IV) ausüben. In diesen Fällen wird das Mutterschaftsgeld allerdings vom Bund, d. h. vom Bundesversicherungsamt (BVA) in Berlin gezahlt und beträgt **höchstens insgesamt 400 DM**.

Dieser Betrag wird nur auf **Antrag** gezahlt. Einen entsprechenden Vordruck erhält man beim Bundesversicherungsamt, Stauffenbergstraße 13 – 14, 10785 Berlin.

> **Wichtig:**
> Privat bzw. nicht versicherte Frauen stehen sich beim Mutterschaftsgeld schlechter als versicherte. Ist z. B. der kalendertägliche Höchstbetrag von 25 DM zu gewähren, endet der Bezug nach 16 Tagen. Da die Schutzfristen 98 Tage betragen, verlieren diese Frauen den Anspruch für 82 Tage (2.050 DM). Dieser Nachteil wird

Mutterschaftsgeld / Arbeitgeberzuschuß während der Schutzfristen

jedoch dadurch etwas gemildert, daß dieser Personenkreis unmittelbar ab dem Zeitpunkt der Geburt Anspruch auf **Erziehungsgeld** hat. Das auf 400 DM begrenzte Mutterschaftsgeld nach § 13 Abs. 2 MuSchG wird ausnahmsweise nicht auf das Erziehungsgeld angerechnet (§ 7 S. 1 BErzGG).

Den **Arbeitgeberzuschuß** erhalten auch privat bzw. nicht versicherte Frauen, allerdings nur in Höhe des Differenzbetrages zwischen 25 DM und dem durchschnittlichen kalendertäglichen Nettoarbeitsentgelt.

9. Entbindungsgeld

Zum Zeitpunkt der Entbindung versicherte Frauen, die keinen Anspruch auf laufendes Mutterschaftsgeld nach § 200 RVO haben, erhalten von ihrer Krankenkasse gem. § 200b RVO nach der Entbindung ein **einmaliges** Entbindungsgeld in Höhe von **150 DM**. Zu diesem Personenkreis zählen beispielsweise freiwillig versicherte Frauen ohne Krankengeldanspruch, Studentinnen und Frauen, die zwar grundsätzlich einen Anspruch auf Mutterschaftsgeld haben, jedoch die zeitlichen Anspruchsvoraussetzungen nicht erfüllen.

Auch **familienversicherte** Frauen erhalten Entbindungsgeld. Sofern sie selbst in einem versicherungsfreien (geringfügigen) Arbeitsverhältnis stehen, haben sie zusätzlich Anspruch auf Mutterschaftsgeld nach § 13 Abs. 2 MuSchG, sofern sie die dort genannten Voraussetzungen erfüllen.

10. Steuer- und Beitragsfreiheit

Das **Mutterschaftsgeld und** der **Arbeitgeberzuschuß** (kein »Arbeitsentgelt«) sind **steuerfrei** (§ 3 Nr. 1 Buchst. d EStG; aber Progressionsvorbehalt) und in der Sozialversicherung **beitragsfrei**.

11. Geltendmachung/Rechtsweg

Das **Mutterschaftsgeld/Entbindungsgeld** ist bei der **Krankenkasse**, bei der die Frau bei Beginn der Schutzfrist versichert ist (bzw. beim BVA) zu **beantragen**. Eine bestimmte Antragsform oder -frist (Verjährungsfrist gem. § 45 SGB I: vier Jahre nach Ablauf des Kalenderjahres, in dem der Anspruch entstanden ist) ist gesetzlich nicht vorgeschrieben, ein Teil der Krankenkassen verwendet jedoch Antragsformulare. Wird der Antrag **vor** der Entbindung gestellt, ist das **Zeugnis eines Arztes** oder einer Hebamme über den mutmaßlichen Tag der Entbindung beizubringen, das gem. § 200 Abs. 3 RVO nicht früher als eine Woche vor dem Beginn der Schutzfrist ausgestellt sein darf. **Nach** der Entbindung ist eine standesamtliche Geburtsurkunde vorzulegen.

Verweigert die Kasse die Zahlung ganz oder zum Teil, kann die Frau gem. § 84 Sozialgerichtsgesetz (SGG) ein Widerspruchsverfahren einleiten (Widerspruchsfrist: ein Monat nach Bekanntgabe/Zustellung des Bescheides). Gegen einen abweisenden Widerspruchsbescheid kann binnen eines Monats nach Zustellung Klage beim zuständigen **Sozialgericht** (Wohnsitz oder Beschäftigungsort, § 57 SGG) erhoben werden (§ 87 SGG).

Der Anspruch auf den **Zuschuß** nach § 14 MuSchG (siehe Seite 88 ff.) ist ein arbeitsrechtlicher Anspruch, der gegenüber dem **Arbeitgeber** geltend gemacht werden muß. Als Nachweis genügt eine Bescheinigung der Krankenkasse/BVA, aus der sich der Anspruch auf Mutterschaftsgeld ergibt. Die Auszahlung des Zuschusses richtet sich nach den für das Arbeitsentgelt maßgebenden Grundsätzen. Verweigert der Arbeitgeber die Zuschußzahlung, kann die Frau den Anspruch beim zuständigen **Arbeitsgericht** einklagen.

10. Kapitel:

Erziehungsgeld

Ziel des am 1.1.1986 in Kraft getretenen und inzwischen mehrfach geänderten **Bundeserziehungsgeldgesetzes** (BErzGG) ist es, durch Gewährung von Erziehungsgeld und Erziehungsurlaub die Betreuung und Erziehung des Kindes in dieser Lebensphase zu fördern. **Müttern und Vätern** wird dadurch die Möglichkeit geschaffen, während der ersten Lebensjahre ihres Kindes zu Hause zu bleiben, ohne völlig auf Einkommen verzichten zu müssen. Zur Zeit nehmen etwa 96 % der berechtigten Eltern Erziehungsgeld und 94 % Erziehungsurlaub (Väter 1,5 %!) in Anspruch. Da die zu berücksichtigenden Einkommensgrenzen bislang nicht angehoben wurden, ist allerdings der Anteil der Eltern, der **volles** Erziehungsgeld bezieht, inzwischen auf unter 50 Prozent gesunken.

1. Überblick

Das **volle** Erziehungsgeld beträgt **600 DM monatlich** und wird längstens bis zum **Ende des zweiten Lebensjahres** des Kindes gewährt.

Anspruch haben alle **Mütter oder Väter** mit Wohnsitz in der Bundesrepublik Deutschland, die ihr Kind selbst betreuen und erziehen und nicht oder nicht mehr als 19 Wochenstunden arbeiten.

Das Erziehungsgeld ist von Anfang an **einkommensabhängig** und kann sich entsprechend mindern oder ganz wegfallen. Für das erste Lebensjahr des Kindes ist das Einkommen im Kalenderjahr der Geburt maßgebend, für das zweite Lebensjahr das voraussichtliche Einkommen des Folgejahres. Das Erziehungsgeld muß für jedes Lebensjahr des Kindes gesondert **beantragt** werden.

Die **Einkommensgrenzen** betragen
– in den **ersten sechs Lebensmonaten** des Kindes **100.000 DM für Verheiratete** oder Berechtigte, die mit dem anderen Elternteil des Kindes

in eheähnlicher Gemeinschaft leben bzw. 75.000 DM für Alleinerziehende,
- vom 7. bis zum 24. Lebensmonat 29.400 DM für Verheiratete (oder eheähnliche Gemeinschaft) bzw. 23.700 DM für Alleinerziehende.

Für **jedes weitere** nach dem Bundeskindergeldgesetz zu berücksichtigende **Kind** erhöhen sich die Einkommensgrenzen um 4.200 DM.

Tip:
Auskünfte über Erziehungsgeld und -urlaub erteilen die Erziehungsgeldstellen (siehe Seite 120).

2. Wer bekommt Erziehungsgeld?

Erziehungsgeld bekommt man nur **auf Antrag** (Näheres siehe Seite 120 ff.). Anspruch hat gem. § 1 Abs. 1 BErzGG grundsätzlich (Ausnahmen siehe unten) jeder, der
- seinen **Wohnsitz** oder gewöhnlichen Aufenthalt in der Bundesrepublik Deutschland hat (siehe unten),
- mit einem Kind, für das ihm die **Personensorge** zusteht, in **einem Haushalt** lebt (siehe Seite 98),
- dieses Kind **selbst betreut** und erzieht und (siehe Seite 99 f.)
- **keine** oder keine volle **Erwerbstätigkeit** ausübt (siehe Seite 100 f.).

Erziehungsgeld kann also gleichermaßen Hausfrauen/Hausmännern und Arbeitnehmern, Heimarbeitern, Beamten und Selbständigen zustehen, aber auch Personen, die sich in schulischer oder beruflicher Ausbildung, Fortbildung oder Umschulung befinden. Das Bestehen eines Arbeitsverhältnisses ist keine Anspruchsvoraussetzung.

a) Wohnsitz

Auch wenn man mit seinem Kind im **Ausland** lebt, weil man selbst oder der (im gemeinsamen Haushalt lebende) Ehegatte als Arbeitnehmer, Beamter oder Entwicklungshelfer dorthin entsandt worden ist, erhält man Erziehungsgeld (§ 1 Abs. 2 BErzGG).

Angehörige der Europäischen Gemeinschaft sowie Grenzgänger aus

Erziehungsgeld

an die Bundesrepublik Deutschland unmittelbar angrenzenden Staaten, die nicht Mitglied der Europäischen Gemeinschaft sind, die zwar nicht in der Bundesrepublik wohnen, aber hier arbeiten, haben unter den eingangs genannten sonstigen Voraussetzungen gem. § 1 Abs. 4 BErzGG ebenfalls Anspruch auf Erziehungsgeld, ferner NATO-Angehörige in besonderen Fällen (§ 1 Abs. 6 BErzGG). Ansonsten müssen **Ausländer** eine gültige Aufenthaltsberechtigung oder Aufenthaltserlaubnis besitzen. Aber auch bei Besitz einer Aufenthaltserlaubnis haben ein Arbeitnehmer, der von seinem im Ausland ansässigen Arbeitgeber zur vorübergehenden Dienstleistung nach Deutschland entsandt ist, und sein Ehepartner keinen Anspruch auf Erziehungsgeld (§ 1 Abs. 1a BErzGG).

b) Personensorgerecht

Erziehungsgeld bekommt i. d. R. nur der **Inhaber des Sorgerechts** für das Kind. Berechtigt können neben den **leiblichen Eltern** also z. B. **Adoptiveltern,** Großeltern, Vormünder und Pfleger sein, soweit ihnen das Sorgerecht zusteht.

Keine Personensorge ist erforderlich bei Kindern in **Adoptionspflege** und einem in den Haushalt des Antragstellers aufgenommenen **Stiefkind** (§ 1 Abs. 3 Nr. 1 und 2 BErzGG). Dagegen begründet die bloße Familienpflege ohne Sorgerechtsübertragung und ohne das Ziel der Adoption keinen Anspruch auf Erziehungsgeld.

Auch die **Väter nichtehelicher Kinder** können (obwohl ihnen die Personensorge nicht zusteht) Erziehungsgeld in Anspruch nehmen, wenn sie mit ihrem Kind in einem Haushalt leben und die sonstigen Voraussetzungen erfüllen (§ 1 Abs. 3 Nr. 3 BErzGG). Allerdings muß dazu gem. § 3 Abs. 3 BErzGG die Mutter ihre Zustimmung geben. Die gleiche Möglichkeit besteht nach einer **Scheidung.** Wenn sich die Eltern einig sind, kann derjenige von ihnen, dem die Personensorge nicht zusteht, Erziehungsgeld erhalten.

In bestimmten **Härtefällen,** nämlich bei Tod, schwerer Krankheit oder schwerer Behinderung der Mutter oder des Vaters, können Verwandte zweiten (z. B. Großeltern) oder dritten Grades (Tanten/Onkel) ohne Sorgerecht Anspruch auf Erziehungsgeld haben, wenn das Kind in ihrem Haushalt lebt, sie die Betreuung und Erziehung ganz oder überwiegend übernehmen und kein Erziehungsgeld für dasselbe Kind an einen Personensorgeberechtigten gezahlt wird (§ 1 Abs. 7 S. 2 BErzGG).

Erziehungsgeld

c) Eigene Betreuung und Erziehung

Der Anspruch auf Erziehungsgeld ist weiter davon abhängig, daß der Antragsteller das Kind **selbst betreut und erzieht**, d. h. seine Zeit ganz oder überwiegend der Kinderbetreuung widmet. Wichtig ist, daß er die wesentliche Erziehung oder Betreuung nicht aus der Hand gibt. Eine **gelegentliche** Beaufsichtigung durch einen Babysitter, die Großeltern oder eine Kinderfrau steht dem Anspruch auf Erziehungsgeld nicht entgegen. Wird das Kind zur Betreuung außer Haus gegeben, darf die Fremdbetreuung täglich nicht mehr als die Hälfte der erforderlichen Betreuungszeit umfassen.

> **Beispiel 1:**
> Frau A nimmt nach der Geburt ihres Kindes an zwei Vormittagen in der Woche an einem Fortbildungslehrgang teil. Während dieser Zeit betreut eine Kinderfrau das Kind. Frau A hat trotzdem Anspruch auf Erziehungsgeld, da der wesentliche Teil der Betreuung bei ihr liegt.

> **Beispiel 2:**
> Frau B beantragt Erziehungsgeld und Erziehungsurlaub, um mit ihrem Mann für ein halbes Jahr ins Ausland zu gehen. Das Kind ist während dieser Zeit bei der Großmutter. Frau B erhält weder Erziehungsgeld noch -urlaub, da sie die Kinderbetreuung vollständig auf eine andere Person übertragen hat.

Kann die Betreuung aus einem wichtigen Grund **nicht sofort aufgenommen** oder muß sie zeitweise **unterbrochen** werden, spielt dies für die Zahlung von Erziehungsgeld keine Rolle (§ 1 Abs. 5 BErzGG). I. d. R. dürfte eine Unterbrechungszeit von nicht mehr als drei Monaten als unschädlich anzusehen sein. Steht fest, daß der Berechtigte das Kind auf Dauer nicht wieder selbst betreuen und erziehen kann, muß das Erziehungsgeld entzogen werden. Der Anspruch fällt dann allerdings nicht rückwirkend, sondern erst mit Ablauf des Lebensmonats weg, von dem an feststeht, daß die Unterbrechung nicht vorübergehend ist (§ 4 Abs. 3 BErzGG).

> **Beispiel 1:**
> Nach der Geburt ihres Kindes muß Frau A wegen einer Lungenentzündung noch vier Wochen im Krankenhaus bleiben, während ihr Kind nach einer Woche entlassen wird. Frau A erhält trotzdem ab dem Tag der Geburt Erziehungsgeld.

Beispiel 2:
Das drei Monate alte Kind muß wegen Keuchhustens für zwei Wochen ins Krankenhaus. Auch für diese Zeit besteht Anspruch auf Erziehungsgeld.

In besonderen **Härtefällen** kann ausnahmsweise der Anspruch auf Erziehungsgeld auch dann gegeben sein, wenn der Antragsteller das Kind nicht (überwiegend) selbst betreut und erzieht bzw. er eine volle Erwerbstätigkeit ausübt. Diese Situation liegt insbesondere dann vor, wenn ein Elternteil verstirbt (vgl. § 1 Abs. 7 S. 1 BErzGG). Der nunmehr alleinstehende Ehegatte kann die Versorgung des Kindes einer anderen Person (z. B. Kinderfrau oder Großeltern) übertragen und eine volle Erwerbstätigkeit aufnehmen bzw. ohne seine Erwerbstätigkeit reduzieren oder aufgeben zu müssen.

d) Keine Erwerbstätigkeit oder nur Teilzeitarbeit bis zu 19 Wochenstunden

Schließlich setzt die Zahlung von Erziehungsgeld grundsätzlich noch voraus, daß der Antragsteller **nicht (mehr) oder nicht (mehr) voll erwerbstätig** ist (siehe aber vorstehende Ausnahme). Erwerbstätigkeit ist jede Tätigkeit als Arbeitnehmer, Selbständiger oder mithelfender Familienangehöriger, die auf die Erzielung von Gewinn oder Einkommen gerichtet ist.

Gem. § 2 Abs. 1 Nr. 3 BErzGG üben zu ihrer **Berufsbildung** Beschäftigte unabhängig von ihrer zeitlichen Beanspruchung generell **keine** volle Erwerbstätigkeit aus. Somit können z. B. **Schüler** und **Studenten** (sofern sie nicht zusätzlich eine entsprechende Erwerbstätigkeit ausüben), **Auszubildende**, Praktikanten, Volontäre und Teilnehmer an Maßnahmen zur beruflichen Fortbildung oder Umschulung Erziehungsgeld beziehen, ohne ihre Ausbildung unterbrechen zu müssen.

Bei Erwerbstätigkeit spielt das Arbeitseinkommen keine Rolle, sondern **maßgeblich** ist allein die (sich aus dem Arbeitsvertrag oder der Natur der Sache nach ergebende) wöchentliche **Arbeitszeit**. Übersteigt diese **19 Stunden**, ist der Antragsteller voll erwerbstätig und hat **keinen Anspruch auf Erziehungsgeld** (§ 2 Abs. 1 Nr. 1 BErzGG).

Wird die maßgebende Arbeitszeitgrenze nur **gelegentlich gering** überschritten, ist dies unschädlich, wenn im Monatsdurchschnitt nicht mehr als 19 Stunden wöchentlich gearbeitet wird.

Beispiel:
Frau A, die laut Arbeitsvertrag 15 Wochenstunden arbeitet, arbeitet zwei Wochen lang jeweils 22 Stunden, da sie eine Krankheitsvertretung übernehmen mußte. Sie erhält trotzdem weiter Erziehungsgeld, wenn sie die Überstunden innerhalb eines Monats wieder abfeiert.

Eine Erwerbstätigkeit, die zwar von vornherein auf nicht mehr als 19 Stunden beschränkt ist, aber zusammen mit der für ihre Ausübung notwendigen Vor- und Nachholarbeit 19 Stunden regelmäßig in der Woche übersteigt (z. B. Lehrkräfte), steht dem Anspruch auf Erziehungsgeld entgegen. Bei **schwankenden Arbeitszeiten** ist der voraussichtliche Durchschnitt der Wochenstundenzahl während des Erziehungsgeldbezuges maßgebend. Werden **mehrere Beschäftigungen** nebeneinander ausgeübt, sind die Arbeitszeiten zusammenzurechnen.

Da nach Beamtenrecht die Arbeitszeit nur bis zur Hälfte der regelmäßigen Arbeitszeit herabgesetzt werden darf, läßt § 2 Abs. 1 Nr. 2 BErzGG für **Beamte** ausnahmsweise eine 19 Stunden übersteigende Tätigkeit zu, sofern nicht die beamtenrechtlich festgelegte Mindestdauer einer Teilzeitbeschäftigung überschritten wird. Für **Angestellte im öffentlichen Dienst** gilt dies nicht, d. h. für sie bleibt es bei der Grenze von 19 Stunden.

Zur Einkommensanrechnung bei **zulässiger Teilzeitarbeit** während des Erziehungsgeldbezuges siehe Seite 110 f.

3. Beginn des Erziehungsgeldanspruchs

Anspruch auf Erziehungsgeld besteht grundsätzlich ab dem **Tag der Geburt** des Kindes bzw. dem Tag der Inobhutnahme eines adoptierten oder mit dem Ziel der Adoption aufgenommenen Kindes (§ 4 Abs. 1 BErzGG). **Berufstätige Frauen** erhalten das Erziehungsgeld i. d. R. erst im Anschluß an das Mutterschaftsgeld ab der 9. Woche nach der Entbindung, da das Mutterschaftsgeld auf ihr Erziehungsgeld angerechnet wird (Einzelheiten und Ausnahmen siehe Seite 114 f.).

Erziehungsgeld

Wichtig:
Der schriftliche **Antrag** auf Erziehungsgeld sollte möglichst bald nach der Entbindung gestellt werden. Um den Anspruch ab der Geburt des Kindes zu sichern, muß der Antrag **spätestens** innerhalb von **sechs Monaten nach der Geburt** bei der Erziehungsgeldstelle (siehe Seite 120) eingehen!

Wird diese Frist versäumt, d. h. der Antrag verspätet gestellt, wird das Erziehungsgeld rückwirkend höchstens für sechs Monate vor Antragstellung gewährt (§ 4 Abs. 2 S. 3 BErzGG).

Beispiel 1:
Frau A, die nicht berufstätig ist, bekommt am 20. März ein Kind und möchte Erziehungsgeld beziehen. Sie stellt am 15. September einen entsprechenden Antrag, also noch rechtzeitig, d. h. Erziehungsgeld wird rückwirkend ab dem 20. März, dem Zeitpunkt der Geburt, gewährt.

Beispiel 2:
Das Kind von Frau B ist ebenfalls am 20. März geboren. Ihr Antrag auf Erziehungsgeld geht jedoch erst am 1. Oktober bei der zuständigen Behörde ein.
Dies hat zur Folge, daß für die Zeit vom 20. März bis zum 31. März kein Anspruch auf Erziehungsgeld besteht; die Zahlung erfolgt rückwirkend nur für den Zeitraum von sechs Monaten, d. h. ab dem 1. April (falls es nicht noch zu einer Anrechnung von Mutterschaftsgeld auf das Erziehungsgeld kommt).

Nur wenn die Berufung auf die sechsmonatige Ausschlußfrist wegen der besonderen Umstände des Einzelfalls **rechtsmißbräuchlich** wäre, kann von ihr abgewichen werden. Das ist z. B. dann der Fall, wenn die Erziehungsgeldstelle das Versäumnis der Frist durch den Antragsteller herbeigeführt hat oder durch ihr Verhalten der Antragsteller von der Fristwahrung abgehalten worden ist.

Auch bei einem **späteren Wechsel der Betreuungsperson** (siehe Seite 113 f.) muß der die Betreuung des Kindes Übernehmende den Antrag rechtzeitig stellen, da das Erziehungsgeld in jedem Fall rückwirkend höchstens für sechs Monate vor der Antragstellung gezahlt wird.

Ein Wechsel in der Anspruchsberechtigung wird gem. § 3 Abs. 4 BErzGG immer mit Beginn des auf die Änderung folgenden Lebensmonats des Kindes wirksam.

4. Dauer des Erziehungsgeldanspruchs

Erziehungsgeld wird längstens **bis zur Vollendung des zweiten Lebensjahres des Kindes** gezahlt (§ 4 Abs. 1 S. 2 BErzGG).

Auch für **adoptierte** und mit dem Ziel der Adoption aufgenommene (Adoptionspflege) Kinder wird Erziehungsgeld von der Inobhutnahme an **für die vorstehend genannte Bezugsdauer** gewährt, allerdings längstens bis zur Vollendung des **siebten** Lebensjahres (§ 4 Abs. 1 S. 3 BErzGG). Somit können also beispielsweise Adoptiveltern auch bei einer Adoption, die erst mit Vollendung des fünften Lebensjahres des Kindes wirksam wird, die volle Bezugsdauer des Erziehungsgeldes von zwei Jahren noch ausschöpfen.

Fallen während des Bezugszeitraums die **Anspruchsvoraussetzungen weg**, so **endet** der Anspruch auf Erziehungsgeld, und zwar gem. § 4 Abs. 3 S. 1 BErzGG mit Ablauf des zu diesem Zeitpunkt laufenden **Lebensmonats** des Kindes (nicht Kalendermonat!).

> **Beispiel:**
>
> Für ihr am 15. März geborenes Kind erhält Frau A Erziehungsgeld. Ab 1. August arbeitet sie wieder voll, d. h. 38,5 Stunden als Sekretärin.
> Obwohl ab diesem Tag die Voraussetzungen entfallen sind, erhält Frau A noch Erziehungsgeld in voller Höhe für den gesamten fünften Lebensmonat ihres Kindes, d. h. bis einschließlich 14. August. Eine Kürzung für die Zeit vom 1. bis 14. August wird nicht vorgenommen.

Auch für den Fall, daß das Kind **stirbt,** besteht der Anspruch auf Erziehungsgeld grundsätzlich bis zum Ende des laufenden Lebensmonats. Befindet sich der Erziehungsgeldberechtigte jedoch in Erziehungsurlaub, endet der Anspruch mit dem Erziehungsurlaub, d. h. spätestens drei Wochen nach dem Tod des Kindes (§§ 4 Abs. 3 S. 2, 16 Abs. 4 BErzGG).

5. Höhe des Erziehungsgeldes/ Einkommensanrechnung

a) Allgemeines

Das **volle** Erziehungsgeld beträgt **monatlich 600 DM** (§ 5 Abs. 1 BErzGG). Steht Erziehungsgeld nur für einen Teil eines Monats zu, z. B. wegen verzögerter Antragstellung, so ist pro Kalendertag der dreißigste Teil des monatlichen Erziehungsgeldes, also ein Betrag von 20 DM, zu gewähren. Zur **Anrechnung des Mutterschaftsgeldes** siehe Seite 114 f.
  Das Erziehungsgeld ist von Anfang an **einkommensabhängig.** In den **ersten sechs** Lebensmonaten bzw. ab dem **siebten** Lebensmonat des Kindes sind **unterschiedliche Einkommensgrenzen** zu berücksichtigen. Bei Überschreiten der Einkommensgrenzen wird das Erziehungsgeld ab dem siebten Lebensmonat stufenweise gemindert. Bei hohem Einkommen entfällt es von Geburt an ganz.

Als **Einkommen** (§ 6 BErzGG) gelten dabei i. S. d. § 2 Abs. 1 und 2 EStG die positiven Einkünfte aus:
- nichtselbständiger Arbeit
- selbständiger Arbeit
- Gewerbebetrieb
- Land- und Forstwirtschaft
- Kapitalvermögen
- Vermietung und Verpachtung
- sonstige Einkünfte i. S. d. § 22 EStG.

Davon werden die nachweisbaren **Werbungskosten** abgezogen, z. B.
- bei nichtselbständiger Arbeit vom Bruttoentgelt mindestens der Arbeitnehmerpauschbetrag in Höhe von 2.000 DM,
- bei Einnahmen aus Kapitalvermögen mindestens der Pauschbetrag in Höhe von 100 DM und der Sparer-Freibetrag in Höhe von 6.000 DM.

Von den verbleibenden Einkünften werden abgesetzt:
- ein **Pauschbetrag von i. d. R. 27 Prozent der Einkünfte** (22 Prozent z. B. bei Beamten, Richtern und Berufsoldaten),
- **Unterhaltsleistungen** für Kinder, wenn weder der Antragsteller noch sein Partner Kindergeld beziehen; abzuziehen ist der Betrag, der sich

aus einem Unterhaltstitel oder einer privaten Vereinbarung ergibt; Unterhaltsleistungen an andere Personen (z. B. geschiedener Ehegatte) nur soweit, wie sie steuerlich berücksichtigt werden,
- Pauschbetrag für ein früher geborenes **behindertes Kind**.

Steuerfreie Leistungen, wie z. B. Krankengeld, Arbeitslosengeld und -hilfe oder Sozialhilfe, bleiben **unberücksichtigt**.

Bei Einkünften aus **nichtselbständiger Arbeit** hat der **Arbeitgeber** das bereits bezogene Bruttoentgelt und ggf. das bereits feststehende Einkommen für das maßgebende Jahr zu **bescheinigen** (§ 12 Abs. 2 BErzGG). Soweit die Bescheinigung noch nicht alle Monate des Jahres umfaßt, wird das Jahresarbeitsentgelt auf der Basis der bescheinigten Monate hochgerechnet.

Soweit ein ausreichender **Nachweis** der voraussichtlichen Einkünfte in dem maßgebenden Kalenderjahr **nicht möglich** ist, werden der Ermittlung die Einkünfte des **vorhergehenden** Kalenderjahres zugrunde gelegt. Nur wenn sich die voraussichtlichen Einkünfte aufgrund eines **Härtefalles** nach Erteilung des Erziehungsgeldbescheides vermindern, führt dies auf Antrag zu einer **Neuberechnung**, z. B. wenn sich die wirtschaftliche Lage der Eltern erheblich verschlechtert hat, weil der Partner arbeitslos geworden ist.

b) Einkommensgrenzen in den ersten sechs Lebensmonaten des Kindes

In diesem Zeitraum gilt eine besondere Einkommensgrenze, die Personen mit höherem Einkommen vom Bezug des Erziehungsgeldes **generell ausschließt**. Diese Einkommensgrenze beträgt **100.000/75.000 DM** für **Verheiratete/Ledige** (§ 5 Abs. 2 S. 1 BErzGG) und entspricht einem Bruttojahreseinkommen von ca. 140.000/110.000 DM. Für Eltern in **eheähnlicher Gemeinschaft** gilt die Einkommensgrenze für Verheiratete, die nicht dauernd getrennt leben. Die Erhöhung dieser Beträge um **4.200 DM** für jedes **weitere Kind** (siehe Seite 106) gilt auch für diese besondere Einkommensgrenze. Das Erziehungsgeld kann unter dem **Vorbehalt der Rückforderung** bewilligt werden, wenn eine abschließende Ermittlung der zu berücksichtigenden Einkünfte noch nicht möglich ist.

Erziehungsgeld

c) Einkommensanrechnung ab dem siebten Lebensmonat des Kindes

Ab Beginn des siebten Lebensmonats wird Erziehungsgeld **einkommensabhängig** gewährt, d. h. die aktuellen Einkommensverhältnisse werden bei der Höhe des Erziehungsgeldes berücksichtigt, so daß dieses sich entsprechend **reduzieren** oder auch völlig **wegfallen** kann. Für die eventuelle Minderung oder den Ausschluß/Wegfall des Erziehungsgeldes im 1. bis 12. Lebensmonat des Kindes ist das voraussichtliche Einkommen im Kalenderjahr der Geburt des Kindes, für die eventuelle Minderung im 13. bis 24. Lebensmonat das voraussichtliche Einkommen des folgenden Jahres maßgebend (§ 6 Abs. 2 BErzGG). Bei adoptierten Kindern ist das voraussichtliche Einkommen im Kalenderjahr der Inobhutnahme sowie im folgenden Kalenderjahr entscheidend.

Verheiratete (die nicht dauernd von ihrem Ehegatten getrennt leben; anderenfalls werden sie wie Alleinerziehende behandelt) mit einem Kind erhalten das Erziehungsgeld weiter in **voller** Höhe, wenn ihre **gemeinsamen zu berücksichtigenden** Einkünfte im Jahr nicht höher als 29.400 DM sind. Leben die Eltern in einer **eheähnlichen Gemeinschaft**, wird auch das Einkommen des Partners berücksichtigt (§ 6 Abs. 3 S. 2 BErzGG). Es gilt die vorstehende Einkommensgrenze für Verheiratete, die nicht dauernd getrennt leben.

Für alle **anderen Berechtigten** (**Alleinerziehende**) liegt die Einkommensgrenze bei **23.700 DM**.

Mit **jedem weiteren Kind** des Berechtigten oder seines nicht dauernd von ihm getrennt lebenden Ehegatten, für das ihm oder seinem Ehegatten Kindergeld gewährt oder nur wegen der Zahlung vergleichbarer Leistungen (z. B. Kinderzuschüsse aus der gesetzlichen Rentenversicherung) nicht gewährt wird, erhöht sich die Einkommensgrenze um **4.200 DM**.

Beispiel 1:
Frau A als erziehungsberechtigte Mutter ist alleinstehend und hatte im maßgebenden Jahr ein zu berücksichtigendes Einkommen von 20.000 DM (Teilzeit bis 19 Wochenstunden). Sie erhält also auch ab dem siebten Lebensmonat ihres Kindes ein Erziehungsgeld in voller Höhe von 600 DM monatlich.

Beispiel 2:
Das Ehepaar B beantragt für sein drittes Kind Erziehungsgeld. Ihr gemeinsames zu berücksichtigendes Einkommen darf insgesamt

37.800 DM (29.400 DM sowie für die ersten beiden Kinder je 4.200 DM) nicht übersteigen, damit das Erziehungsgeld auch ab dem siebten Lebensmonat des Kindes ungemindert gezahlt wird.

Beispiel 3:

Positive Jahreseinkünfte	Berechtigter	Ehegatte/Lebensgefährte	
– Nichtselbst. Arbeit	0,00		36.000,00
./. Werbungskosten	0,00	mind. pauschal	2.000,00
– Selbst. Arbeit	0,00		0,00
– Gewerbebetrieb	0,00		0,00
– Landwirtschaft	0,00		0,00
– Kapitalvermögen	0,00		0,00
– Vermietung usw.	0,00		0,00
– Sonstige Einkünfte	0,00		0,00
Einkommen nach § 6 BErzGG			= 34.000,00
./. Absetzungen gem. § 6 BErzGG:			
– Pauschalabzug 27%	0,00	27%	9.180,00
– Unterhaltsleistung	0,00		0,00
– Behind. Freibetrag	0,00		0,00
			= 9.180,00
./. Freibetrag gem. § 5 BErzGG			29.400,00
anzurechnendes Einkommen			0,00
Minderung des mtl. ErzG nach § 5 Abs. 3 BErzGG			
= 1/12 von 40 v.H. (= 1/30) von 0,00			= 0,00

Da das anzurechnende Einkommen = 0 ist, ergibt sich ein Erziehungsgeld von 600 DM ab dem 7. Lebensmonat.

Die folgende Übersicht zeigt die Einkommensgrenzen, bis zu denen Erziehungsgeld auch ab dem siebten Lebensmonat **voll** weitergezahlt wird:

Grenzen für volles Erziehungsgeld ab dem 7. Lebensmonat
(zu berücksichtigendes Einkommen)

	Verheiratete (nicht getrennt lebend) mit	Alleinerziehende mit
1 Kind	29400 DM	23700 DM
2 Kinder	33600 DM	27900 DM
3 Kinder	37800 DM	32100 DM
4 Kinder	42000 DM	36300 DM

Erziehungsgeld

Übersteigt das Einkommen die ab dem siebten Lebensmonat des Kindes geltende Einkommensgrenze, so werden ab diesem Zeitpunkt von dem übersteigenden Betrag 40 Prozent angerechnet. Ein Zwölftel dieses Anrechnungsbetrages wird dann monatlich von den 600 DM Erziehungsgeld abgezogen.

Beispiel 1:
Das zu berücksichtigende Einkommen eines jungen Ehepaares, das für sein erstes Kind Erziehungsgeld bezieht, beträgt 35.400 DM und liegt somit 6.000 DM über der maßgeblichen Einkommensgrenze.
Der anzurechnende Betrag von 40 Prozent des übersteigenden Einkommens, also 2.400 DM, wird gezwölftelt, so daß sich ein monatlich abzuziehender Betrag von 200 DM ergibt. Ab dem siebten Lebensmonat des Kindes erhält das Ehepaar also nur noch 400 DM im Monat Erziehungsgeld.

Beispiel 2:

positive Jahreseinkünfte	Berechtigter	Ehegatte/Lebensgefährte	
– Nichtselbst. Arbeit	0,00		52.729,96
./. Werbungskosten	0,00	mind. pauschal	2.000,00
– Selbst. Arbeit	0,00		0,00
– Gewerbebetrieb	0,00		0,00
– Landwirtschaft	0,00		0,00
– Kapitalvermögen	0,00		0,00
– Vermietung usw.	0,00		0,00
– Sonstige Einkünfte	0,00		0,00
Einkommen nach § 6 BErzGG			= 50.729,96
./. Absetzungen gem. § 6 BErzGG:			
– Pauschalabzug 27%	0,00	27%	13.697,08
– Unterhaltsleistung	0,00		0,00
– Behind. Freibetrag	0,00		0,00
			= 13.697,08
./. Freibetrag gem. § 5 BErzGG			29.400,00
anzurechnendes Einkommen			7.632,88
Minderung des mtl. ErzG nach § 5 Abs. 3 BErzGG			
= 1/12 von 40 v.H. (= 1/30) von 7.632,88			= 254,43

Damit ergibt sich ein gekürztes Erziehungsgeld von 346 DM.

---

1) Beiträge von weniger als 40,00 DM pro Monat werden ab dem siebten Lebensmonat des Kindes aus verwaltungstechnischen Gründen nicht ausgezahlt (§ 5 Abs. 4 S. 3 BErzGG).

Erziehungsgeld

Die Abzugsberechnung führt dazu, daß ab einem Jahreseinkommen, das um mehr als 16.800 DM über der maßgeblichen Einkommensgrenze liegt, das **Erziehungsgeld völlig wegfällt**.[1)]
Die folgenden Tabellen zeigen die Höhe des Erziehungsgeldes in Abhängigkeit vom zu berücksichtigenden Einkommen ab dem siebten Lebensmonat des Kindes:

Erziehungsgeld ab dem 7. Lebensmonat des Kindes

zu berücksichtigendes Jahres-Nettoeinkommen DM	für Verheiratete (nicht getrennt lebend)			zu berücksichtigendes Jahres-Nettoeinkommen DM	für Alleinerziehende		
	1 Kind DM	2 Kinder DM	3 Kinder DM		1 Kind DM	2 Kinder DM	3 Kinder DM
				23700	600	600	600
				24000	590	600	600
29400	600	600	600	25200	590	600	600
30000	580	600	600	26400	510	600	600
31200	540	600	600	27600	470	600	600
32400	500	600	600				
				27900	460	600	600
33600	460	600	600	28800	430	570	600
34800	420	560	600	30000	390	530	600
36000	380	520	600	31200	350	490	600
37200	340	480	600				
				32100	320	460	600
37800	320	460	600	32400	310	450	590
38400	300	440	580	33600	270	410	550
39600	260	400	540	34800	230	370	510
40800	220	360	500	36000	190	330	470
				37200	150	290	430
42000	180	320	460	38400	110	250	390
43200	140	280	420	39600	70	210	350
44400	100	240	380	40500	40	180	320
45600	60	200	340	40800	0	170	310
46800	0	160	260	42000	0	130	270
48000	0	120	260	43200	0	90	230
49200	0	80	220	44400	0	50	190
50400	0	40	180	44700	0	40	180
51600	0	0	140	45600	0	0	150
52800	0	0	100	46800	0	0	110
54000	0	0	60	48000	0	0	70
54600	0	0	40	48900	0	0	40

Erziehungsgeld

Bei der Berücksichtigung von Einkommen, das in den ersten sechs Lebensmonaten des Kindes zu einem Ausschluß, ab dem siebten Lebensmonat zu einer Minderung oder einem Wegfall des Erziehungsgeldes führen kann, werden jeweils die **Verhältnisse** (z. B. hinsichtlich Familienstand und Kinderzahl) **zum Zeitpunkt der Antragstellung zugrunde gelegt** (§ 5 Abs. 2 S. 4 BErzGG). Spätere Änderungen der Verhältnisse im Bewilligungszeitraum sind grundsätzlich unbeachtlich. Dabei ist aber zu bedenken, daß das Erziehungsgeld für jedes Lebensjahr des Kindes gesondert beantragt und bewilligt werden muß (siehe Seite 120).

d) Ausnahme von der Einkommensanrechnung

Ist der Berechtigte **in der Zeit des Erziehungsgeldbezuges nicht erwerbstätig**, bleiben **seine** vorher erzielten Einkäufte aus **Erwerbstätigkeit** (nicht sonstige Einkünfte) **unberücksichtigt** (§ 6 Abs. 6 S. 1 BErzGG). Die Anrechnung des Erwerbseinkommens des **Antragstellers** unterbleibt also nur, wenn er während des Erziehungsgeldbezuges **jegliche** Erwerbstätigkeit unterläßt, **nicht** dagegen, wenn eine zulässige **Teilzeitarbeit** ausgeübt wird.

Bei **Aufnahme einer Teilzeittätigkeit** (die der Erziehungsgeldstelle mitgeteilt werden muß) werden die Einkünfte, soweit sie im Erziehungsgeldbescheid noch nicht berücksichtigt sind, neu ermittelt. Nicht eindeutig gesetzlich geregelt ist, ob insoweit auch die **Erwerbseinkünfte vor der Geburt** in dem maßgebenden Kalenderjahr oder nur diejenigen aus der **Teilzeittätigkeit nach der Entbindung** anzurechnen sind. Bis zu einer endgültigen Klärung wird von den Erziehungsgeldstellen zur Zeit (wenn dies für den Antragsteller günstiger ist) ein Verdienst vor der Geburt nicht berücksichtigt, **sondern nur der aus einer später aufgenommenen Teilzeitarbeit ab Beginn des darauf folgenden Lebensmonats des Kindes.** Dabei werden aber Einnahmen aus einer **geringfügigen Beschäftigung** mit einem monatlichen Einkommen bis 630 DM **grundsätzlich nicht angerechnet.**

> **Beispiel 1:**
> Frau A und Herr A sind verheiratet und beide berufstätig. Frau A nimmt nach der Geburt ihres ersten Kindes Erziehungsurlaub. Ihre bisher erzielten Erwerbseinkünfte sind bei der Vorausschätzung des Einkommens von Herrn und Frau A im Kalenderjahr der Geburt oder im folgenden Jahr nicht anzurechnen. Da Frau A auch

über keine sonstigen Einkünfte verfügt, ist nur das Einkommen von Herrn A zu berücksichtigen, soweit es in den ersten sechs Lebensmonaten des Kindes die Grenze für Verheiratete von 100.000 DM bzw. ab dem siebten Lebensmonat von 29.400 DM übersteigt.

Beispiel 2:
Nimmt Frau A dagegen in der Zeit des Erziehungsgeldbezuges eine mehr als geringfügige zulässige Teilzeitarbeit bis 19 Stunden wöchentlich auf, sind auch ihre Einkünfte daraus ab dem Beginn des Folgemonats im Kalenderjahr der Geburt oder im folgenden Jahr zu berücksichtigen, soweit sie zusammen mit dem Einkommen ihres Mannes die entsprechenden Grenzen übersteigen.

Beispiel 3:
Frau B ist alleinerziehende Mutter und übt während des Erziehungsgeldbezuges keine Teilzeittätigkeit aus.
Hier kommt es zu keinerlei Anrechnung, so daß das Erziehungsgeld ungekürzt auszuzahlen ist, sofern keine sonstigen Einkünfte, wie z. B. aus Vermietung oder Kapitalvermögen, vorliegen.

Tip:
Ob sich unter den vorgenannten Gesichtspunkten eine Teilzeitbeschäftigung während des Erziehungsgeldbezuges finanziell „lohnt", muß im Einzelfall geprüft und berechnet werden. Vor einer Entscheidung sollte unbedingt eine fachliche Beratung (Erziehungsgeldstelle, siehe Seite 120) in Anspruch genommen werden.

6. Mehrere Anspruchsberechtigte

Erhält man mehrfach Erziehungsgeld, wenn sich die Mutter und der Vater die Betreuung des Kindes teilen?

Auch wenn **mehrere Personen** die Anspruchsvoraussetzungen erfüllen, erhält nur **einer** Erziehungsgeld (§ 3 Abs. 1 S. 1 BErzGG); einem nicht sorgeberechtigten Elternteil (z. B. dem nichtehelichen Vater) kann Erziehungsgeld gem. § 3 Abs. 3 BErzGG allerdings nur mit Zustimmung des sorgeberechtigten Elternteils gewährt werden.

Beispiel 1:
Frau A ist mit 15 Wochenstunden teilzeitbeschäftigt, ihr Ehemann ist selbständig tätig. Seine durchschnittliche Wochenarbeitszeit übersteigt nicht 19 Stunden. Beide teilen sich die Betreuung ihres

Kindes und erfüllen somit die Anspruchsvoraussetzungen. Erziehungsgeld erhält jedoch nur entweder Frau A oder Herr A; keinesfalls beide.

Beispiel 2:
Frau B ist Studentin, ihr Ehemann mit 19 Wochenstunden teilzeitbeschäftigt. Auch hier erhalten nicht beide Erziehungsgeld, sondern entweder Frau B oder Herr B.

In den Fällen, in denen beide **Ehegatten** gleichzeitig die Voraussetzungen erfüllen, wird das Erziehungsgeld demjenigen gewährt, den sie zum **Berechtigten bestimmen,** d. h. sie müssen sich einigen, wer von ihnen die Zahlung erhalten soll und dies schriftlich bereits im **Antrag** der Erziehungsgeldstelle mitteilen. Anderenfalls erhält die Mutter das Erziehungsgeld (§ 3 Abs. 2 BErzGG).

An die Bestimmung des Berechtigten ist man grundsätzlich **gebunden.** Eine Änderung ist nur möglich, wenn die Betreuung und Erziehung des Kindes **nicht mehr sichergestellt** werden kann (§ 3 Abs. 2 S. 3 BErzGG). Der Wechsel in der Anspruchsberechtigung wird allerdings gem. § 3 Abs. 4 BErzGG erst mit dem **Beginn des Lebensmonats des Kindes** wirksam, der auf die beantragte **Änderung folgt.**

Beispiel:
Nachdem Frau A bereits fünf Monate Erziehungsgeld für die Betreuung ihres Kindes erhielt, erkrankt sie so schwer, daß sie für mehrere Wochen ins Krankenhaus muß und auch anschließend nicht in der Lage sein wird, ihr Kind zu versorgen.
Nunmehr kann Herr A zum Berechtigten bestimmt werden, wenn er das Kind weiter betreut. Da Herr A die Änderung sofort der Erziehungsgeldstelle mitgeteilt hat, steht ihm ab Beginn des folgenden Lebensmonats des Kindes das Erziehungsgeld zu.

7. Wechsel der Betreuungsperson

Es ist nicht erforderlich, daß während des gesamten Zeitraums dieselbe Person das Kind betreut bzw. Erziehungsgeld bezieht.

Vielmehr können sich z. B. die Mutter und der Vater in der Kinderbetreuung (**auch mehrfach**) **abwechseln** und die Zeit des Bezuges von Erziehungsgeld untereinander **aufteilen.** Eine Inanspruchnahme oder ein

Wechsel von Erziehungs**urlaub** ist allerdings nur bis zu **dreimal** zulässig (§ 16 Abs. 1 S. 2 BErzGG, siehe auch Seite 128 f.).

Beispiel:
Im Anschluß an die Mutterschutzfristen nimmt Frau A bis zur Vollendung des ersten Lebensjahres des Kindes Erziehungsurlaub und beantragt Erziehungsgeld. Für die restliche Zeit reduziert Herr A seine Arbeitszeit auf 19 Wochenstunden und betreut das Kind, während Frau A wieder voll erwerbstätig ist. Ab Beginn des zweiten Lebensjahres des Kindes kann Herr A nunmehr Erziehungsgeld beziehen.

Jeder Wechsel der Betreuungsperson bzw. der Person des Berechtigten ist der Erziehungsgeldstelle **mitzuteilen** und Erziehungsgeld von demjenigen, der die Betreuung des Kindes übernimmt, rechtzeitig schriftlich zu beantragen. Dabei wird Erziehungsgeld **rückwirkend** höchstens für **sechs Monate** vor der Antragstellung gewährt (§ 4 Abs. 2 S. 3 BErzGG; siehe auch Seite 102 f.).

8. Erziehungsgeld für mehrere Kinder

Werden in einem Haushalt mehrere Kinder betreut und erzogen, so wird für denselben Zeitraum, in dem sich die Ansprüche überschneiden, **für jedes Kind Erziehungsgeld** gewährt (§ 3 Abs. 1. S. 2 BErzGG). Dies gilt sowohl bei **Mehrlingsgeburten** als auch für den Fall, daß **während des Erziehungsgeldbezuges ein weiteres Kind geboren** bzw. **adoptiert** oder mit dem Ziel der Adoption aufgenommen wird. (Zur **Anrechnung des Mutterschaftsgeldes** während der Schutzfristen auf das Erziehungsgeld siehe Seite 114 f.)

Beispiel 1:
Frau A bekommt Zwillinge, die sie selbst betreut und erzieht. Sie erhält für jedes Kind monatlich 600 DM, insgesamt also 1.200 DM Erziehungsgeld.

Beispiel 2:
Frau B erhält für ihr erstes Kind monatlich 600 DM Erziehungsgeld. Wird noch während des Erziehungsgeldbezuges ein weiteres Kind geboren, erhält sie, wenn sie auch das zweite Kind selbst betreut und erzieht, weitere 600 DM, d. h. insgesamt 1.200 DM monatlich, solange der Anspruch für das erste Kind besteht.

9. Erziehungsgeld und Mutterschaftsgeld

Das für die Zeit **nach der Geburt** laufend zu zahlende Mutterschaftsgeld (nicht jedoch das Mutterschaftsgeld nach § 13 Abs. 2 MuSchG, das einmalige Entbindungsgeld nach § 202 b RVO und der Arbeitgeberzuschuß nach § 14 MuSchG) wird grundsätzlich **auf das Erziehungsgeld angerechnet** (§ 7 Abs. 1 BErzGG; **Ausnahmen** siehe Seite 115). Das bedeutet, daß in allen Fällen, in denen das Mutterschaftsgeld höher als 600 DM ist, für diese Zeit überhaupt kein Erziehungsgeld gezahlt wird. Ist das Mutterschaftsgeld niedriger als 600 DM, wird es durch das Erziehungsgeld bis auf diesen Betrag aufgestockt. Zur Ermittlung des Anrechnungsbetrages werden das Mutterschaftsgeld und das Erziehungsgeld kalendertäglich gegenübergestellt.

Beispiel 1:
Frau A erhält als Mutterschaftsgeld den Höchstbetrag von 25 DM kalendertäglich, also z. B. 750 DM im Monat. Da dieser Betrag über 20 DM kalendertäglich bzw. 600 DM monatlich liegt, erhält sie daneben während der achtwöchigen Schutzfrist nach der Entbindung kein Erziehungsgeld.
Genauer: Frau A erhält für ihr am 1.3.1999 geborenes Kind für die Zeit vom 1.3. bis 26.4.1999 Mutterschaftsgeld in Höhe von kalendertäglich 25 DM. Für den ersten Lebensmonat des Kindes (1.3. bis 31.3.1999) sowie im zweiten Lebensmonat für die Zeit vom 1.4. bis 26.4.1999 wird kein Erziehungsgeld gezahlt, da das kalendertägliche Mutterschaftsgeld höher ist als das kalendertägliche Erziehungsgeld. Für die restlichen Kalendertage im zweiten Lebensmonat (27.4. bis 30.4.1999) ist Erziehungsgeld in Höhe von 80 DM (4 x 20 DM) zu zahlen.

Beispiel 2:
Frau B bezieht Mutterschaftsgeld in Höhe von kalendertäglich 15 DM (z. B. 450 DM monatlich). Zusätzlich dazu erhält sie noch Erziehungsgeld in Höhe von kalendertäglich 5 DM (150 DM für den betreffenden Monat), d. h. die Differenz bis zu 20 DM kalendertäglich bzw. 600 DM im Monat.

Bei einem während des Bezugszeitraums von Erziehungsgeld geborenen **weiteren Kind** wird das vor der Geburt zu zahlende Mutterschaftsgeld **nicht auf das Erziehungsgeld angerechnet**. Die Anrechnung für die Zeit **nach** der Geburt ist gem. § 7 Abs. 2 S. 1 BErzGG auf 20 DM kalendertäglich **begrenzt**.

Beispiel:
Frau A erhält für ihr erstes Kind Erziehungsgeld in Höhe von monatlich 600 DM bis zur Vollendung des zweiten Lebensjahres des Kindes. Sie übt während des Erziehungsgeldbezuges keine Teilzeittätigkeit aus. 15 Monate nach der Geburt ihrers ersten Kindes wird ihr zweites Kind geboren, für das sie ebenfalls Erziehungsgeld beantragt. Ihr Mutterschaftsgeld in Höhe von z. B. monatlich 750 DM, das sie für das zweite Kind während der sechswöchigen Schutzfrist **vor** der Entbindung erhält, wird nicht auf das Erziehungsgeld für das erste Kind angerechnet, so daß sie in den **sechs Wochen vor der Entbindung** beide Leistungen in Höhe von insgesamt 1.350 DM monatlich erhält.

Während der **achtwöchigen Schutzfrist nach der Entbindung** wird das Mutterschaftsgeld (begrenzt auf 600 DM monatlich) auf das ab der zweiten Geburt für beide Kinder zustehende Erziehungsgeld angerechnet, so daß in dieser Zeit 600 DM Erziehungsgeld sowie 750 DM Mutterschaftsgeld für das zweite Kind, zusammen also auch 1.350 DM, monatlich zustehen. Solange die neue Schutzfrist mit einem noch laufenden Erziehungsurlaub zusammenfällt, besteht gem. § 14 Abs. 4 S. 1 MuSchG kein Anspruch auf den Arbeitgeberzuschuß (siehe Seite 90).

Nach Ablauf der Schutzfrist bezieht Frau A insgesamt monatlich 1.200 DM Erziehungsgeld für beide Kinder, bis der Erziehungsgeldbezug für das erste Kind endet.

Von der Regel, daß das **nach** der Geburt laufend zu zahlende Mutterschaftsgeld auf das Erziehungsgeld anzurechnen ist (siehe Seite 114), gibt es drei **Ausnahmen:**
- Wenn eine Mutter, die während des Bezuges von Erziehungsgeld **Teilzeitarbeit** leistet, **erneut** schwanger wird, darf das Mutterschaftsgeld nicht auf das Erziehungsgeld angerechnet werden (§ 7 Abs. 2 S. 2 BErzGG). Zusätzlich besteht in diesem Fall während der Schutzfristen Anspruch auf den Arbeitgeberzuschuß, wenn das zugrunde zu legende kalendertägliche Nettoarbeitsentgelt 25 DM übersteigt.
- Wenn eine Mutter zusätzlich zum Erziehungsgeld **Arbeitslosenhilfe** bezieht, erhält sie während einer **neuen Schwangerschaft** in der Mutterschutzfrist statt Arbeitslosenhilfe Mutterschaftsgeld; dieses Mutterschaftsgeld darf nicht angerechnet werden (§ 7 Abs. 2 S. 2 BErzGG).
- Wenn der **Vater** bereits ab der Geburt des Kindes oder während der Mutterschutzfrist nach der Entbindung Erziehungsgeld in Anspruch nimmt, wird das Mutterschaftsgeld nicht auf seinen Anspruch angerechnet.

10. Erziehungsgeld und Lohnersatzleistungen, insbesondere Arbeitslosengeld und -hilfe

Der Bezug von **Arbeitslosengeld,** Arbeitslosenbeihilfe (zur Arbeitslosenhilfe siehe Seite 117 f.) und Eingliederungsgeld steht einer vollen Erwerbstätigkeit gleich und **schließt** somit generell die Gewährung von **Erziehungsgeld aus** (§ 2 Abs. 2 Nr. 1 BErzGG).

> **Beispiel:**
> Frau A bezieht **vor** der Geburt ihres Kindes Arbeitslosengeld. Während der Mutterschutzfristen erhält sie in derselben Höhe Mutterschaftsgeld. Anschließend hat Frau A keinen Anspruch auf Erziehungsgeld zusätzlich zum Arbeitslosengeld. Sie kann jedoch zwischen Arbeitslosengeld und Erziehungsgeld **wählen.**

Der Empfänger von Arbeitslosengeld muß sich also nach Ablauf der Schutzfristen entscheiden, ob er sich mit Vorrang der Betreuung und Erziehung des Kindes widmen und Erziehungsgeld beziehen will **oder** ob er sich als Voraussetzung für den Bezug von Arbeitslosengeld weiter für eine Beschäftigung von 15 oder mehr Wochenstunden dem Arbeitsamt zur Verfügung stellt.

> **Tip:**
> Vor dieser Entscheidung sollte man sich beraten lassen. Die Inanspruchnahme von **Erziehungsgeld** wird in vielen Fällen **günstiger** sein, insbesondere, wenn Bedürftigkeit im Sinne des Bundessozialhilfegesetzes vorliegt oder mit einer längeren Arbeitslosigkeit zu rechnen ist. Da Erziehungsgeld nicht auf **Sozialhilfe** und andere einkommensabhängige Sozialleistungen angerechnet werden darf, sind Erziehungsgeld und Sozialhilfe zusammen oftmals höher als das Arbeitslosengeld. Außerdem wird ein noch bestehender (Rest-)Anspruch auf Arbeitslosengeld während des Erziehungsgeldbezuges nicht „aufgebraucht", sondern bleibt erhalten.

Nur in dem einen **Ausnahmefall** des § 2 Abs. 3 BErzGG, daß der Arbeitnehmerin nach der Geburt aus einem Grund, den sie nicht zu vertreten hat, zulässig (d. h. mit Zustimmung des Gewerbeaufsichtsamtes; siehe Seite 36 ff. und 140 f.) gekündigt wurde und der Wegfall des Erziehungsgeldes eine unbillige Härte darstellen würde, kann Erziehungsgeld **neben** Arbeitslosengeld gezahlt werden. Ein solcher **Härtefall** liegt

z. B. vor, wenn die Arbeitnehmerin ohne den Bezug von Erziehungsgeld für ihren und den Unterhalt des Kindes nicht mehr selbst aufkommen könnte.

Wird **kein Erziehungsgeld (mehr) bezogen**, z. B. wegen der Höhe des zu berücksichtigenden Einkommens oder weil die zweijährige Anspruchsdauer ausgeschöpft ist, kann **während** eines andauernden **Erziehungsurlaubs Anspruch auf Arbeitslosengeld** bestehen. Voraussetzung ist, daß
- eine Teilzeitbeschäftigung von mindestens 15 Stunden, jedoch nicht mehr als 19 Stunden wöchentlich gesucht wird,
- der bisherige Arbeitgeber einer zulässigen Teilzeitarbeit bei einem anderen Arbeitgeber zustimmt oder zustimmen muß (siehe Seite 144 f.),
- kein Erziehungsgeld bezogen wird und
- die sonstigen Voraussetzungen für einen Anspruch auf Arbeitslosengeld erfüllt sind.

Vor einer eventuellen Arbeitslosmeldung oder Aufnahme einer zulässigen Teilzeittätigkeit im Erziehungsurlaub muß aber bedacht werden, daß das Arbeitslosengeld nur entsprechend der Teilzeit berechnet und bei Arbeitslosigkeit im Anschluß an den Erziehungsurlaub u. U. ein Teil des Anspruchs verschenkt wird. Im übrigen kann sich eine Erwerbstätigkeit im Erziehungsurlaub negativ auf die Höhe des Erziehungsgeldes auswirken (siehe Seite 110 f.).

Dagegen **schließen sich Arbeitslosenhilfe und Erziehungsgeld gegenseitig nicht aus**. Der **Erziehungsgeldanspruch** entfällt auch nicht, wenn die Arbeitslosenhilfebezieherin eine Teilzeittätigkeit von über 19 Wochenstunden oder eine Vollzeitarbeit sucht. Voraussetzung für die Gewährung der **Arbeitslosenhilfe** nach Ablauf der Mutterschutzfrist ist aber, daß die Frau sich beim Arbeitsamt (erneut) persönlich arbeitslos meldet und für eine Tätigkeit von mindestens 15 Wochenstunden zur Verfügung stellt. Wird wegen der Kinderbetreuung lediglich eine **Teilzeitstelle** gesucht, berechnet sich die Arbeitslosenhilfe auch nur nach der entsprechenden Stundenzahl.

Beispiel:
Erhält im vorstehenden Beispielsfall (Seite 116) Frau A statt Arbeitslosengeld Arbeitslosenhilfe, so hat diese Leistung keinen Einfluß auf die Gewährung von Erziehungsgeld, d. h. beide Leistungen werden nebeneinander gezahlt.

Erziehungsgeld

Dieser bewußten Unterscheidung zwischen dem Bezug von Arbeitslosenhilfe und Arbeitslosengeld liegt die Erwägung zugrunde, daß es sich bei der Arbeitslosenhilfe um eine unter Bedürftigkeitsgesichtspunkten gewährte Leistung handelt, bei der die Lohnersatzfunktion weniger ausgeprägt ist als beim Arbeitslosengeld.

Andere Lohnersatzleistungen (Krankengeld, Verletztengeld, Versorgungskrankengeld, Übergangsgeld und Unterhaltsgeld) schließen Erziehungsgeld nur aus, wenn ihrer Bemessung eine Erwerbstätigkeit von mehr als 19 Stunden zugrunde liegt; dies gilt allerdings **nicht** für die zu ihrer **Berufsbildung** Beschäftigten (§ 2 Abs. 2 Nr. 2 BErzGG).

11. Erziehungsgeld und andere (Sozial-)Leistungen

Da das Erziehungsgeld (und das Landeserziehungsgeld, siehe Seite 118 f.) gerade auch den Einkommensschwächeren ermöglichen soll, ihre Kinder im ersten Lebensabschnitt besser zu betreuen, bleibt es bei allen **einkommensabhängig** gewährten **Sozialleistungen** unberücksichtigt (§ 8 Abs. 1 BErzGG). Der Bezug von Erziehungsgeld führt also z. B. zu keiner Kürzung von Ausbildungsbeihilfen nach dem **BAföG, von Wohngeld, Kindergeld, Sozialhilfe** oder **Arbeitslosenhilfe.** Es wird vielmehr **zusätzlich** zu diesen Leistungen gewährt.

Unterhaltsleistungen werden durch das Erziehungsgeld (oder Landeserziehungsgeld) nicht berührt, d. h. sie werden dem Unterhaltsberechtigten nicht als Einkommen angerechnet. Der Unterhaltsverpflichtete ist grundsätzlich nicht berechtigt, Unterhaltszahlungen wegen des Erziehungsgeldes, das der Unterhaltsberechtigte erhält, zu kürzen oder einzustellen. Lediglich in besonderen im Bürgerlichen Gesetzbuch geregelten Ausnahmefällen, in denen die Nichtberücksichtigung des Erziehungsgeldes zu groben Unbilligkeiten führen würde, kann eine Anrechnung erfolgen.

Zum Anspruch auf Kindergeld, Unterhaltsvorschuß, Sozialhilfe und Wohngeld siehe auch Seite 178 f. bzw. 180 f.

12. Landeserziehungsgeld

In den Bundesländern Baden-Württemberg, Bayern, Mecklenburg-Vorpommern, Rheinland-Pfalz, Sachsen und Thüringen wird im Anschluß an das Erziehungsgeld des Bundes für ein weiteres halbes oder ganzes Jahr unter bestimmten Voraussetzungen noch ein sog. **Landeserziehungsgeld** bzw. Familiengeld in unterschiedlicher Höhe (zwischen 300 DM und 600 DM) gewährt. Für die Beantragung und Auszahlung sind dieselben Behörden zuständig, die auch über die Bewilligung des Erziehungsgeldes des Bundes entscheiden (siehe Seite 120).

13. Auswirkungen auf die Sozialversicherung

In der gesetzlichen **Kranken- und Pflegeversicherung** bleibt die **Mitgliedschaft Versicherungspflichtiger** erhalten, solange Erziehungsgeld bezogen oder Erziehungsurlaub in Anspruch genommen wird. Auch die **freiwillige** Mitgliedschaft besteht in dieser Zeit grundsätzlich weiter. Das **Erziehungsgeld** selbst ist **beitragsfrei.** Näheres siehe Seite 168 ff. Für diejenigen, die vor der Geburt des Kindes durch den Ehepartner **familienversichert** waren, ändert sich nichts; das Erziehungsgeld wird beim Gesamteinkommen nicht berücksichtigt. Personen, die in einer **privaten** Krankenversicherung versichert sind, müssen ihre Prämien während des Bezuges von Erziehungsgeld und während des gesamten Erziehungsurlaubs weiterzahlen und zwar auch den bisher vom Arbeitgeber übernommenen Anteil.

In der **Rentenversicherung** gelten für die ab dem 1.1.1992 geborenen Kinder die ersten **drei Lebensjahre als vollwerte Beitragszeiten,** d. h. diese Jahre werden als rentenbegründende und -steigernde **Kindererziehungszeit** angerechnet. Daneben werden sog. Berücksichtigungszeiten wegen Kindererziehung bis zum zehnten Lebensjahr des Kindes gewährt (auch für Geburten vor 1992). (Näheres siehe Seite 182 ff.)

In der **Arbeitslosenversicherung** sind die Bezieher von Erziehungsgeld, die vor der Geburt des Kindes versicherungspflichtig gearbeitet haben, regelmäßig **in den Versicherungsschutz einbezogen.** Bei der Berechnung der Dauer des Arbeitslosengeldanspruchs werden die Zeiten des Erziehungsgeldbezuges (bzw. des Erziehungsurlaubs) allerdings **nicht** berücksichtigt. (Näheres siehe Seite 171 ff.)

Weitere Einzelheiten zur Sozialversicherung siehe Seite 168 ff.

Erziehungsgeld

14. Steuer- und Beitragsfreiheit

Das Erziehungsgeld (und Landeserziehungsgeld) ist **steuerfrei** und in der Sozialversicherung **beitragsfrei**. Ansprüche auf Erziehungsgeld können übrigens auch nicht gepfändet werden.

15. Wo und wie beantragt man Erziehungsgeld?

Das Erziehungsgeld muß **für jedes Lebensjahr** des Kindes **gesondert beantragt und bewilligt** werden. Für das erste Lebensjahr sollte man Erziehungsgeld möglicht bald nach der Geburt beantragen. Der Antrag für das **zweite** Lebensjahr kann frühestens ab dem neunten Lebensmonat des Kindes gestellt werden. Rückwirkend wird Erziehungsgeld höchstens für sechs Monate vor der jeweiligen Antragstellung bewilligt.

Der Antrag muß **schriftlich** bei der zuständigen Behörde (nach Wohnsitz) gestellt werden; ein mündlicher Antra (z. B. durch Telefonanruf) reicht nicht aus. Die zuständigen Behörden sind nach Bundesländern unterschiedlich:

Übersicht: Erziehungsgeldstellen

Baden-Württemberg:	Landeskreditbank
Bayern:	Versorgungsämter
Berlin:	Bezirksämter
Brandenburg:	Jugendämter
Bremen (Stadtgemeinde):	Amt für soziale Dienste
(Bremerhaven):	Amt für Jugend und Familie
Hamburg:	Bezirksämter
Hessen:	Ämter für Versorgung und Soziales
Mecklenburg-Vorpommern:	Versorgungsämter/Familienkasse
Niedersachsen:	Landkreise und kreisfreie Städte
Nordrhein-Westfalen:	Versorgungsämter
Rheinland-Pfalz:	Jugendämter
Saarland:	Landesamt für Soziales und Versorgung
Sachsen:	Ämter für Familie und Soziales
Sachsen-Anhalt:	Ämter für Versorgung und Soziales
Schleswig-Holstein:	Versorgungsämter
Thüringen:	Ämter für Familie und Soziales

Erziehungsgeld

Der schriftliche Antrag muß alle Angaben enthalten, die für die Leistung erheblich sind, also für welches Kind Erziehungsgeld beansprucht wird, die Geburtsdaten des Kindes, eine Erklärung des Antragstellers, daß er das Kind betreut und erzieht und daneben keiner oder keiner vollen Erwerbstätigkeit nachgeht. Soweit es zum Nachweis des Einkommens oder der wöchentlichen Arbeitszeit erforderlich ist, hat der **Arbeitgeber** einem Arbeitnehmer dessen Arbeitslohn, die einbehaltenen Steuern und Sozialabgaben sowie die Arbeitszeit zu bescheinigen (§ 12 Abs. 2 BErzGG).

Tip:
Um sich doppelte Arbeit zu ersparen und von vornherein alles ordnungsgemäß zu machen, empfiehlt es sich, sich von der zuständigen Erziehungsgeldstelle – eventuell schon vor der Geburt des Kindes – ein entsprechendes **Antragsformular** zusenden zu lassen. Dieses kann man in Ruhe zu Hause ausfüllen und ist gleichzeitig sicher, alle nötigen Angaben gemacht und die erforderlichen Unterlagen beigefügt zu haben. Dies beschleunigt in vielen Fällen das Verfahren.

Arbeitnehmer im Erziehungsurlaub müssen im **16.** Lebensmonat des Kindes eine **Bescheinigung des Arbeitgebers** darüber vorlegen, ob der Erziehungsurlaub noch andauert und ob eine Teilzeitarbeit ausgeübt wird (§ 12 Abs. 3 BErzGG).

16. Was muß man beachten, wenn man Erziehungsgeld bezieht?

Hat man Erziehungsgeld beantragt, so ist man verpflichtet, der Erziehungsgeldstelle unverzüglich alle **Änderungen** in seinen Verhältnissen **mitzuteilen,** soweit sie für den Anspruch von Bedeutung sein können. Die Verpflichtung, solche Änderungen mitzuteilen, besteht auch, solange über den Antrag noch nicht entschieden worden ist. Eine Anzeigepflicht des Antragstellers besteht insbesondere, wenn
– ihm das Recht auf Personensorge entzogen wird,
– er das Kind nicht mehr selbst betreut und erzieht (z. B. bei einem nicht nur kurzfristigen Krankenhausaufenthalt),
– das Kind nicht mehr in seinem Haushalt lebt,

Erziehungsgeld

- er eine zulässige Teilzeitarbeit oder eine Erwerbstätigkeit von mehr als 19 Wochenstunden aufnimmt,
- er seinen Wohnsitz bzw. gewöhnlichen Aufenthalt aus dem Geltungsbereich des Gesetzes verlegt,
- das Kind verstirbt,
- ihm ein laufendes Mutterschaftsgeld gezahlt wird,
- ihm eine Lohnersatzleistung gewährt wird,
- sich sein Personenstand ändert (z. B. durch Heirat, Scheidung, dauernde Trennung),
- sich seine Anschrift oder Kontoverbindung ändert.

17. Rechtsweg

Verweigert die zuständige Behörde (siehe Seite 120) ganz oder zum Teil die Zahlung des Erziehungsgeldes, kann der Anspruchsteller gegen die Entscheidung schriftlich oder bei der Behörde persönlich zur Niederschrift Widerspruch einlegen (Widerspruchsfrist: ein Monat nach Bekanntgabe/Zustellung des Bescheides). Gegen einen abweisenden Widerspruchsbescheid kann binnen eines Monats nach Zustellung schriftlich oder zur Niederschrift des Urkundsbeamten der Geschäftstelle Klage beim zuständigen **Sozialgericht** (Wohnsitz oder Beschäftigungsort) erhoben werden (vgl. § 13 BErzGG).

11. Kapitel:

Erziehungsurlaub

1. Überblick

Arbeitnehmerinnen und **Arbeitnehmer**, d. h. also Mütter und Väter, die ihr Kind selbst betreuen und erziehen, können im Anschluß an die Mutterschutzfrist bis zur **Vollendung des dritten Lebensjahres** des Kindes Erziehungsurlaub nehmen. In dieser Zeit ruht das Arbeitsverhältnis; Nebenpflichten (z.B. Verschwiegenheitspflicht) bleiben aber grundsätzlich bestehen.

Der Anspruch besteht nur, wenn der mit dem Arbeitnehmer in einem Haushalt lebende **andere Elternteil erwerbstätig, arbeitslos oder in Ausbildung** ist. Sind beide Eltern berufstätig, steht ihnen frei, wer von ihnen Erziehungsurlaub nimmt.

Die Eltern können sich beim Erziehungsurlaub bis zu **dreimal abwechseln**. Ein Elternteil kann den Erziehungsurlaub auch in einzelnen (höchstens drei) Abschnitten nehmen.

Der Erziehungsurlaub muß spätestens **vier Wochen vor seinem Beginn** beim Arbeitgeber **geltend gemacht** werden. Gleichzeitig müssen Dauer und Zeiträume des Erziehungsurlaubs verbindlich festgelegt werden.

Während des Erziehungsurlaubs bleibt das Arbeitsverhältnis bestehen. Es gilt für den Arbeitgeber das gleiche **Kündigungsverbot** wie während der Schwangerschaft und der Schutzfrist nach der Geburt. Der Kündigungsschutz beginnt mit der Anmeldung des Erziehungsurlaubs, frühestens jedoch sechs Wochen vor dessen Beginn.

Im Erziehungsurlaub ist eine **Teilzeittätigkeit bis zu 19 Stunden wöchentlich** beim bisherigen Arbeitgeber und mit dessen Zustimmung auch bei einem anderen Arbeitgeber **zulässig**.

Die **soziale Absicherung** ist im Erziehungsurlaub **gewährleistet**. Wer Mitglied der gesetzlichen Krankenversicherung ist, bleibt weiter versichert. Pflichtmitglieder brauchen während des Erziehungsurlaubs

i. d. R. keinen Beitrag zu zahlen. Nach dem Erziehungsurlaub besteht auch regelmäßig Arbeitslosenversicherungsschutz. In der Rentenversicherung werden für Kinder, die ab 1992 geboren werden, drei Erziehungsjahre anerkannt.

2. Anspruch für Arbeitnehmer

Der Anspruch auf Erziehungsurlaub ist ein **arbeitsrechtlicher** Anspruch gegen den Arbeitgeber auf unbezahlte Freistellung von der Arbeit zur Betreuung und Erziehung von Kindern. Er steht nur **Arbeitnehmern** zu, einschließlich den in Heimarbeit Beschäftigten (§§ 15 Abs. 1, 20 Abs. 2 BErzGG). Es muß sich um ein Arbeitsverhältnis handeln, auf das die arbeitsrechtlichen Vorschriften der Bundesrepublik Deutschland Anwendung finden. Dies gilt grundsätzlich für alle Arbeitsverhältnisse im Bundesgebiet unabhängig vom Wohnsitz oder der Staatsangehörigkeit des Arbeitnehmers oder Arbeitgebers.

Auch Arbeitnehmer in **Teilzeit** (einschließlich geringfügig Beschäftigte) oder in einem **befristeten** Arbeitsverhältnis haben Anspruch auf Erziehungsurlaub. Ein befristetes Arbeitsverhältnis verlängert sich aber nicht um die Dauer des Erziehungsurlaubs (Ausnahme: Ausbildungsverhältnisse, siehe unten).

Die zur ihrer **Berufsbildung** Beschäftigten gelten ebenfalls als Arbeitnehmer. Dies sind z. B. **Auszubildende**, Praktikanten und zur beruflichen Weiterbildung nach dem SGB III Beschäftigte. Die Zeit des Erziehungsurlaubs wird jedoch **nicht** auf Berufsbildungszeiten **angerechnet** (§ 20 Abs. 1 BErzGG). Dies gilt unabhängig davon, ob der Berechtigte ganz mit der Ausbildung aussetzt oder Teilzeitarbeitet leistet. Soweit bestimmte Berufsbildungszeiten vereinbart worden sind, **verlängert** sich damit das der Berufsbildung dienende Vertragsverhältnis um die Zeit des in Anspruch genommenen Erziehungsurlaubs.

Um Anspruch auf Erziehungsurlaub zu haben, müssen gem. § 15 Abs. 1 BErzGG grundsätzlich **zwei Voraussetzungen** erfüllt sein (**Ausnahmen** siehe Seite 125 ff.):
- Die Arbeitnehmerin bzw. der Arbeitnehmer muß mit einem Kind, für das ihr bzw. ihm die Personensorge zusteht, in einem **gemeinsamen Haushalt** leben. Als Berechtigte kommen neben den leiblichen Eltern insbesondere Adoptiveltern, Großeltern und Pflegeeltern in Betracht.

Anspruchsberechtigt können aber auch Arbeitnehmer sein, die ein Kind mit dem Ziel der Adoption in ihre Obhut nehmen oder ein Stiefkind in ihren Haushalt aufnehmen; ferner als Nichtsorgeberechtigte auch nichteheliche oder geschiedene Väter und nahe Verwandte, die in einem Härtefall Erziehungsgeld gem. § 1 Abs. 7 BErzGG beziehen können. Bei einem leiblichen Kind eines nicht sorgeberechtigten Elternteils ist aber die Zustimmung des sorgeberechtigten Elternteils erforderlich (§ 15 Abs. 1 S. 3 BErzGG).

- Außerdem muß der Berechtigte – wie beim Anspruch auf Erziehungsgeld – das Kind in seinem Hauhalt (überwiegend) selbst **betreuen und erziehen** (vgl. Seite 99 f.). Zur zulässigen **Teilzeitarbeit** im Erziehungsurlaub siehe Seite 143 ff.

Wichtig:
Der Anspruch auf Erziehungsurlaub kann **nicht** durch Vertrag (Arbeitsvertrag, Tarifvertrag, Betriebsvereinbarung etc.) **ausgeschlossen** oder **eingeschränkt** werden (§ 15 Abs. 3 BErzGG). Dies gilt sowohl für einen bereits entstandenen als auch für einen erst künftig entstehenden Anspruch auf Erziehungsurlaub. Abweichende Vereinbarungen **zugunsten** des Arbeitnehmers sind dagegen zulässig.

3. Ausnahmen

Ausnahmsweise besteht gem. § 15 Abs. 2 BErzGG **kein** Anspruch auf Erziehungsurlaub, solange
- die Mutter während der Schutzfrist nach der Entbindung nicht arbeiten darf,
- der mit dem Arbeitnehmer in einem Haushalt lebende andere Elternteil nicht erwerbstätig ist (gilt nicht, wenn dieser arbeitslos ist oder sich in Ausbildung befindet) oder
- der andere Elternteil Erziehungsurlaub in Anspruch nimmt,

es sei denn, die Betreuung und Erziehung des Kindes kann nicht sichergestellt werden. Im einzelnen gilt:

Erziehungsurlaub

1. Ausnahme

Während der acht- bzw. zwölfwöchigen Mutterschutzfrist nach der Entbindung besteht also grundsätzlich kein Anspuch auf Erziehungsurlaub (§ 15 Abs. 2 S. 1 Nr. 1 BErzGG), und zwar weder für die Mutter noch für den Vater. Begründet wird dies damit, daß die Mutter während dieser Zeit sowieso nicht arbeiten darf, also auch keinen Erziehungsurlaub braucht. Was den Vater anbelangt, so wird dessen Anspruch verneint, weil davon auszugehen ist, daß die Mutter, die ja zu Hause ist, die ordnungsgemäße Betreuung des Kindes gewährleistet. Ist diese allerdings **ausnahmsweise** nicht in der Lage, sich um das Kind zu kümmern, kann der Vater bereits vor Ablauf der Mutterschutzfrist Erziehungsurlaub verlangen (§ 15 Abs. 2 S. 1 BErzGG).

> **Beispiel:**
> Nach der Entbindung erkrankt Frau A so schwer, daß sie längere Zeit im Krankenhaus bleiben muß. Herr A kann nun, um die Betreuung seines Kindes zu übernehmen, auch schon während der Schutzfrist von Frau A Erziehungsurlaub verlangen, solange Frau A krank ist und als Betreuungsperson ausfällt.

Der grundsätzliche Ausschluß des Erziehungsurlaubs während der Schutzfrist nach der Entbindung gilt ebenfalls **nicht,** wenn ein Kind in **Adoptionspflege** genommen ist oder bereits wegen eines **anderen Kindes Erziehungsurlaub** in Anspruch genommen wird (§ 15 Abs. 2 S. 2 BErzGG).

2. Ausnahme

Arbeitet nur einer der Eltern und ist der andere mit ihm in einem Haushalt lebende nicht erwerbstätige Elternteil weder arbeitslos noch in Ausbildung, so hat der berufstätige Elternteil keinen Anspruch auf Erziehungsurlaub (§ 15 Abs. 2 S. 1 Nr. 2 BErzGG). Auch hier wird davon ausgegangen, daß derjenige, der sowieso zuhause ist, die Betreuung des Kindes übernehmen kann.

> **Beispiel:**
> Herr A ist voll berufstätig, während Frau A sich um ihre vierjährige Tochter und den Haushalt kümmert. Im September 1999 bekom-

men die Eheleute A ihr zweites Kind. Herr A kann keinen Erziehungsurlaub verlangen, solange die nicht erwerbstätige Mutter das Kind betreuen kann.

Aber auch in diesem Fall wird eine **Ausnahme** gemacht, wenn der nicht erwerbstätige Ehepartner die Betreuung des Kindes nicht übernehmen kann (§ 15 Abs. 2 S. 1 BErzGG).

Beispiel:
Herr A ist querschnittgelähmt und erwerbsunfähig. Nach der Geburt ihres Kindes hat Frau A, die als Sekretärin arbeitet, trotzdem Anspruch auf Erziehungsurlaub, da ihr Mann sich aufgrund seiner Behinderung nicht ausreichend um das Kind kümmern kann.

Ist ein Elternteil **arbeitslos**, so kann der andere trotzdem Erziehungsurlaub verlangen, weil der Arbeitslose jederzeit in der Lage sein muß, eine Beschäftigung aufzunehmen und somit die Betreuung des Kindes durch ihn nicht uneingeschränkt gewährleistet ist.

Beispiel:
Frau A ist bereits vor der Geburt ihres Kindes längere Zeit arbeitslos. Nach Ablauf der Mutterschutzfristen kann Herr A Erziehungsurlaub verlangen, obwohl seine Frau nicht erwerbstätig ist, wenn diese sich wieder arbeitslos meldet und der Arbeitsvermittlung zur Verfügung steht.

Auch wenn nur ein Elternteil erwerbstätig ist und sich der andere noch in **Ausbildung** (z. B. Schul- oder Hochschulausbildung) befindet, kann der Erwerbstätige Erziehungsurlaub nehmen. Ausbildung in diesem Sinne ist nicht das zur Ausbildung dienende Beschäftigungsverhältnis des Auszubildenden, Umschülers, Praktikanten etc., da diese Personen „erwerbstätig" sind und selbst Erziehungsurlaub in Anspruch nehmen können.

Beispiel:
Frau A bekommt während ihres Studiums ein Kind; ihr Mann ist Lehrer. Herr A hat nach Ablauf der Mutterschutzfristen Anspruch auf Erziehungsurlaub.

Diese Ausnahmeregelung wird damit begründet, daß der sich in Ausbildung befindliche Elternteil durch diese so in Anspruch genommen ist, daß die Betreuung des Kindes durch ihn nicht sichergestellt ist.

3. Ausnahme

Sind beide Eltern berufstätig, müssen sie sich entscheiden, wer von ihnen (wie lange) Erziehungsurlaub nimmt, da beide Eltern **nicht gleichzeitig** Erziehungsurlaub beanspruchen können. Es ist aber möglich, den Erziehungsurlaub untereinander aufzuteilen. (Zum Wechsel unter den Berechtigten siehe Seite 128 f.)

> **Beispiel:**
> Frau A nimmt im Anschluß an die Mutterschutzfristen Erziehungsurlaub, bis das Kind ein Jahr alt wird. Erst ab diesem Zeitpunkt kann Herr A, der dann die Betreuung des Kindes übernimmt, Erziehungsurlaub bekommen.

4. Mehrfache Inanspruchnahme bzw. Wechsel

Eine Inanspruchnahme von Erziehungsurlaub (durch dieselbe Person) oder ein Wechsel unter den Berechtigten ist **bis zu dreimal** zulässig (§ 16 Abs. 1 S. 2 BErzGG). Zwischen den Zeiträumen des Erziehungsurlaubs können auch Zeiträume der vollen Erwerbstätigkeit liegen.

> **Beispiel:**
> Frau A nimmt für das **erste und dritte** Lebensjahr ihres Kindes Erziehungsurlaub. Für das **zweite** Lebensjahr nimmt Herr A Erziehungsurlaub, während seine Frau in dieser Zeit wieder voll arbeitet.

Der maximal **dreimal zulässige Wechsel unter den Berechtigten** bedeutet nicht, daß z. B. Mutter und Vater abwechselnd für jeweils drei Abschnitte Erziehungsurlaub in Anspruch nehmen können, was zusammen zu einem fünfmaligen Wechsel führen würde. Umstritten und durch die Rechtsprechung noch nicht abschließend geklärt ist aber, ob die abwechselnde Inanspruchnahme des Erziehungsurlaubs durch zwei Berechtigte auf zusammen drei Zeitabschnitte begrenzt ist oder ob ein dreimaliger »Wechsel« eine Aufteilung in insgesamt vier Zeiträume ermöglicht. Richtigerweise wird überwiegend letztere Auffassung vertreten.

Es darf auch **eine** Person (ohne Wechsel unter mehreren Berechtigten) den Erziehungsurlaub in **einzelnen (höchstens drei) Abschnitten** nehmen, zwischen denen Zeiten der vollen Erwerbstätigkeit liegen können. Die Festlegung der Zeitabschnitte kann im Einzelfall rechtsmißbräuchlich und unwirksam sein, so z. B. wenn eine Lehrerin ihren Erziehungsurlaub nur durch die Schulferien (mit Anspruch auf Arbeitsvergütung) unterbrechen will (LAG Saarland vom 17.5.1995 in ZTR 1996, 325).

Auch für den Fall, daß ein Elternteil den Erziehungsurlaub in mehreren Zeitabschnitten nehmen will oder sich beide Eltern mehrfach abwechseln wollen, muß **jeder Berechtigte seinem jeweiligen Arbeitgeber spätestens vier Wochen vor Antritt seines ersten Erziehungsurlaubsabschnitts** verbindlich mitteilen, für welche **Zeiträume insgesamt** Erziehungsurlaub bei ihm in Anspruch genommen wird. Anderenfalls besteht gegen den Willen des Arbeitgebers keine Möglichkeit mehr, nachträglich für einen weiteren Zeitraum noch Erziehungsurlaub zu erhalten (siehe auch Seite 129 ff.).

5. Erziehungsurlaub rechtzeitig geltend machen

Der Erziehungsurlaub tritt **nicht kraft Gesetzes** ein. Er wird vielmehr erst durch das **Verlangen** des Arbeitnehmers gegenüber dem Arbeitgeber, Erziehungsurlaub zu nehmen, bewirkt. Die Geltendmachung muß spätestens **vier Wochen vor Antritt** des Erziehungsurlaubs erfolgen (§ 16 Abs. 1 S. 1 BErzGG). Fällt der letzte Tag der Erklärungsfrist auf einen Samstag, Sonntag oder Feiertag, so gilt hier nicht § 193 BGB, d. h. dies führt nicht zu einer Fristverlängerung bis zum Ablauf des nächsten Werktages (vgl. BAG vom 5.3.1970, AP Nr. 1 zu § 193 BGB). Ein Elternteil, der im **Anschluß an die achtwöchige Mutterschutzfrist** nach der Entbindung in Erziehungsurlaub gehen will, muß dies spätestens **vier Wochen nach der Geburt** des Kindes dem Arbeitgeber mitteilen. Die Frist endet in diesem Fall mit Ablauf desjenigen Tages der vierten Woche nach der Geburt, der durch seine Benennung dem Tag der Entbindung entspricht. Die Mitteilung kann schriftlich oder mündlich geschehen. Um eventuelle Schwierigkeiten von vornherein auszuschließen, empfiehlt sich jedoch die **Schriftform**.

Erziehungsurlaub

> **Tip:**
> Der Erziehungsurlaub wird sinnvollerweise erst nach der Entbindung geltend gemacht, aber spätestens vier Wochen vor dem gewünschten Beginnzeitpunkt. Vorher sollte i. d. R. nur eine unverbindliche **Absichtserklärung** erfolgen. Dabei muß jedoch auch die Frage des **Kündigungsschutzes** beachtet werden (siehe Seite 138 ff.)!

Der Arbeitnehmer muß nicht nur mitteilen, **daß** er Erziehungsurlaub in Anspruch nehmen will, sondern **gleichzeitig** auch erklären, wie lange, d. h. für welchen **Zeitraum**, bzw. bei mehrfacher Inanspruchnahme für welche Zeiträume. Verlangt der Arbeitnehmer Erziehungsurlaub, ohne diese zusätzliche Erklärung über den Zeitraum oder die Zeiträume abzugeben, und ergibt sich die nähere Bestimmung auch nicht aus einer früheren Erklärung oder den Umständen, dann ist der Erziehungsurlaub nicht wirksam geltend gemacht!

> **Beispiel:**
> Die Tochter von Frau A wurde am Donnerstag, dem 10. Juli 1997 geboren. Am Donnerstag, dem 4. September, endet die Mutterschutzfrist. Anschließend, d. h. ab Freitag, dem 5. September, möchte Frau A bis Ende des dritten Lebensjahres ihres Kindes Erziehungsurlaub nehmen. Diesen muß sie spätestens am Donnerstag, dem 7. August 1997, von ihrem Arbeitgeber verlangen und ihm gleichzeitig mitteilen, daß sie erst am 10. Juli 2000 ihre Arbeit wieder aufnimmt. (Näheres zur Berechnung der Dauer des Erziehungsurlaubs siehe Seite 134 ff.)

Soll der Erziehungsurlaub eines Berechtigten (z. B. bei Aufteilung des Erziehungsurlaubs) **nicht unmittelbar** nach der Mutterschutzfrist nach der Entbindung, sondern erst zu einem späteren Zeitpunkt beginnen, endet die Mitteilungsfrist mit dem Tag der vierten Woche vor dem Beginn des Erziehungsurlaubs, der in seiner Benennung dem Tag entspricht, der dem ersten Tag des Erziehungsurlaubs vorausgeht, d. h. auch hier müssen zwischen dem Tag der letztmöglichen Geltendmachung und dem Antrittstag des Erziehungsurlaubs mindestens volle 28 Kalendertage liegen.

> **Beispiel:**
> Das Kind wird am Donnerstag, dem 10. Juli 1997, geboren. Frau A möchte für das erste und dritte, Herr A für das zweite Lebensjahr

des Kindes Erziehungsurlaub in Anspruch nehmen. Da Herr A seinen Erziehungsurlaub also am Freitag, dem 10. Juli 1998, antreten will, muß er ihn spätestens bis einschließlich Donnerstag, den 11. Juni 1998, geltend gemacht haben. Erfolgt die Geltendmachung schriftlich, so kommt es auf den Zugang der Erklärung (des Briefes) an.

Wichtig:
Frau A muß bereits bei der **erstmaligen** Geltendmachung ihres Erziehungsurlaubs (bis Donnerstag, den 7. August 1997) ihrem Arbeitgeber mitteilen, daß sie **auch für das dritte Lebensjahr** des Kindes Erziehungsurlaub in Anspruch nehmen will.

Wird die vierwöchige Mitteilungsfrist **versäumt,** so kann der Arbeitnehmer den Erziehungsurlaub nicht zum vorgesehenen Zeitpunkt nehmen. Ein eigenmächtiger Antritt des Erziehungsurlaubs dürfte i. d. R. eine rechtswidrige Arbeitsverweigerung darstellen. Es besteht allerdings die Möglichkeit, daß der Arbeitgeber auf die Einhaltung der Frist verzichtet und auch eine verspätete Mitteilung akzeptiert. Tut er dies jedoch nicht, so kann der Erziehungsurlaub erst **vier Wochen nach Zugang der Erklärung** angetreten werden.

Beispiel:
Frau A möchte ab 22. Oktober Erziehungsurlaub nehmen. Ihrem Arbeitgeber teilt sie dies jedoch nicht – wie erforderlich – bis zum 23. September, sondern erst am 1. Oktober mit. Also kann sie auch erst – da ihr Arbeitgeber auf Fristeinhaltung besteht – ab 30. Oktober in Erziehungsurlaub gehen – das sind vier Wochen nach Zugang der Mitteilung.

Auch von dieser Regelung gibt es gem. § 16 Abs. 2 BErzGG für **Härtefälle** eine **Ausnahme.** Will ein Arbeitnehmer **unmittelbar im Anschluß an den Mutterschutz** in Erziehungsurlaub gehen (gilt nicht bei Beginn des Erziehungsurlaubs zu einem späteren oder früheren Zeitpunkt), versäumt er aber die Vier-Wochen-Frist für die Mitteilung an den Arbeitgeber, so ist dies Versäumnis dann unerheblich, wenn es auf einem nicht vom Arbeitnehmer zu vertretenden Grund beruht. Voraussetzung ist jedoch, daß die Mitteilung an den Arbeitgeber innerhalb **einer Woche** nach Wegfall des Grundes nachgeholt wird.

Beispiel:
Frau A hat im o. g. Beispiel die Frist versäumt, da sie im Krankenhaus lag und nicht in der Lage war, selbst den Arbeitgeber von ihrer Absicht, Erziehungsurlaub zu nehmen, zu unterrichten und auch keine andere Person damit beauftragen konnte. Am 1.Oktober war sie jedoch wieder soweit hergestellt, daß sie ihrem Arbeitgeber ihren Entschluß, in Erziehungsurlaub zu gehen, mitteilen konnte. Erfolgt diese Mitteilung bis zum 8. Oktober, so kann sie trotz Versäumnisses der Vier-Wochen-Frist am 22. Oktober den Erziehungsurlaub antreten, da sie den Grund für das Versäumnis nicht zu vertreten hatte und die Mitteilung rechtzeitig nachgeholt hat.

Tip:
Um Probleme möglichst zu vermeiden, sollte man versuchen, die Frist auf jeden Fall einzuhalten, denn ob ein Fristversäumnis zu vertreten ist oder nicht, ist oft Auslegungssache. Unkenntnis über die Notwendigkeit einer Erklärung oder Erklärungsfrist hat der Arbeitnehmer i. d. R. zu vertreten.

6. Wirkung der Geltendmachung

Hat ein Arbeitnehmer Anspruch auf Erziehungsurlaub und macht er diesen ordnungsgemäß gegenüber seinem Arbeitgeber geltend, so bedarf es (anders als beim Erholungsurlaub) **keiner ausdrücklichen Zustimmung** oder Bewilligung durch den Arbeitgeber. Vielmehr bewirkt die Mitteilung, daß der Arbeitnehmer ab dem vorgesehenen Zeitpunkt von der Arbeit freigestellt ist (BAG vom 17.10.1990 in DB 1991, 448).

Bei (begründeten) **Zweifeln** des Arbeitgebers an der Anspruchsberechtigung des Arbeitnehmers hat die **Erziehungsgeldstelle** (die auch allgemein die Aufgabe hat, Arbeitnehmer und Arbeitgeber in Fragen des **Erziehungsurlaubs** zu beraten) auf Antrag des Arbeitgebers hin dazu Stellung zu nehmen, ob die Voraussetzungen für den Erziehungsurlaub tatsächlich vorliegen (§ 16 Abs. 1 S. 3 BErzGG). Dieses Verfahren ist jedoch von der **Zustimmung des Arbeitnehmers** abhängig. Wenn er seine Zustimmung nicht erteilt, trotzdem aber die Erwerbstätigkeit unterbricht, obliegt ihm nach den allgemeinen Regeln der Beweislastverteilung auch in einem anschließenden arbeitsgerichtlichen Verfahren die Beweislast, daß die Voraussetzungen für den Erziehungsurlaub vorlagen.

Hat der Arbeitnehmer Erziehungsurlaub verlangt, so ist er daran und an die geltend gemachte Dauer grundsätzlich **gebunden** und kann sein Verlangen nicht mehr einseitig widerrufen (Ausnahmen siehe unten; zu Verlängerung bzw. vorzeitiger Beendigung des Erziehungsurlaubs siehe Seite 135 ff.). Einigt er sich jedoch mit seinem Arbeitgeber, so ist eine **Abweichung** oder Änderung des ursprünglich geplanten Erziehungsurlaubs **möglich**.

Beispiel:
Frau A hat ihrem Arbeitgeber rechtzeitig und ordnungsgemäß mitgeteilt, daß sie ab 20. Juli für ein Jahr Erziehungsurlaub macht. Sie möchte diesen nun bis zum Ende des zweiten Lebensjahres ihres Kindes ausdehnen. Dies ist grundsätzlich nur möglich, wenn ihr Arbeitgeber damit einverstanden ist (Ausnahme siehe Seite 136).

Eine **Widerrufsmöglichkeit** besteht jedoch nach richtiger Ansicht immer bis vier Wochen vor (erstmaligem) Antritt des Erziehungsurlaubs, da dies der Zeitpunkt ist, für den der Arbeitgeber endgültig über die Planungen des Arbeitnehmers zu informieren ist bzw. ab dem die Dispositionsinteressen des Arbeitgebers erst geschützt sind. Hat der Arbeitnehmer bereits vor diesem Zeitpunkt Erziehungsurlaub verlangt, so kann er dies wieder ändern, solange er die Vier-Wochen-Frist einhält.

Beispiel:
Ab 1. September möchte Frau A in Erziehungsurlaub gehen, und zwar bis zum Ende des ersten Lebensjahres sowie für das dritte Lebensjahr ihres Kindes. Dies teilte sie ihrem Arbeitgeber bereits Mitte Juni mit. Bis 3. August – vier Wochen vor (erstmaligem) Beginn des Erziehungsurlaubs – hat sie nun noch Zeit zu überlegen, ob sie bei dieser Entscheidung bleiben möchte oder nicht.

7. Beginn des Erziehungsurlaubs

Der Erziehungsurlaub **beginnt** frühestens am Tag der Geburt des Kindes, für die **leiblichen Eltern** jedoch – abgesehen von den in § 15 Abs. 2 S. 1 und 2 BErzGG geregelten Fällen (siehe Seite 125 ff.) – **frühestens nach Ablauf der acht** bzw. **zwölfwöchigen Mutterschutzfrist** nach der Geburt, da für diese Zeit der Anspruch auf Erziehungsurlaub ausgeschlossen ist (§ 15 Abs. 2 S. 1 Nr. 1 BErzGG; siehe Seite 125 f.).

Erziehungsurlaub

Beispiel:
Die Tochter von Frau A wird am Donnerstag, dem 9. Juli 1998, geboren. Frau A möchte Erziehungsurlaub bis zur Vollendung des zweiten Lebensjahres des Kindes nehmen. Die Mutterschutzfrist endet am Donnerstag, dem 3. September. Der Erziehungsurlaub beginnt somit am Freitag, dem 4. September 1998.

Der Erziehungsurlaub kann jedoch – dies ist insbesondere bei einer Aufteilung zwischen den Eltern der Fall – **auch später beginnen.**

Beispiel 1:
Beispiel wie oben, Frau A nimmt aber erst ab dem 1.1.1999 Erziehungsurlaub, da ihr bisher selbstätig tätiger Ehemann, der das Kind zunächst betreute, ab diesem Zeitpunkt als Angestellter arbeiten wird und die Betreuung deshalb nicht weiter übernehmen kann.

Beispiel 2:
Frau A nimmt für das erste Lebensjahr des am 9. Juli 1998 geborenen Kindes Erziehungsurlaub, Herr A für das zweite Lebensjahr. Sein Erziehungsurlaub beginnt also bei rechtzeitiger Geltendmachung am 9. Juli 1999.

Der einmal durch die Geltendmachung **festgelegte** Beginn des Erziehungsurlaubs wird durch anschließende **Arbeitsunfähigkeit** vor Antritt des Erziehungsurlaubs **nicht berührt** (siehe auch Seite 72 und 168 ff.).

8. Dauer des Erziehungsurlaubs

Der Erziehungsurlaub **endet spätestens mit Ende des dritten Lebensjahres** des Kindes (§ 15 Abs. 1 S. 1 BErzGG). Die Berechnung des Lebensalters des Kindes erfolgt nach den §§ 187 Abs. 2 S. 2, 188 Abs. 2 BGB, wobei der Tag der Geburt mitzählt. Maßgebend ist somit der Tag des Monats, der dem Tag vorhergeht, der durch seine Zahl dem Anfangstag der Frist (also dem Tag der Geburt) entspricht.

Beispiel:
Geburtstag ist der 9. Juli 1998. Der Erziehungsurlaub für dieses Kind endet spätestens am 8. Juli 2001.

Zur Klarstellung: Im Normalfall beginnt der Erziehungsurlaub erst nach Ablauf der achtwöchigen Mutterschutzfrist nach der Entbindung (siehe Seite 133 f.). Das bedeutet, daß die **maximale Anspruchsdauer** sich entsprechend verkürzt, i. d. R. also nur etwa 2 Jahre und 10 Monate beträgt.

Wichtig:
Bei der Möglichkeit, **Erziehungsurlaub** bis zur Vollendung des **dritten** Lebensjahres zu nehmen, ist aber zu bedenken, daß das **Erziehungsgeld** des Bundes nur längstens bis zur Vollendung des **zweiten** Lebensjahres des Kindes gezahlt wird (zu eventuellen weiteren Leistungen der Länder siehe Seite 118 f.). Der Erziehungsurlaub endet **nicht** durch einen (ggf. auch vorzeitigen) Wegfall des Erziehungsgeldes!

Der Erziehungsurlaub kann selbstverständlich **auch früher enden,** wenn dies bei der Geltendmachung bereits so **festgelegt** wurde. Dabei kann ein **beliebiger Endzeitpunkt** gewählt werden. Dies muß also nicht jeweils das Ende eines Lebensmonats oder -jahres des Kindes sein, sondern kann auch beispielsweise das Ende eines Kalendermonats sein (ebensowenig wie der Erziehungsurlaub mit einem Lebensmonat oder -jahr des Kindes beginnen muß).

Beispiel:
Am 6. September wird das Kind von Frau A ein Jahr alt. Dennoch kann sie ohne weiteres, wenn dies vorher so festgelegt war, am 1. September ihre Arbeit wieder aufnehmen.

Bei einem **adoptierten** Kind und einem Kind in **Adoptionspflege** kann Erziehungsurlaub von insgesamt maximal drei Jahren ab der Inobhutnahme, längstens bis zur Vollendung des **siebten** Lebensjahres des Kindes genommen werden (§ 15 Abs. 1 S. 2 BErzGG).

Stirbt das Kind während des Erziehungsurlaubs, so endet dieser spätestens **drei Wochen** nach dem Tod des Kindes (§ 16 Abs. 4 BErzGG), d. h. falls der Erziehungsurlaub nicht bereits durch die ursprüngliche Festlegung schon vor diesem Zeitpunkt endet. In diesen Fällen wird das Erziehungsgeld gem. § 4 Abs. 3 S. 2 BErzGG bis zur Beendigung des Erziehungsurlaubs weitergezahlt.

Ansonsten ist eine **vorzeitige Beendigung** des Erziehungsurlaubs nur mit **Zustimmung des Arbeitgebers** möglich (§ 16 Abs. 3 S. 1 BErzGG). Dies gilt i. d. R. (vgl. zur vorzeitigen Beendigung eines Sonderurlaubs

Seite 84 f.) auch, wenn die Anspruchsberechtigung für den Erziehungsurlaub weggefallen ist, weil z. B. der andere Elternteil seine bisherige Erwerbstätigkeit aufgegeben hat. Die Länge des Erziehungsurlaubs sollte deshalb sorgfältig überlegt werden, bevor der Erziehungsurlaub verlangt und festgelegt wird!

Fraglich und ungeklärt ist bisher, ob der Arbeitnehmer bei Wegfall der Anspruchsberechtigung **auf Verlangen des Arbeitgebers** die Arbeit vorzeitig wieder aufnehmen **muß**. Dagegen spricht aber, daß der Gesetzgeber für den Fall einer Änderung in der Anspruchsberechtigung gerade nicht (außer Tod des Kindes) die vorzeitige Beendigung des Erziehungsurlaubs, sondern lediglich eine **unverzügliche Mitteilungspflicht** des Arbeitnehmers an den Arbeitgeber geregelt hat (§ 16 Abs. 5 BErzGG).

Soweit der gesamte maximale Zeitraum nicht bereits ausgeschöpft ist, ist eine **Verlängerung** des Erziehungsurlaubs dagegen (falls sich der Arbeitgeber damit nicht einverstanden erklärt hat) auch in dem **Ausnahmefall** möglich, daß der Erziehungsurlaub aufgeteilt wurde, ein **vorgesehener Wechsel** in der Betreuungsperson aber aus wichtigem Grund nicht erfolgen kann (§ 16 Abs. 3 S. 2 BErzGG).

> **Beispiel:**
> Frau A wollte ursprünglich bis Ende des ersten Lebensjahres ihres Kindes Erziehungsurlaub nehmen. Anschließend sollte Herr A das Kind betreuen. Da Herr A plötzlich für längere Zeit erkrankt ist, kann er die Betreuung nicht übernehmen. Frau A kann in diesem Fall ihren Erziehungsurlaub verlängern.

Für eine solche **Verlängerung** bedarf es **nicht der Zustimmung** des Arbeitgebers. Zwar ist das Verlängerungsbegehren nicht an die Vier-Wochen-Frist des § 16 Abs. 1 S. 1 BErzGG gebunden. Der Arbeitnehmer ist jedoch verpflichtet, den Arbeitgeber **unverzüglich** von seinen geänderten Plänen zu unterrichten, sobald feststeht, daß die vorgesehene Betreuungsperson ausfällt und der Erziehungsurlaub deshalb verlängert werden muß (§ 16 Abs. 5 BErzGG).

Auch ein **befristet** eingestellter Arbeitnehmer kann Erziehungsurlaub nehmen. Allerdings verlängert sich das befristete Arbeitsverhältnis **nicht** um die Dauer des Erziehungsurlaubs (Ausnahme: Berufsbildungsverhältnisse, siehe Seite 124). Der Erziehungsurlaub endet entweder vorzeitig mit Ablauf des befristeten Arbeitsverhältnisses (insoweit kein Kündigungsschutz) oder spätestens mit Vollendung des dritten Lebensjahres des Kindes.

Beispiel 1:
Herr A hat einen auf fünf Jahre befristeten Anstellungsvertag. Dieser endet am 31.12.2000. Am 15.2.1997 wurde sein Kind geboren. Herr A kann nach Ablauf der Mutterschutzfrist Erziehungsurlaub bis zum Ende des dritten Lebensjahres seines Kindes, also dem 14.2.2000, nehmen.

Beispiel 2:
In diesem Beispiel wird das Kind von Herrn A erst am 15.2.1998 geboren. Jetzt endet der Erziehungsurlaub von Herrn A spätestens mit Ende seines Anstellungsvertrages, d. h. am 31.12.2000.

Außer in den genannten Fällen kann der Erziehungsurlaub **vorzeitig enden** durch eine mit Zustimmung der Landesbehörde ausgesprochenen Kündigung des Arbeitgebers (siehe Seite 140 f.), durch Kündigung des Arbeitnehmers oder durch einverständliche Auflösung des Arbeitsverhältnisses (siehe Seite 142 f.).

Tip:
I. d. R. sollte man sich aber **nicht** freiwillig auf eine Beendigung des Arbeitsverhältnisses vor Ablauf des Erziehungsurlaubs einlassen, um nicht auf eine beitragsfreie Weiterversicherung in der gesetzlichen Kranken- und Pflegeversicherung bzw. für den Fall einer erneuten Schwangerschaft während des Erziehungsurlaubs auf künftige Leistungen im Mutterschutz und die soziale Sicherung während eines zweiten Erziehungsurlaubs zu verzichten!

9. Weiteres Kind im Erziehungsurlaub

Im Fall der Geburt eines **weiteren Kindes in einem laufenden Erziehungsurlaub** wird dieser durch das Einsetzen der neuen Mutterschutzfrist **weder unterbrochen noch** durch die Geltendmachung des Erziehungsurlaubs für das zweite Kind nach Ablauf der Mutterschutzfrist **beendet.** Der **zweite** Erziehungsurlaub kann sich vielmehr erst an den abgelaufenen ersten Erziehungsurlaub **anschließen** und bis zur Vollendung des dritten Lebensjahres des zweiten Kindes andauern. Da der Anspruch auf Erziehungsurlaub nur bis zur Vollendung des dritten Lebensjahres besteht, nicht jedoch für die Dauer von drei Jahren, ist es also nicht möglich, für jedes Kind drei Jahre Erziehungsurlaub anzusetzen, mit der Folge, daß sich eine Dauer von sechs Jahren ergeben würde.

Erziehungsurlaub

Zu den Auswirkungen der Geburt eines weiteren Kindes in einem laufenden Erziehungsurlaub oder während des Erziehungsgeldbezuges siehe auch
- Seite 37 und 141 f. zum Kündigungsschutz
- Seite 84 zum Mutterschaftsgeld
- Seite 90 zum Arbeitgeberzuschuß
- Seite 113 zum Erziehungsgeld
- Seite 114 f. zur Anrechnung Mutterschaftsgeld
- Seite 156 zum Erholungsurlaub
- Seite 182 zur Rentenversicherung

10. Besonderer Kündigungsschutz

Die Regelung eines besonderen Kündigungsschutzes beim Erziehungsurlaub ist erforderlich, da für die meisten Arbeitnehmer ein Erziehungsurlaub ohne Sicherung des Arbeitsplatzes nicht machbar wäre. Aus diesem Grund regelt § 18 Abs. 1 S. 1 BErzGG, daß der Arbeitgeber **ab dem Zeitpunkt, von dem an Erziehungsurlaub verlangt worden ist, höchstens jedoch sechs Wochen vor Beginn des Erziehungsurlaubs, und während der gesamten Dauer des Erziehungsurlaubs nicht kündigen darf.**

Nimmt eine **Mutter** Erziehungsurlaub **unmittelbar im Anschluß an die Mutterschutzfrist**, so schließt sich das Kündigungsverbot des Bundeserziehungsgeldgesetzes nahtlos an das des Mutterschutzgesetzes an, so daß der Arbeitgeber dazwischen keine Möglichkeit zur Kündigung hat.

> **Beispiel:**
> Anschließend an ihren bis zum 20. Juni 1998 dauernden Mutterschutz nimmt Frau A noch Erziehungsurlaub bis zum Ablauf des dritten Lebensjahres ihres Kindes. Ihr darf somit während der Zeit der Schwangerschaft, während der Mutterschutzfrist bis zum 20. Juni und auch während der gesamten Dauer des Erziehungsurlaubs nicht gekündigt werden.

Daß der besondere Kündigungschutz bereits vor Beginn des Erziehungsurlaubs einsetzt, kommt vor allem **Vätern** zugute, die früher zwischen der Geltendmachung und dem Beginn des Erziehungsurlaubs nicht besonders vor einer Kündigung geschützt waren.

Erziehungsurlaub

Tip:
Um auf diesen Kündigungsschutz nicht zu verzichten, sollten sie Erziehungsurlaub i. d. R. **frühestens sechs** (spätestens vier) **Wochen** vor dem gewünschten Beginn verlangen! Erfolgt die Anmeldung früher als sechs Wochen vor Beginn des Erziehungsurlaubs, so ist der besondere Kündigungsschutz nicht bereits mit dem Verlangen gegeben, sondern setzt erst ab dem Sechs-Wochen-Zeitpunkt vor Beginn des Erziehungsurlaubs ein (BAG vom 17.2.1994 in ArbuR 1994, 274).

Beispiel:
Herr A, der zur Betreuung seines 1998 geborenen Sohnes ab 1. Juli 1999 in Erziehungsurlaub gehen möchte, teilt dies seinem Arbeitgeber bereits zwei Monate vorher Ende April mit. Eine Kündigung, die der Arbeitgeber Anfang Mai, also vor Beginn des Sechs-Wochen-Zeitraums, ausspricht, verstößt nicht gegen § 18 Abs. 1 BErzGG.

Wird der Erziehungsurlaub in **mehreren Abschnitten** genommen (siehe Seite 128 f.), gilt die **Vorverlegung des Kündigungsschutzes** nur bei der **erstmaligen** Inanspruchnahme. Bei späteren Erziehungsurlaubsabschnitten besteht Sonderkündigungsschutz also nur während des Erziehungsurlaubs selbst, nicht dagegen für die Zwischenzeiträume, die nicht durch Erziehungsurlaubszeiten belegt sind (eventuell aber Verstoß gegen das Maßregelungsverbot des § 612 a BGB, siehe Seite 141).

Entscheidend für das Kündigungsverbot ist der Zeitpunkt des **Zugangs** der Kündigungserklärung. Ob die Beendigung des Arbeitsverhältnisses in den Zeitraum fällt oder nicht, in dem nicht gekündigt werden darf, spielt dabei keine Rolle.

Beispiel 1:
Herr A möchte zur Betreuung seines 1998 geborenen Kindes ab 1. Juli 1999 in Erziehungsurlaub gehen und teilt dies fünf Wochen vorher, am 27. Mai, seinem Arbeitgeber mit. Eine Kündigung, die ihm vorher, z. B. am 26. Mai, fristgerecht zum 30. September zugegangen ist, verstößt nicht gegen das Kündigungsverbot des BErzGG.

Beispiel 2:
Frau B, die bis zum 20. August in Erziehungsurlaub ist, erhält am 15. August fristgerecht ihre Kündigung zum 30. September. Diese Kündigung ist unwirksam, da sie während des Erziehungsurlaubs

ausgesprochen wurde. Soll Frau B gekündigt werden, so kann dies frühestens am 21. August zum dann nächstzulässigen Termin erfolgen.

Das besondere Kündigungsverbot gilt für **alle Arbeitnehmer** sowie die zu ihrer Berufsbildung oder die in Heimarbeit Beschäftigten und die ihnen Gleichgestellten. Es bezieht sich auf **jede,** d. h. sowohl auf jede ordentliche als auch außerordentliche fristlose Kündigung sowie auf Änderungskündigungen. Auf diesen zwingenden Kündigungsschutz kann **weder** vor Ausspruch der Kündigung **verzichtet** werden, **noch** kann er im voraus **ausgeschlossen** oder **beschränkt** werden.

Einer Beendigung des Arbeitsverhältnisses aus **anderen Gründen** als durch Kündigung des Arbeitgebers (z. B. durch Ablauf eines befristeten Arbeitsverhältnisses, siehe Seite 40 f., 136 f.; durch Kündigung durch den Arbeitnehmer oder Aufhebungsvertrag, siehe Seite 142) steht das Kündigungsverbot des BErzGG nicht entgegen.

Der besondere Kündigungsschutz gilt auch für **Teilzeitbeschäftigte** (Näheres siehe Seite 145 f.).

> **Tip:**
> Eine entgegen § 18 BErzGG ausgesprochene Kündigung ist gem. § 134 BGB unheilbar **nichtig** und sollte unverzüglich mit einer **Klage** beim Arbeitsgericht angefochten werden. Da § 18 BErzGG nur einen zusätzlichen Schutz des Arbeitnehmers darstellt, kann eine Klage bei Verletzung weiterer Kündigungsschutzbestimmungen (z. B. nach dem KSchG) selbstverständlich auch darauf (zusätzlich) gestützt werden.

Ausnahmsweise ist nach § 18 Abs. 1 S. 2 BErzGG in besonderen Fällen auch während des Verbotszeitraums eine Kündigung durch einen Arbeitgeber nach **vorheriger Zustimmung der obersten Landesbehörde** (siehe Seite 36) möglich. In einer vom Bundesminister für Arbeit und Sozialordnung erlassenen »**Allgemeinen Verwaltungsvorschriften zum Kündigungsschutz bei Erziehungsurlaub**« (siehe Anhang 5) sind die näheren Einzelheiten dazu geregelt, in welchen Fällen die zuständigen Behörden einer Kündigung zustimmen sollen. Danach liegt ein besonderer Fall, in dem eine Kündigung ausnahmsweise zugelassen werden kann, dann vor, wenn es gerechtfertigt erscheint, das vom Gesetz als vorrangig angesehene Interesse des Arbeitnehmers am Fortbestand des Arbeitsverhältnisses wegen außergewöhnlicher Umstände hinter die Interessen des

Arbeitgebers zurücktreten zu lassen. Ein solcher besonderer Fall ist insbesondere gegeben bei:
- Stillegung oder Verlagerung des Betriebes oder einer Betriebsabteilung, wenn der Arbeitnehmer in einem anderen Betrieb (oder Betriebsabteilung) des Unternehmens oder an dem neuen Sitz des Betriebes (oder Betriebsabteilung) nicht weiterbeschäftigt werden kann;
- Ablehnung einer in diesen Fällen angebotenen zumutbaren Weiterbeschäftigung auf einem anderen Arbeitsplatz;
- besonders schweren Verstößen des Arbeitnehmers gegen arbeitsvertragliche Pflichten oder vorsätzlichen strafbaren Handlungen (letzteres jedenfalls dann, wenn gegen Arbeitgeber oder andere Arbeitnehmer gerichtet), wenn diese dem Arbeitgeber die Aufrechterhaltung des Arbeitsverhältnisses unzumutbar machen;
- Gefährdung der wirtschaftlichen Existenz des Arbeitgebers.

Beispiel:
Eine besonders schwere Verletzung der arbeitsrechtlichen Treuepflicht kann z. B. vorliegen, wenn der Arbeitnehmer während seines Erziehungsurlaubs eine Teilzeitarbeit bei einem anderen Arbeitgeber annimmt, obwohl sein Arbeitgeber die insoweit erforderliche Zustimmung berechtigterweise verweigert hat (vgl. § 15 Abs. 4 BErzGG; siehe Seite 145).

Überschneiden sich die Schutzzeiten nach § 18 Abs. 1 BErzGG und § 9 Abs. 1 MuSchG (z. B. bei Inanspruchnahme von Erziehungsurlaub nach den Mutterschutzfristen oder bei erneuter Schwangerschaft/Entbindung während eines Erziehungsurlaubs), bedarf der Arbeitgeber für eine Kündigung im Überschneidungszeitraum der vorherigen Zulässigkeitserklärung der Aufsichtsbehörde nach beiden Vorschriften, da **beide Kündigungsverbote nebeneinander** bestehen (BAG vom 31.3.1993 in NZA 1993, 646).

Zum **Rechtsweg** gegen die Entscheidung der obersten Landesbehörde siehe Seite 167.

Auch **nach Beendigung** des Erziehungsurlaubs bzw. während eventueller Zeiträume zwischen mehreren Erziehungsurlaubsabschnitten darf der Arbeitgeber das Arbeitsverhältnis nicht deshalb kündigen, weil der Arbeitnehmer Erziehungsurlaub in Anspruch genommen hatte (Verstoß gegen das **Maßregelungsverbot** des § 612 a BGB).

11. Eigene Kündigung/Aufhebungsvertrag

Der Arbeitnehmer, der sich in Erziehungsurlaub befindet, kann auch während dieser Zeit das Arbeitsverhältnis unter Beachtung der für ihn geltenden gesetzlichen oder vereinbarten Fristen kündigen bzw. mit Zustimmung des Arbeitgebers jederzeit auflösen.

Daneben hat er gem. § 19 BErzGG zusätzlich die Möglichkeit, mit einer Kündigungsfrist von **drei Monaten zum Ende des Erziehungsurlaubs** zu kündigen, wenn er anschließend nicht weiterarbeiten will. Dieses Sonderkündigungsrecht bedeutet zum einen, daß eine **längere** gesetzliche, tarif- oder einzelvertragliche Kündigungsfrist **nicht eingehalten werden muß**, zum anderen aber auch, daß mit einer **kürzeren** gesetzlichen oder vertraglichen Frist **nicht zum Ende des Erziehungsurlaubs** gekündigt werden kann (es sei denn, beide Termine stimmen zufällig überein). Ist der letzte Tag, an dem die Kündigungserklärung dem Arbeitgeber zugehen muß, ein Samstag, Sonn- oder Feiertag, muß sie spätestens am letzten Werktag davor zugehen.

Beispiel:
Frau A befindet sich bis einschließlich 20. Dezember in Erziehungsurlaub. Sie hat verschiedene Kündigungsmöglichkeiten:
- Sie macht von der besonderen Kündigungsmöglichkeit zum Ende des Erziehungsurlaubs Gebrauch und kündigt spätestens am 20. September (kein Samstag, Sonn- oder Feiertag) zum 20. Dezember, dem Ablauf ihres Erziehungsurlaubs. In diesem Fall braucht sie die Arbeit nicht wieder aufnehmen.
- Frau A hält sich, weil sie bespielsweise den besonderen Kündigungstermin des § 19 BErzGG versäumt hat, an die in ihrem Arbeitsvertrag vereinbarte Kündigungsfrist von z. B. sechs Wochen zum Quartalsende und kündigt fristgerecht spätestens am 19. November zum 31. Dezember. Ob sie nach Ende des Erziehungsurlaubs ihre Arbeit tatsächlich noch einmal wieder aufnehmen muß, hängt vom Einzelfall ab. Eventuell hat sie noch Resturlaub oder der Arbeitgeber erklärt sich mit einer vorzeitigen Beendigung des Arbeitsverhältnisses zum Ende des Erziehungsurlaubs einverstanden.

§ 19 BErzGG regelt nur den **spätestmöglichen** Zeitpunkt für die Erklärung der **Kündigung zum Ende des Erziehungsurlaubs**. Selbstverständlich kann die Kündigung auch bereits früher ausgesprochen werden. Eine bestimmte Form ist für diese Sonderkündigung nicht vorgeschrieben, ein Kündigungsgrund braucht nicht angegeben zu werden. Wirksamkeitsvoraussetzung für die Kündigung ist auch nicht, daß sie wegen der Betreuung des Kindes erfolgt.

Zu den Auswirkungen der Eigenkündigung in der **Krankenversicherung** siehe den „Tip" auf Seite 137 und in der **Arbeitslosenversicherung** siehe Seite 171 ff.

12. Teilzeitarbeit ist möglich

Während des Erziehungsurlaubs darf ein Arbeitnehmer eine Erwerbstätigkeit ausüben, sofern die wöchentliche Arbeitszeit **19 Stunden nicht übersteigt** (§ 15 Abs. 4 S. 1 BErzGG; siehe auch Seite 100 f.). Zu den **eventuellen negativen Auswirkungen** einer Teilzeittätigkeit auf die Höhe des Erziehungsgeldes siehe die Ausführungen und Beispiele auf Seite 110 ff.!

> **Beispiel:**
> Frau A ist Buchhalterin in der Firma F. Sie hat Erziehungsurlaub bis zum Ablauf des dritten Lebensjahres ihres Kindes genommen und will anschließend wieder voll weiterarbeiten. Mit ihrem Arbeitgeber, also der Firma F, hat sie vereinbart, daß sie auch während ihres Erziehungsurlaubs an vier Vormittagen pro Woche – insgesamt 19 Stunden – in der Buchhaltung aushilft. Eine solche Vereinbarung ist möglich.

Für viele Arbeitnehmer, insbesondere Alleinerziehende, ist eine solche Teilzeittätigkeit die einzige Möglichkeit, ihre wirtschaftliche Existenz ausreichend zu sichern. Dennoch wird ein **Rechtsanspruch** gegen den bisherigen Arbeitgeber auf Teilzeitarbeit während des Erziehungsurlaubs überwiegend **abgelehnt**, falls keine entsprechende Regelung durch Gesetz, Tarifvertrag oder Betriebsvereinbarung gilt. So können Beamte, die ein Kind unter 18 Jahren betreuen, langjährig Teilzeitbeschäftigung (oder unbezahlten Urlaub) beanspruchen (vgl. § 48 a BRRG sowie für Bundesbeamte § 79 a BBG).

a) Teilzeit beim bisherigen Arbeitgeber

Wird während des Erziehungsurlaubs beim **bisherigen Arbeitgeber** eine Teilzeitbeschäftigung ausgeübt, reduziert sich lediglich der Umfang der

Freistellung; es wird kein zusätzliches Arbeitsverhältnis begründet. Für die Teilzeitarbeit, einschließlich geringfügiger Beschäftigung, gelten die **normalen arbeitsrechtlichen** Regelungen. Wird der Arbeitnehmer **arbeitsunfähig**, so hat er beispielsweise gegen seinen Arbeitgeber Anspruch auf Entgeltfortzahlung im Krankheitsfall, berechnet allerdings nach der Teilzeittätigkeit. Kehrt eine Mutter nach Ablauf der Schutzfrist unter Inanspruchnahme des Erziehungsurlaubs in Teilzeitbeschäftigung an ihren Arbeitsplatz zurück, hat sie, sofern sie den Säugling **stillt**, Anspruch auf die Einhaltung der für stillende Mütter geltenden Schutzvorschriften. Darüber hinaus gilt für sie im Fall einer ärztlich bescheinigten eingeschränkten Leistungsfähigkeit das individuelle **Beschäftigungsverbot** des § 6 Abs. 2 MuSchG.

Der Teilzeitbeschäftigte kann während des Erziehungsurlaubs auch – anders als derjenige, der in dieser Zeit nicht arbeitet – den vertraglich vereinbarten, tariflichen oder gesetzlichen **Erholungurlaub** verlangen, wobei sich die Höhe des **Urlaubsentgelts** nach den während der Teilzeitbeschäftigung maßgeblichen Bezügen (genauer: dem durchschnittlichen Arbeitsentgelt der letzten 13 Wochen vor Urlaubsbeginn) richtet. Dieser Erholungsurlaub des Teilzeitbeschäftigten darf **nicht** wegen des Erziehungsurlaubs **gekürzt** werden (§ 17 Abs. 1 S. 2 BErzGG). Er kann gem. § 7 Abs. 3 BUrlG vorbehaltlich anderweitiger tariflicher Regelung nur bis zum 31. März des Folgejahres übertragen werden (anders, wenn während des Erziehungsurlaubs nicht gearbeitet wird! Siehe Seite 158 f.). Zur Berechnung einer **Jahressonderzahlung** bei Teilzeit im Erziehungsurlaub siehe Seite 162.

b) Teilzeit bei einem anderen Arbeitgeber

Bei einem **anderen Arbeitgeber** (es gelten die normalen arbeitsrechtlichen Regelungen) **oder als Selbständiger** darf eine zulässige Teilzeitarbeit bis zu 19 Stunden in der Woche während des Erziehungsurlaubs nur mit **Zustimmung** des bisherigen Arbeitgebers ausgeübt werden, es sei denn, es wird lediglich ein bereits zuvor begründetes Zweit-Arbeitsverhältnis fortgesetzt. Der Arbeitgeber kann eine **Ablehnung** seiner Zustimmung aber nur **mit entgegenstehenden betrieblichen Interessen begründen,** und zwar nur **schriftlich** innerhalb einer Frist von **vier Wochen** ab dem Zeitpunkt, ab dem der Arbeitnehmer die Zustimmung begehrt hat (§ 15 Abs. 4 BErzGG).

Hat der Arbeitnehmer seinem Arbeitgeber zumindest mitgeteilt, bei welchem anderen Arbeitgeber er welcher Tätigkeit in welchem Umfang nachgehen will und verweigert der Arbeitgeber die Zustimmung nicht frist- und formgerecht oder ohne Begründung, entfällt mit Ablauf der Vier-Wochen-Frist das Zustimmungserfordernis, d. h. der Arbeitnehmer darf die Tätigkeit **ausnahmsweise ohne Zustimmung** des Arbeitgebers aufnehmen (BAG vom 26.6.1997 in NZA 1997, 1156).

Die **Ablehnung** der Zustimmung kann insbesondere bei Kollisionen mit den auch im Erziehungsurlaub weiterbestehenden **vertraglichen Nebenpflichten** (Verschwiegenheit/Unterlassung von Wettbewerb) berechtigt sein bzw. wenn der Arbeitnehmer das Angebot zur Teilzeitarbeit beim bisherigen Arbeitgeber ausschlägt (Treuepflichtverletzung). Liegen der fristgemäßen Ablehnung keine entsprechenden betrieblichen Interessen zugrunde, kann der Erziehungsurlauber auf Ersetzung der Zustimmung zu einer Teilzeittätigkeit bei einem anderen Arbeitgeber oder als Selbständiger klagen.

Leistet er Teilzeitarbeit bei einem anderen Arbeitgeber oder als Selbständiger **ohne Zustimmung** des bisherigen Arbeitgebers, stellt dies i. d. R. eine **schwerwiegende Vertragsverletzung** dar, die eine Kündigung des Arbeitsverhältnisses mit Zustimmung der Aufsichtsbehörde rechtfertigen kann. Darüber hinaus sind Unterlassungs- oder Schadensersatzansprüche möglich.

c) Kündigungsschutz

Gem. § 18 Abs. 2 Nr. 1 BErzGG erstreckt sich der **besondere Kündigungsschutz** auch auf diejenigen Arbeitnehmer, die die bisherige Arbeitszeit **verkürzen** und während des Erziehungsurlaubs bei **ihrem** Arbeitgeber Teilzeitarbeit leisten (**nicht** auf ein mit Zustimmung des bisherigen Arbeitgebers im Erziehungsurlaub aufgenommenes Teilzeitarbeitsverhältnis bei einem **anderen** Arbeitgeber). Dies bedeutet: Während des Erziehungsurlaubs ist das **gesamte** Arbeitsverhältnis, auch die Vereinbarung über die befristete Teilzeittätigkeit, gegen Kündigungen des Arbeitgebers geschützt. Dies gilt auch, wenn für die Teilzeitarbeit eine andere Tätigkeit als bisher vereinbart wird. Voraussetzung ist, daß es sich um eine Beschäftigung handelt, die 19 Wochenstunden nicht übersteigt (streitig). Das Kündigungsverbot entfällt aber nicht, wenn der Arbeitgeber den Arbeitnehmer zur Umgehung des Kündigungsschutzes über die gesetzlichen Grenzen hinaus beschäftigt.

Das Kündigungsverbot gilt **entsprechend**, wenn der Arbeitnehmer, ohne Erziehungsurlaub in Anspruch zu nehmen, bei **seinem** Arbeitgeber Teilzeitarbeit leistet und Anspruch auf **Erziehungsgeld** hat oder nur deshalb nicht hat, weil das Einkommen die Einkommensgrenzen des § 5 Abs. 2 BErzGG übersteigt (§ 18 Abs. 2 Nr. 2 BErzGG). Damit werden die Arbeitnehmer in den Kündigungsschutz einbezogen, die zwar Erziehungsgeld beziehen, aber keinen Erziehungsurlaub in Anspruch nehmen, weil sie **bereits vorher eine Teilzeitarbeit**, die 19 Wochenstunden nicht übersteigt, ausgeübt haben und diese weiter ausüben wollen. Dieser besondere Kündigungsschutz gilt aber nicht, solange kein Anspruch auf **Erziehungsurlaub** nach § 15 BErzGG besteht, weil beispielsweise der Ehegatte nicht erwerbstätig ist (§ 18 Abs. 2 S. 2 BErzGG).

Beispiel:
Frau A ist mit 15 Wochenstunden als Verkäuferin beschäftigt. Nach der Geburt ihres Kindes, das sie betreut, bezieht sie Erziehungsgeld. Ihre Teilzeitbeschäftigung steht dem nicht entgegen, da sie die 19-Stunden-Grenze nicht überschreitet. Frau A nimmt hier keinen Erziehungsurlaub in Anspruch, weil sie den Verdienst aus der Weiterarbeit in der zulässigen Teilzeittätigkeit braucht.
Frau A kann während des Erziehungsgeldbezuges nicht gekündigt werden. Dies gilt auch, wenn sie nur wegen Überschreitung der Einkommensgrenzen kein Erziehungsgeld beziehen sollte. Soweit ihr Arbeitgeber von ihrem besonderen Kündigungsschutz des § 18 Abs. 2 Nr. BErzGG keine Kenntnis hat, muß Frau A ihn **rechtzeitig geltend machen,** um ihn zu erhalten, und zwar in Anlehnung an § 9 MuSchG spätestens innerhalb **zwei Wochen** nach Zugang der Kündigung.

d) Eigene Kündigung

Übt der Erziehungsurlauber bei **seinem** Arbeitgeber eine (befristete) Teilzeitarbeit aus, ist eine ordentliche Kündigung dieser Teilzeitvereinbarung durch ihn i. d. R. **nicht** möglich, da eine sog. Teilkündigung verboten bzw. ein befristetes Arbeitsverhältnis grundsätzlich nicht ordentlich kündbar ist, es sei denn, die Parteien treffen eine abweichende Absprache.

Erziehungsurlaub

e) Sozialversicherung

Übt der Arbeitnehmer während des Erziehungsurlaubs im zulässigen Rahmen eine Teilzeitbeschäftigung aus, so gelten hinsichtlich der **Sozialversicherungspflicht** dieser Tätigkeit die allgemeinen Regelungen. Danach bleiben **sozialversicherungsfrei** nur **geringfügige** Teilzeitbeschäftigungen während des Erziehungsurlaubs mit einer wöchentlichen Arbeitszeit von weniger als 15 Stunden und einem monatlichen Arbeitsentgelt von nicht mehr als 630 DM. Wird diese Zeit- bzw. Entgeltgrenze überschritten, tritt Versicherungs- und Beitragspflicht in der Kranken-, Pflege-, Arbeitslosen- und Rentenversicherung ein. Dies gilt ausnahmsweise auch dann, wenn die Teilzeitbeschäftigung auf nicht mehr als 50 Arbeitstage oder zwei Monate befristet ist, da eine Teilzeittätigkeit während des Erziehungsurlaubs grundsätzlich als „berufsmäßige" Beschäftigung im Sinne des § 8 Abs. 1 SGB IV angesehen wird und bei Überschreiten der oben genannten Grenzen somit in jedem Fall Versicherungs- und Beitragspflicht zur Folge hat.

Übt ein Arbeitnehmer während des Erziehungsurlaubs **mehrere geringfügige Beschäftigungen** aus, so sind alle Arbeitszeiten und Vergütungen **zusammenzurechnen.** Seit dem 1.4.1999 ist zwar grundsätzlich auch eine geringfügig entlohnte Tätigkeit mit einer **nicht** geringfügigen Beschäftigung zusammenzurechnen. Das ursprüngliche Arbeitsverhältnis ist aber im Erziehungsurlaub keine »nicht geringfügige Beschäftigung« in diesem Sinne, so daß eine geringfügig entlohnte Teilzeittätigkeit im Erziehungsurlaub sowohl beim bisherigen als auch bei einem anderen Arbeitgeber sozialversicherungsfrei bleibt. Der Arbeitgeber hat nunmehr aber pauschale Beiträge zur Kranken- und Rentenversicherung abzuführen.

(Zur Krankenversicherungspflicht aufgrund Teilzeittätigkeit bei privat krankenversicherten Arbeitnehmern siehe Seite 170 f.).

f) Ende der Teilzeitarbeit

Mit der Beendigung des Erziehungsurlaubs **endet** grundsätzlich auch die für dessen Dauer vereinbarte **Teilzeitarbeit,** d. h. es gilt dann wieder die vor dem Erziehungsurlaub geltende Arbeitszeit. Soll nach Beendigung des Erziehungsurlaubs weiter Teilzeitarbeit geleistet werden, obwohl der Arbeitnehmer vorher vollzeitbeschäftigt war, so bedarf es dazu i. d. R.

einer eindeutigen Vereinbarung. Fehlt eine solche, ist davon auszugehen, daß die Teilzeittätigkeit nur für die Dauer des Erziehungsurlaubs vereinbart war.

Tip:
Um Schwierigkeiten zu vermeiden, sollte eine Verkürzung der Arbeitszeit dennoch möglichst schriftlich und **ausdrücklich befristet** für die Zeit des Erziehungsurlaubs vereinbart werden, wenn man nach dem Erziehungsurlaub z. B. wieder voll arbeiten will.

g) Sonstiges

Zu den Auswirkungen von Teilzeit während des Erziehungsurlaubs siehe auch
- Seite 91 Arbeitgeberzuschuß
- Seite 117 Arbeitslosengeld statt Teilzeit
- Seite 110 f. Einkommensanrechnung
- Seite 115 Anrechnung Mutterschaftsgeld
- Seite 151 f. Teilzeit **nach** Erziehungsurlaub?
- Seite 158 Erholungsurlaub
- Seite 168 f. Krankenversicherung
- Seite 173 Arbeitslosenversicherung

13. Mehrere Arbeitsverhältnisse

Ist ein Arbeitnehmer **vor** dem Erziehungsurlaub gleichzeitig in mehreren (Teilzeit-)Arbeitsverhältnissen tätig, so kann er grundsätzlich **von jedem Arbeitgeber Erziehungsurlaub** verlangen. Es ist ihm aber auch freigestellt, z. B. in einem Arbeitsverhältnis Erziehungsurlaub zu nehmen und in dem anderen weiterzuarbeiten, sofern die Arbeitszeit die Grenze von 19 Wochenstunden (insgesamt) nicht übersteigt. Eine Zustimmung des Arbeitgebers nach § 15 Abs. 4 BErzGG ist in diesem Fall nicht erforderlich. Solange die gesetzlichen Zeitgrenzen insgesamt nicht überschritten werden, bleibt der Anspruch auf Erziehungsgeld bestehen. Der **besondere Kündigungsschutz** gilt sowohl für das Arbeitsverhältnis, in dem Erziehungsurlaub genommen wird, als auch für dasjenige, in dem in zulässigem Umfang weitergearbeitet wird.

Wird infolge der Mehrfachbeschäftigung die 19-Wochen-Stunden-Grenze überschritten, entfallen der Anspruch auf Erziehungsgeld bzw. -urlaub und der besondere Kündigungsschutz!

14. Vertretung am Arbeitsplatz

Für die **Dauer des Erziehungurlaubs** (ebenso für die Zeiten eines Beschäftigungsverbotes nach dem Mutterschutzgesetz einschließlich der Schutzfristen oder einer auf Tarifvertrag, Betriebsvereinbarung oder einzelvertraglicher Vereinbarung beruhenden Freistellung zur Kinderbetreuung) kann der Arbeitgeber gem. § 21 BErzGG eine **Ersatzkraft** für den Arbeitnehmer, der Erziehungsurlaub nimmt, **einstellen**. Die Dauer der Befristung des Arbeitsvertrages muß bestimmt, bestimmbar oder den vorstehend genannten Zwecken zu entnehmen sein. Es können auch befristete Verträge mit verschiedenen Ersatzkräften hintereinander oder mehrere befristete Verträge mit derselben Ersatzkraft in Folge abgeschlossen werden; jede einzelne Befristung muß für sich sachlich begründet sein.

Das befristete Arbeitsverhältnis kann mit einer Frist von drei Wochen gegenüber der Ersatzkraft gekündigt werden, wenn der Erziehungsurlaub ohne Zustimmungserfordernis des Arbeitgebers vorzeitig beendet wird (bei Tod des Kindes oder Kündigung des Erziehungsurlaubers) und der Arbeitnehmer dem Arbeitgeber die vorzeitige Beendigung seines Erziehungsurlaubs mitgeteilt hat; die Kündigung ist jedoch frühestens zu dem Zeitpunkt möglich, zu dem der Erziehungsurlaub endet.

15. Wiederaufnahme der Arbeit nach Beendigung des Erziehungsurlaubs

Ist das Arbeitsverhältnis nicht spätestens bis zum Ende des Erziehungsurlaubs (z. B. auf Grund einer Kündigung) beendet worden, muß der Arbeitnehmer am **ersten Tag nach Ablauf des Erziehungsurlaubs** grundsätzlich seine Arbeit **unaufgefordert** wieder aufnehmen.
Er hat einen Anspruch darauf, wieder mit der **arbeitsvertraglich ge-**

schuldeten Tätigkeit beschäftigt zu werden. Ob er die Rückkehr an seinen konkreten früheren Arbeitsplatz verlangen oder ihm ein neuer Arbeitsplatz zugewiesen werden kann, hängt in erster Linie vom **Inhalt des Arbeitsvertrages** ab (ggf. unter Berücksichtigung eines Tarifvertrages oder einer Betriebsvereinbarung). Ist die Pflicht zur Arbeitsleistung vertraglich nicht auf eine genau bestimmte Tätigkeit begrenzt, kann der Arbeitgeber im Rahmen seines Weisungsrechts dem Arbeitnehmer auch eine andere Tätigkeit der vereinbarten Art zuweisen. Sind dagegen die zu erbringenden Arbeitsleistungen sowohl der Art als auch der Arbeitsstelle nach im Arbeitsvertrag genau bezeichnet (oder hat sich im Einzelfall die Arbeitspflicht durch die tatsächliche langfristige Beschäftigung auf eine fest umrissene Tätigkeit konkretisiert), ist eine Übertragung anderer Aufgaben grundsätzlich ausgeschlossen.

Beispiel 1:
Die Verkäuferin Frau A, die vor Beginn der Mutterschutzfristen und dem anschließenden Erziehungsurlaub in der Abteilung „Damenoberbekleidung" arbeitete, wird nach dem Erziehungsurlaub zu denselben Bedingungen wie vorher in der Spielwarenabteilung eingesetzt. Dies ist zulässig, wenn sie laut Arbeitsvertrag als „Verkäuferin" angestellt ist, ohne daß dies näher konkretisiert wurde.

Beispiel 2:
Frau B ist laut Anstellungsvertrag als Sekretärin der Geschäftsleitung eingestellt. Sie kann nun nach ihrem Erziehungsurlaub nicht als Sekretärin in der Buchhaltung eingesetzt werden.

Beispiel 3:
Im vorstehenden Beispiel ist Frau B laut Anstellungsvertrag als Sekretärin ohne nähere Zuordnung oder Beschreibung eingestellt. In diesem Fall wäre eine Umsetzung in die Buchhaltung i. d. R. möglich.

Ist eine Änderung der Arbeitsbedingungen **nicht** vom **Weisungsrecht** des Arbeitgebers gedeckt und stimmt der Arbeitnehmer einer Vertragsänderung nicht zu, so verbleibt bei Vorliegen der Voraussetzungen des Kündigungsschutzgesetzes nur die Möglichkeit einer **Änderungskündigung.** Bis zum Ablauf des Erziehungsurlaubs ist allerdings das Kündigungsverbot des § 18 Abs. 1 BErzGG zu beachten.

16. Exkurs: Anspruch auf Teilzeit bzw. Sonderurlaub nach Erziehungsurlaub?

Grundsätzlich ist die Arbeit nach Beendigung des Erziehungsurlaubs wieder zu den früheren arbeitsvertraglich vereinbarten Bedingungen aufzunehmen. In vielen Fällen möchte (oder muß) ein Elternteil aber, auch wenn er vor der Geburt des Kindes vollzeitbeschäftigt war, nach dem Erziehungsurlaub wegen der Betreuung des Kindes – zumindest vorübergehend – eine Teilzeittätigkeit ausüben oder für eine bestimmte Zeit noch unbezahlten Sonderurlaub nehmen.

Für **Beamte** ist eine entsprechende Möglichkeit gesetzlich geregelt. So können Bundesbeamte, die ein Kind unter 18 Jahren betreuen, langjährig Teilzeitbeschäftigung oder unbezahlten Urlaub beanspruchen (§ 79 a BBG). Für die **Angestellten des öffentlichen Dienstes** hat das Bundesarbeitsgericht auch entschieden, daß die Betreuung von Kleinkindern ein wichtiger Grund i. S. des § 50 Abs. 2 BAT ist und der Arbeitgeber nach billigem Ermessen unbezahlten Sonderurlaub zu erteilen hat, wenn die dienstlichen Verhältnisse dies gestatten (Urteil vom 12.1.1989 in BB 1989, 1272).

Auch in einigen Bereichen **außerhalb des öffentlichen Dienstes** sind inzwischen tarifvertragliche Möglichkeiten zur Reduzierung der Arbeitszeit bzw. Inanspruchnahme von sog. »Elternurlaub« geregelt, so z. B.:
- Einzelhandel
- Groß- und Außenhandel
- Metallindustrie
- Eisen- und Stahlindustrie
- Privates Bankgewerbe
- Privates Versicherungsgewerbe.

In mehreren größeren Unternehmen sind inzwischen Elternurlaubs- bzw. Teilzeitmöglichkeiten auch durch Firmentarifverträge oder Betriebsvereinbarungen geschaffen worden, nicht nur in unmittelbarem Anschluß an den gesetzlichen Erziehungsurlaub.

Gem. § 6 Abs. 4 Buchst. b Arbeitszeitgesetz (ArbZG) hat der Arbeitgeber einen **Nachtarbeitnehmer** auf dessen Verlangen auf einen für ihn geeigneten **Tagesarbeitsplatz umzusetzen**, wenn in seinem Haushalt ein Kind unter zwölf Jahren lebt, das nicht von einer anderen im Haushalt lebenden Person betreut werden kann, sofern dem nicht dringende betriebliche Erfordernisse entgegenstehen.

Gilt für den Arbeitnehmer keine der hier angesprochenen Regelungen, so wird überwiegend ein **Rechtsanspruch** nach dem Ende des Erziehungsurlaubs auf unbezahlten Sonderurlaub bzw. Reduzierung oder Änderung der Lage der Arbeitszeit zur Betreuung von kleineren Kindern **verneint**. Im Einzelfall sollte jedoch ein solcher Anspruch aufgrund der **Fürsorgepflicht** des Arbeitgebers anerkannt werden, wenn der Arbeitnehmer anderenfalls gezwungen wäre, das Arbeitsverhältnis aufzugeben und für den Arbeitgeber die Gewährung von Sonderurlaub bzw. die Einrichtung eines Teilzeitarbeitsplatzes oder Verlagerung der Arbeitszeit technisch, organisatorisch und unter Kostengesichtspunkten zumutbar ist (so auch ArbG Hamburg vom 4.12.1995 in BB 1996, 1668).

Beginnt **während eines Sonderurlaubs** wegen der Geburt eines **weiteren Kindes** eine neue Schutzfrist, wird sich häufig das Interesse ergeben, den Sonderurlaub vorzeitig zu beenden, um das Mutterschaftsgeld und den Arbeitgeberzuschuß in Anspruch nehmen zu können bzw. den Sonderurlaub durch Erziehungsurlaub zu ersetzen. Im Einzelfall kann der Arbeitgeber verpflichtet sein, einem entsprechenden Verlangen zuzustimmen (siehe Seite 84 f.).

Zur **sozialen Sicherheit bei unbezahltem Sonderurlaub** nach Erziehungsurlaub (bei Teilzeitarbeit gelten die allgemeinen Regelungen, siehe Seite 147) gilt folgendes:

- In der gesetzlichen **Krankenversicherung** besteht für versicherungspflichte Mitglieder, wenn der unbezahlte Urlaub länger als einen Monat dauert, kein Versicherungsschutz. Er kann sichergestellt werden durch die Mitversicherung im Rahmen der Familienversicherung, also wenn der Ehepartner krankenversichert ist (§ 10 SGB V) oder anderenfalls durch freiwillige Weiterversicherung nach § 9 SGB V.
- In der **Rentenversicherung** werden Zeiten der Kindererziehung für Geburten ab 1992 nur bis zur Dauer von drei Jahren als Beitragszeiten gewertet. Wer insoweit keine Lücken hinnehmen will, dem bleibt danach nur die Möglichkeit der Zahlung freiwilliger Beiträge. (Zu den sog. Berücksichtigungszeiten wegen Kindererziehung siehe Seite 184).
- Was die **Arbeitslosenversicherung** anbelangt, so können sich Mutter oder Vater nach einem Sonderurlaub (wenn sie anschließend nicht weiterarbeiten) arbeitslos melden. Voraussetzung für den Bezug des Arbeitslosengeldes ist jedoch, daß die Anwartschaftszeit erfüllt wird (mindestens ein Jahr beitragspflichtige Beschäftigung in einer Rah-

menfrist von drei Jahren vor Beginn der Arbeitslosigkeit). Da sich diese dreijährige Rahmenfrist für Zeiten der Betreuung und Erziehung eines Kindes des Arbeitslosen höchstens bis zur Vollendung des dritten Lebensjahres des Kindes verlängert, kann bei einem längerfristigen Sonderurlaub im Anschluß an den maximalen Erziehungsurlaub der Anspruch auf Arbeitslosengeld gefährdet sein. Zudem muß man bereit und in der Lage sein, ein Arbeitsverhältnis mit einer Wochenstundenzahl von mindestens 15 Stunden anzunehmen.

12. Kapitel:

Auswirkungen des Erziehungsurlaubs auf das Arbeitsverhältnis

1. Fortbestand des Arbeitsverhältnisses

Auf den **Bestand** des Arbeitsverhältnisses wirkt sich der Erziehungsurlaub **nicht** aus, d. h. ein unbefristetes Arbeitsverhältnis bleibt unverändert bestehen, ein zulässig befristetes endet dagegen unberührt vom Erziehungsurlaub zum festgesetzten Zeitpunkt (zum Berufausbildungsverhältnis siehe aber Seite 124). Lediglich die sich aus dem Arbeitsverhältnis ergebenden **Hauptpflichten,** beim Arbeitnehmer die Arbeitsleistung, beim Arbeitgeber die Lohnzahlungspflicht, **ruhen** (Ausnahme: zulässige Teilzeitarbeit während des Erziehungsurlaubs). Die vertraglichen **Nebenpflichten** sind weiterhin zu beachten, siehe z. B. Seite 145.

Da das **Arbeitsverhältnis während des Erziehungsurlaubs also fortbesteht,** zählt diese Zeit mit, wenn es um die **Dauer der Betriebszugehörigkeit** geht, z. B. bei den gesetzlichen oder vertraglichen **Kündigungsfristen** oder bei der Zahlung von betrieblichen Zulagen oder Renten (siehe aber Seite 166).

> **Beispiel:**
> In dem für Herrn A geltenden Tarifvertrag ist geregelt, daß die Kündigungsfrist nach fünfjähriger Betriebszugehörigkeit von sechs Wochen auf drei Monate verlängert wird. Vor Antritt seines sechsmonatigen Erziehungsurlaubs war Herr A bereits viereinhalb Jahre bei der Firma F beschäftigt. Nimmt er seine Arbeit nach dem halben Jahr Erziehungsurlaub wieder auf, gilt für ihn sofort die dreimonatige Kündigungsfrist, da der Erziehungsurlaub bei der Betriebszugehörigkeit mitgerechnet wird.

Auch bei den beispielsweise im **Kündigungsschutzgesetz** (§ 1 Abs. 1) und im **Bundesurlaubsgesetz** (§ 4) bestimmten Wartezeiten zählt der Erziehungsurlaub mit.

Beispiel:
Herr A nimmt zwei Monate, nachdem er eine Stelle bei der Firma F angetreten hat, sechs Monate Erziehungsurlaub. Anschließend gilt für ihn bereits das Kündigungsschutzgesetz (falls die sonstigen Voraussetzungen erfüllt sind) und hat er sofort Urlaubsansprüche, da der Erziehungsurlaub auf die in beiden Fällen sechsmonatige Wartezeit angerechnet wird.

2. Erholungsurlaub

Wird Erziehungsurlaub genommen, so wird der Anspruch auf Erholungsurlaub im Kalenderjahr davon zunächst nicht berührt. Der Erholungsurlaub kann also zusätzlich – vor oder im Anschluß an den Erziehungsurlaub – angetreten werden. Es ist nicht erforderlich, daß der Erholungsurlaub noch vor Beginn des Erziehungsurlaubs genommen wird. Hat der Arbeitnehmer insoweit den ihm zustehenden Urlaub nicht oder nicht vollständig erhalten, ist der Resturlaub vom Arbeitgeber nach dem Erziehungsurlaub im dann laufenden oder nächsten Urlaubsjahr zu gewähren bzw. abzugelten, wenn das Arbeitsverhältnis nach dem Erziehungsurlaub nicht fortgesetzt wird.

a) Urlaubskürzung

Der Arbeitgeber **kann** allerdings den Erholungsurlaub **für jeden vollen Kalendermonat, für den ein Arbeitnehmer Erziehungsurlaub nimmt, um ein Zwölftel kürzen** (§ 17 Abs. 1 S. 1 BErzGG). Angebrochene Kalendermonate, beispielsweise bei Beginn und am Ende des Erziehungsurlaubs, werden also nicht mitgerechnet. Der Erziehungsurlaub **beginnt** i. d. R. (für leibliche Eltern) **frühestens nach Ablauf der achtwöchigen Mutterschutzfrist nach der Entbindung,** da während dieser Zeit der Anspruch auf Erziehungsurlaub ausgeschlossen ist (siehe Seite 133 f.). Ergeben sich durch die Kürzung **Bruchteile von Urlaubstagen,** die mindestens einen halben Tag ausmachen, so sind diese entsprechend § 5 Abs. 2 BUrlG auf volle Urlaubstage aufzurunden (bei geringeren Bruchteilen keine Abrundung, BAG vom 26.1.1989, Az.: 8 AZR 730/87).

Auswirkungen des Erziehungsurlaub

Beispiel:
Das Kind von Frau A, die 30 Urlaubstage im Jahr hat, wird am 20. Dezember 1998 geboren. Im Anschluß an die achtwöchige Mutterschutzfrist nach der Entbindung nimmt Frau A ab 15. Februar 1999 bis einschließlich 14. Oktober 1999 Erziehungsurlaub.
Der Jahresurlaub 1999 kann um sieben Zwölftel gekürzt werden, da sie sieben volle Kalendermonate in Erziehungsurlaub ist, nämlich von März bis einschließlich September. Für Februar und Oktober kann der Erholungsurlaub nicht gekürzt werden. Frau A hat für dieses Jahr also noch einen aufgerundeten Urlaubsanspruch von insgesamt 13 Tagen (30 Tage minus 7 x 2,5 Tage).

Für die Zeiten der **Mutterschutzfristen** vor und nach der Geburt des Kindes darf grundsätzlich **keine Kürzung** des Erholungsurlaubs erfolgen (siehe Seite 68 f.)! Dies gilt allerdings **nicht** bei Geburt eines **weiteren Kindes in einem laufenden Erziehungsurlaub**, da dieser dadurch nicht unterbrochen oder beendet wird, es sei denn, der Arbeitgeber erklärt sich mit einer vorzeitigen Beendigung des Erziehungsurlaubs einverstanden.

Beispiel:
Frau A hat für ihr erstes Kind Erziehungsurlaub vom 16.5.1998 bis zum 15.9.1999 genommen. Sie ist nun erneut schwanger mit Mutterschutzfrist vom 8.4. bis zum 15.7.1999. Für diesen Zeitraum hat sie keinen anteiligen Anspruch auf Erholungsurlaub.

Zieht sich der Erziehungsurlaub **über das Ende des Urlaubsjahres** (Kalenderjahr) hin, so ist die Kürzung für jedes Urlaubsjahr entsprechend vorzunehmen. Erstreckt sich der Erziehungsurlaub über ein **ganzes** Urlaubsjahr und macht der Arbeitgeber von seiner Kürzungsmöglichkeit Gebrauch, reduziert sich der Erholungsurlaub für dieses Jahr auf Null, d. h. er kann für dieses Jahr völlig gestrichen werden.

Beispiel 1:
Frau A nimmt für ihr am 16.3.1997 geborenes Kind im Anschluß an die achtwöchige Schutzfrist nach der Entbindung ab 12.5.1997 Erziehungsurlaub bis zur Vollendung des dritten Lebensjahres ihres Kindes am 15.3.2000.
Für das Jahr 1997 kann der Erholungsurlaub um sieben Zwölftel (sieben volle Kalendermonate Erziehungsurlaub) und für das Jahr 2000 nach Wiederaufnahme der Arbeit um zwei Zwölftel (zwei volle Kalendermonate Erziehungsurlaub) gekürzt werden. Für die Jahre 1998 und 1999 braucht der Arbeitgeber überhaupt keinen

Urlaub zu gewähren, da Frau A in beiden Jahren ausschließlich Erziehungsurlaub hat.

Beispiel 2:
Herr B nimmt für das zweite und dritte Lebensjahr seines Kindes vom 10.8.1997 bis zum 9.8.1999 Erziehungsurlaub. Der Erholungsurlaub kann für das Jahr 1997 um vier Zwölftel gekürzt werden. Für 1998 kann sein Erholungsurlaub völlig vom Arbeitgeber gestrichen werden, da er während des gesamten Jahres Erziehungsurlaub hat. Für das Jahr 1999 kann der Erholungsurlaub um sieben Zwölftel gekürzt werden.

Eine Kürzung des Jahresurlaubs erfolgt nicht automatisch, sondern der Arbeitgeber **kann**, muß jedoch nicht davon Gebrauch machen. Je nachdem, wie er sich entscheidet, muß er aber alle betreffenden Arbeitnehmer seines Betriebes gleich behandeln. Der Arbeitgeber ist nicht verpflichtet, bereits vor Antritt des Erziehungsurlaubs mitzuteilen, daß er den Erholungsurlaub anteilig kürzen will (BAG vom 28.7.1992 in BB 1993, 221).

Die Kürzungsmöglichkeit greift erst, wenn der Erziehungsurlaub tatsächlich **geltend gemacht** worden ist, d. h. bis zu diesem Zeitpunkt steht noch der **volle** ungekürzte Erholungsurlaub zu. Stellt sich allerdings **nachträglich** heraus, daß der Arbeitnehmer vor Beginn des Erziehungsurlaubs mehr Urlaub erhalten hat, als ihm infolge der Kürzung zustand, kann der Arbeitgeber den Urlaub, der dem Arbeitnehmer nach dem Ende des Erziehungsurlaubs zusteht, um die zuviel gewährten Urlaubstage **kürzen** (§ 17 Abs. 4 BErzGG), **nicht** jedoch das **zuviel gewährte Urlaubsentgelt** von einem **ausscheidenden** Arbeitnehmer zurückfordern.

Beispiel 1:
Herr A nimmt Erziehungsurlaub vom 1.5.1998 bis zum 31.10.1998. Von seinem Jahresurlaub von 24 Tagen hat er bereits vor Beginn des Erziehungsurlaubs 15 Tage erhalten, d. h. 3 Tage mehr als der gekürzte Urlaub (12 Tage). Diese 3 Tage können vom Jahresurlaub für das nächste Urlaubsjahr (1999) abgezogen werden.

Beispiel 2:
Herr B nimmt Erziehungsurlaub vom 1.10.1998 bis zum 30.9.1999. Vor dem 1.10.1998 hat er den vollen Jahresurlaub für 1998 erhalten. Der Urlaub für 1999 kann um die in 1998 zuviel gewährten drei Zwölftel ebenso gekürzt werden wie um weitere neun Zwölftel für

die Monate Januar bis September 1999, so daß ihm in 1999 kein Anspruch auf Erholungsurlaub mehr zusteht, wenn der Arbeitgeber von seinen Kürzungsmöglichkeiten Gebrauch macht.

Ein Arbeitnehmer, der Erziehungsurlaub nimmt, gleichzeitig bei **seinem** Arbeitgeber jedoch eine zulässige **Teilzeitarbeit** ausübt, hat Anspruch auf den vollen Jahresurlaub, d. h. in diesem Fall ist eine **Kürzung unzulässig** (§ 17 Abs. 1 S. 2 BErzGG). Selbstverständlich verbleibt es im bisherigen Arbeitsverhältnis bei der Kürzungsmöglichkeit, wenn die Teilzeittätigkeit bei einem **anderen** Arbeitgeber geleistet wird. (Zur Berechnung des **Urlaubsentgelts** und zur **Urlaubsübertragung** bei **Teilzeittätigkeit** während des Erziehungsurlaubs siehe auch Seite 144.)

b) Urlaubsübertragung

Hat der Arbeitnehmer **vor Beginn** des Erziehungsurlaubs den ihm in **diesem** Kalenderjahr (in dem der Erziehungsurlaub **beginnt**) zustehenden (gekürzten) Erholungsurlaub noch nicht oder nicht vollständig erhalten, so ist der restliche Erholungsurlaub **nach dem Erziehungsurlaub im dann laufenden Jahr** (in dem der Erziehungsurlaub **endet**) **oder im nächsten Urlaubsjahr zu gewähren** (§ 17 Abs. 2 BErzGG). Ein Resturlaub aus dem Jahr, in dem der Erziehungsurlaub beginnt, erlischt also abweichend von § 7 Abs. 3 BUrlG ausnahmsweise nicht am 31. März des Folgejahres. Aus welchen Gründen der Urlaub vor Beginn des Erziehungsurlaubs nicht gewährt worden ist, ist unerheblich.

Die Übertragung des Erholungsurlaubs erfolgt **automatisch**, einer besonderen Geltendmachung durch den Arbeitnehmer bedarf es nicht!

Beispiel 1:
Im ersten Beispiel des Abschnittes (Seite 156) will oder kann Frau A aus persönlichen Gründen die ihr zustehenden 13 Tage nicht mehr im Jahr 1999 nehmen. Das führt dazu, daß sie im Jahr 2000 insgesamt 43 Urlaubstage (30 Tage plus 13 Tage) hat, in deren Verteilung sie im Rahmen der betrieblichen Gegebenheiten frei ist.

Beispiel 2:
Frau B hat Anfang 1997 von den ihr im Jahr zustehenden 30 Urlaubstagen bereits 8 Tage erhalten. Für ihr am 15.6.1997 geborenes Kind nimmt sie im Anschluß an die achtwöchige Schutzfrist

nach der Entbindung ab 11.8.1997 Erziehungsurlaub bis zur Vollendung des dritten Lebensjahres ihres Kindes am 14.6.2000. Somit kann ihr Arbeitgeber den Erholungsurlaub für das Jahr 1997 um vier Zwölftel auf 20 Tage und für das Jahr 2000 um sechs Zwölftel auf 15 Tage kürzen. Kann oder will sie die restlichen 12 Urlaubstage aus 1997 (20 minus die bereits erhaltenen 8 Tage) nicht mehr vor Beginn der Schutzfrist vor der Entbindung am 4.5.1997 nehmen, sind diese ihr nach Wiederaufnahme der Arbeit in den Jahren 2000 oder 2001 nachzugewähren.

In dem zeitlichen Umfang, in dem bei Beginn des Erziehungsurlaubs (bis zum 31. März des Jahres) noch ein aus dem **Vorjahr** übergegangener und noch nicht genommener (Rest-)Urlaub hätte beansprucht und erfüllt werden können, ist auch dieser Urlaub gem. § 17 Abs. 2 BErzGG auf die Zeit nach dem Erziehungsurlaub zu übertragen (BAG vom 1.10.1991 in BB 1992, 431).

Beispiel:
Frau A hat am 15.1.1998 entbunden. Unmittelbar im Anschluß an die Mutterschutzfrist (Ende 12.3.1998) tritt sie den Erziehungsurlaub an und zwar bis zur Vollendung des ersten Lebensjahres des Kindes, d. h. vom 13.3.1998 bis zum 14.1.1999. Frau A hatte zu Beginn des Jahres 1998 noch einen Resturlaubsanspruch aus dem Urlaubsjahr 1997 in Höhe von 25 Urlaubstagen.
Hätte Frau A keinen Erziehungsurlaub genommen, wäre im Zeitpunkt des Antritts des Erziehungsurlaubs am 13.3.1998 eine vollständige Abwicklung des Resturlaubsanspruchs nicht mehr möglich gewesen, da gem. § 7 Abs. 3 BUrlG der Resturlaub bis zum 31. März des Folgejahres tatsächlich abgewickelt sein muß und ein bloßer Antritt des Erholungsurlaubs bis zu diesem Zeitpunkt nicht genügt. In der Zeit vom 13.3. bis zum 31.3.1998 hätte Frau A allenfalls noch 13 Tage Erholungsurlaub nehmen können, die restlichen 12 Urlaubstage wären unweigerlich verfallen. Somit sind Frau A im Anschluß an den Erziehungsurlaub von den ursprünglichen 25 Resturlaubstagen aus dem Jahr 1997 nur noch 13 Urlaubstage zu gewähren.

Für die Berechnung des **Urlaubsentgelts,** das für den übertragenen Resturlaub zu zahlen ist, ist gem. § 11 BUrlG ebenso wie für den neuen Urlaub das Arbeitsentgelt der letzten 13 Wochen vor Beginn des gewährten Urlaubs zugrunde zu legen.
Der vor Beginn des Erziehungsurlaubs nicht genommene und auf das

bei Ende des Erziehungsurlaubs laufende und das nächste Urlaubsjahr übertragene Urlaub **verfällt mit Ablauf des nächsten Urlaubsjahres,** und zwar auch dann, wenn der Arbeitnehmer den Urlaub z. B. wegen Krankheit, Beschäftigungsverboten, Mutterschutzfristen oder einen sich daran anschließenden **zweiten Erziehungsurlaub** nicht nehmen konnte (BAG vom 23.4.1996 in BB 1996, 2046 und vom 21.10.1997 in BB 1997, 2383).

> **Beispiel:**
> Frau A hat für ihr erstes Kind Erziehungsurlaub von 1995 bis Juli 1998. Anfang 1998 wird ihr zweites Kind geboren, für das sie wieder Erziehungsurlaub bis 2001 nimmt.
> Ihr anteiliger Urlaub aus 1995, der auf das Jahr 1998 nach dem ersten Erziehungsurlaub und das Jahr 1999 übertragen ist, verfällt endgültig mit Ablauf der Übertragungsfrist am 31.12.1999. Der Erziehungsurlaub aus Anlaß der Geburt des zweiten Kindes bewirkt keine weitere Übertragung!

Erstreckt sich der Erziehungsurlaub über **mehrere Urlaubsjahre,** ist die Betrachtung für die Urlaubsjahre, in denen der Erziehungsurlaub **beginnt bzw. endet, getrennt** anzustellen, da § 17 Abs. 2 BErzGG nur die Übertragung des Urlaubs aus dem Urlaubsjahr betrifft, in dem der Erziehungsurlaub **angetreten** worden ist.

Hinsichtlich der Übertragung des Erholungsurlaubs, der in dem Jahr entsteht, in dem der Erziehungsurlaub **endet,** verbleibt es bei der allgemeinen Regelung, wonach der Erholungsurlaub, sofern er aus dringenden Gründen übertragen werden durfte, in den **ersten drei Monaten des Folgejahres** (vorbehaltlich abweichender tariflicher Regelung) gewährt und genommen werden muß, anderenfalls er verfällt.

> **Beispiel:**
> Frau A nimmt Erziehungsurlaub vom 1.10.1998 bis zum 30.9.2000. Der noch nicht gewährte – eventuell gekürzte – Resturlaub aus 1998 kann noch im laufenden Urlaubsjahr nach der Beendigung des Erziehungsurlaubs (2000), aber auch noch im gesamten nächsten Urlaubsjahr, d. h. bis Ende 2001 genommen werden.
> Der – eventuell gekürzte – Erholungsurlaub für das Kalenderjahr 2000 muß dagegen i. d. R. spätestens bis zum 31.3.2001 gewährt und genommen werden.

c) Urlaubsabgeltung

Endet das Arbeitsverhältnis während des Erziehungsurlaubs oder setzt der Arbeitnehmer im Anschluß an den Erziehungsurlaub das Arbeitsverhältnis nicht fort, so hat der Arbeitgeber den noch nicht gewährten Urlaub **abzugelten** (§ 17 Abs. 3 BErzGG). Ist der Arbeitgeber zur **Kürzung** des Erholungsurlaubs berechtigt, so kann er auch die Urlaubsabgeltung entsprechend kürzen. Dabei ist zunächst gem. § 17 Abs. 1 S. 1 BErzGG, § 5 Abs. 2 BUrlG der dem Arbeitnehmer zustehende Urlaub nach vollen Urlaubstagen und danach dann der Abgeltungsbetrag zu berechnen. Bereits (zuviel) gewährtes Urlaubsentgelt kann von dem ausgeschiedenen Arbeitnehmer nicht zurückgefordert werden.

3. Jahressonderleistungen (13. Monatsgehalt/Gratifikationen)

a) Allgemeines

Die Befreiung des Arbeitgebers von der Zahlung des regelmäßigen Arbeitsentgelts während des Erziehungsurlaubs (sofern nicht zulässige Teilzeitarbeit geleistet wird) führt nicht zwangsläufig zum Wegfall oder zur Kürzung einer Sonderzuwendung. Ob und wie sich der Erziehungsurlaub auswirkt, hängt vom **Inhalt der anspruchsbegründenden Vereinbarung bzw. vom rechtlichen Charakter der Leistung** ab.

Das Bundesarbeitsgericht differenziert insofern danach, ob Motiv und Zweck einer Sonderzahlung **ausschließlich** die **Vergütung geleisteter Dienste** oder eine **Belohnung für erwiesene oder zukünftige Betriebstreue** (bzw. **Mischcharakter**) ist. Dabei ergibt sich die der Sonderzahlung beigefügte Zweckbestimmung nicht vorrangig aus der Bezeichnung der Leistung, sondern insbesondere aus den Voraussetzungen, von deren Erfüllung diese Leistung in der Zusage abhängig gemacht wird.

Bestimmt ein Tarifvertrag, daß eine tarifliche Jahressonderleistung für Zeiten gekürzt werden kann, in denen das Arbeitsverhältnis „**kraft Gesetzes**" **ruht**, so kann die Zuwendung auch für die Zeit gekürzt werden, in der die Arbeitnehmerin oder der Arbeitnehmer sich in Erziehungsurlaub befindet (BAG vom 10.2.1993 in NZA 1993, 801 und vom 24.5.1995 in NZA 1996, 31).

Das Arbeitsverhältnis ruht aber **nicht,** soweit während des Erziehungsurlaubs eine zulässige **Teilzeitarbeit** ausgeübt wird (BAG vom 28.6.1995 in NZA 1996, 151). Eine Teilzeittätigkeit im Bezugszeitraum der Sonderzuwendung wird i. d. R. allerdings zu einer Verminderung der Zahlung führen, selbst wenn bei Nichtarbeit im Erziehungsurlaub der volle Anspruch bestanden hätte (vgl. BAG vom 24.10.1990 in DB 1991, 1024).

b) Sonderzahlung mit reinem Entgeltcharakter

Besitzt die Sonderzahlung **ausschließlich Entgeltcharakter,** d. h. hat sie als **Gegenleistung für tatsächlich verrichtete Arbeit** in einem bestimmten Zeitraum unmittelbaren Bezug zum regelmäßigen Entgelt (z. B. 13. Monatsgehalt), so **entfällt** sie (vorbehaltlich abweichender Vereinbarung) gleichzeitig mit der Befreiung des Arbeitgebers von der Vergütungspflicht. Gegebenenfalls wird man für eine zeitanteilige Kürzung das in § 17 BErzGG für den Erholungsurlaub vorgesehene Zwölftelungsprinzip entsprechend anwenden können. Die Kürzung ist auch zulässig, selbst wenn dies für Zeiten des Erziehungsurlaubs **nicht ausdrücklich vertraglich vereinbart** ist (BAG vom 24.10.1990 in BB 1991, 695 und vom 19.4.1995 in ARST 1995, 268). Sind in der Zusage einer jährlichen Sonderleistung **keine weiteren Voraussetzungen** des Anspruchs genannt, ist **im Zweifel** davon auszugehen, daß lediglich eine zusätzliche Vergütung für die geleistete Arbeit innerhalb des Bezugszeitraums bezweckt wird, nicht hingegen die Betriebstreue belohnt werden soll (BAG vom 7.9.1989 in DB 1990, 942).

c) Sonderzahlung für Betriebstreue/Urlaubsgeld

Dagegen bleibt der **Anspruch auf die Sonderzuwendung** durch den Erziehungsurlaub **grundsätzlich unberührt,** wenn sie **keine** zusätzliche Vergütung für geleistete Arbeit darstellt. Dies gilt insbesondere für **Gratifikationen** (z. B. Weihnachtsgeld), weil damit nicht die Arbeitsleistung, sondern die **Betriebstreue** honoriert wird und das Arbeitsverhältnis während des Erziehungsurlaubs fortbesteht (BAG vom 24.10.1990, a. a. O.).

Eine Belohnung für in der Vergangenheit erwiesene **Betriebstreue** kommt z. B. dadurch zum Ausdruck, daß die Erfüllung einer bestimmten

Wartezeit vorausgesetzt wird, der Arbeitnehmer also innerhalb des Bezugszeitraums eine bestimmte Zeitdauer dem Betrieb angehört haben muß. Das gilt gleichermaßen für die Fälle, in denen Arbeitnehmer, die nach Erreichen der Altersgrenze der gesetzlichen Rentenversicherung ausscheiden und zuvor eine bestimmte Zeitdauer dem Betrieb angehört haben, im Gegensatz zu den aus anderen Gründen ausscheidenden Arbeitnehmern, im Jahr des Ausscheidens eine volle Sonderzahlung erhalten. Weiterhin spricht für einen Belohnungscharakter der Zuwendung, wenn der Arbeitnehmer am Ende des Bezugszeitraums in einem ungekündigten Arbeitsverhältnis gestanden haben muß oder daß eine Rückzahlungsklausel für den Fall des Ausscheidens bis zu einem bestimmten Stichtag des Folgejahres vereinbart wird.

Allerdings kann in Tarifverträgen, Betriebsvereinbarungen oder Einzelarbeitsverträgen, in denen die Zahlung dieser Sonderzuwendungen geregelt sind, zulässigerweise bestimmt werden, daß sie für die Zeit des Erziehungsurlaubs (anteilig) **gekürzt** werden können (vgl. BAG vom 8.10.1986 in DB 1987, 795 zum Weihnachtsgeld beim früheren Mutterschaftsurlaub; LAG Rheinland-Pfalz vom 24.7.1987 in NZA 1988, 23). Auch für den Fall, daß die Zusage der Weihnachtsgratifikation vertraglich ausdrücklich unter dem Vorbehalt gewährt wird, daß die Zahlung freiwillig ist und kein Rechtsanspruch darauf besteht (**Freiwilligkeitsvorbehalt**), ist der Arbeitgeber nicht gehindert, künftig den berechtigten Personenkreis anders zu bestimmen und z. B. Arbeitnehmer in einem ruhenden Arbeitsverhältnis bzw. im Erziehungsurlaub von der Leistung auszunehmen (BAG vom 6.12.1995 in BB 1996, 1617).

Auch ein zusätzliches **Urlaubsgeld** hat i. d. R. keinen Entgeltcharakter, sondern dient der besseren Gestaltung des Urlaubs. Ob und in welcher Höhe während des Erziehungsurlaubs ein Urlaubsgeld zusteht, hängt im Einzelfall von der **zugrunde liegenden vertraglichen Regelung** ab.

Sind für die Zahlung **keine weiteren Voraussetzungen** aufgestellt, ist wegen des engen Zusammenhangs zwischen Erholungsurlaub und Urlaubsgeld entsprechend § 17 Abs. 1 BErzGG eine zeitanteilige Kürzung oder Streichung der Zahlung zulässig, wenn der Arbeitnehmer im Erziehungsurlaub nur teilweise oder überhaupt nicht gearbeitet hat (ArbG Berlin vom 23.2.1989 in DB 1989, 1776). Das gleiche gilt, wenn die Gewährung des Urlaubsgeldes vertraglich vom Anspruch auf Urlaub oder auf das regelmäßige Urlaubsentgelt abhängt (BAG vom 8.12.1992, Az: AZR 538/91).

Dagegen ist das **volle** Urlaubsgeld auch im Erziehungsurlaub zu zahlen, wenn ein Tarifvertrag die Leistung ausschließlich von der Betriebszugehörigkeit abhängig macht (BAG vom 6.9.1994 in NZA 1995, 232) oder der Arbeitgeber in allgemeinen Arbeitsbedingungen die Zahlung von Urlaubsgeld ohne jede Einschränkung und unabhängig von der Urlaubsgewährung zugesagt hat (BAG vom 18.3.1997 in NZA 1997, 1168).

d) Sonderzahlung mit Mischcharakter

Bezweckt eine Sonderzuwendung **sowohl** die Entlohnung für im Bezugszeitraum geleistete Arbeit **als auch** die Belohnung für erwiesene Betriebstreue (**Mischcharakter**), was in der Praxis der Regelfall sein dürfte, so bedarf es einer vertraglichen Quotenregelung, wenn die Leistung für die Zeiten gekürzt werden soll, in denen das Arbeitsverhältnis ruht (BAG vom 24.10.1990 in BB 1991, 659). **Fehlt** eine solche Regelung, kann die Sonderzahlung selbst dann nicht ausgeschlossen werden, wenn wegen des Erziehungsurlaubs im Bezugszeitraum keine oder nur eine unwesentliche Arbeitsleistung erbracht wurde (BAG vom 5.8.1992 in NZA 1993, 130 ff.).

4. Krankheit

Während des Erziehungsurlaubs hat der Arbeitnehmer **keinen Anspruch** auf **Entgeltfortzahlung** im Krankheitsfall, da nicht die Krankheit (Arbeitungsunfähigkeit), sondern die Freistellung aufgrund des Erziehungsurlaubs alleinige Ursache für die Nichterbringung der Arbeitsleistung ist. Das gilt auch, wenn die Arbeitsunfähigkeit bereits **vor** Beginn des schon **festgelegten** Erziehungsurlaubs z. B. in der Mutterschutzfrist eingetreten ist und über das Ende der Schutzfrist hinaus andauert (siehe auch Seite 72); der Beginn des Erziehungsurlaubs wird dadurch nicht gehemmt. Ist der Erziehungsurlaub **noch nicht festgelegt** und erklärt der Arbeitnehmer, er trete den Erziehungsurlaub nicht in unmittelbarem Anschluß an das Ende der Schutzfrist, sondern erst nach Beendigung einer Arbeitsunfähigkeit an, dann ist die Arbeitsunfähigkeit ursächlich für den Verdienstausfall, so daß Anspruch auf Entgeltfortzahlung besteht (BAG vom 17.10.1990 in DB 1991, 448).

Durch eine Erkrankung **während** des Erziehungsurlaubs wird dieser nicht unterbrochen oder verlängert. **Dauert die Krankheit des Arbeitnehmers über das Ende des Erziehungsurlaubs fort,** beginnt am Tag nach Beendigung des Erziehungsurlaubs die Sechs-Wochen-Frist für die Dauer der Entgeltfortzahlung. Die Dauer der Krankheit während des Erziehungsulaubs wird nicht auf diese Frist angerechnet (vgl. BAG vom 2.3.1971 in DB 1971, 1627 zum ähnlich liegenden Fall zum Arbeitsplatzschutzgesetz).

Zur Entgeltfortzahlung bei **Teilzeitarbeit** während des Erziehungsurlaubs bzw. zum Krankengeldanspruch siehe auch Seite 144 bzw. Seite 168 ff.

5. Betriebsversammlung

Auch während des Erziehungsurlaubs darf an Betriebsversammlungen teilgenommen werden. Gem. § 44 Abs. 1 S. 2 Betr VG besteht für diese Zeit ein **Vergütungsanspruch** (BAG vom 31.5.1989 in DB 1990, 793).

6. Vermögenswirksame Leistungen

Vermögenswirksame Leistungen des Arbeitgebers sind als Teil des regelmäßigen Arbeitsentgelts, also als Lohn oder Gehalt, anzusehen. Da die Gehaltzahlungspflicht während des Erziehungsurlaubs ruht, müssen auch die vermögenswirksamen Leistungen während dieser Zeit **nicht fortgezahlt** werden. Etwas anderes gilt nur dann, wenn einzel- oder tarifvertraglich oder durch Betriebsvereinbarung vorgesehen ist, daß derartige Leistungen auch bei einer Freistellung von der Arbeit zu zahlen sind. Das Erziehungsgeld, das der Arbeitnehmer während des Erziehungsurlaubs erhält, ist kein Arbeitsentgelt und kann daher nicht vermögenswirksam angelegt werden. (Weitere Einzelheiten siehe Seite 70 f.)

7. Betriebliche Altersversorgung

Da während des Erziehungsurlaubs das Arbeitsverhältnis fortbesteht, ist diese Zeit **grundsätzlich als Betriebszugehörigkeit** im Rahmen der Unverfallbarkeitsfristen (§ 1 BetrAVG), der Wartezeiten sowie der den Anspruch steigernden Ruhegeldzeiten **zu berücksichtigen.**

Wie sich der Erziehungsurlaub auf die **Höhe** der dem Arbeitnehmer zustehenden Leistungen letztlich auswirkt, **hängt aber von der Gestaltung der einzelnen Versorgungszusage bzw. -ordnung ab.** So ist der Arbeitgeber z. B. nicht gehindert, in seinen Unterstützungsrichtlinien Zeiten des Erziehungsurlaubs von Steigerungen einer Anwartschaft auf Leistungen der betrieblichen Altersversorgung (sog. dienstzeitabhängige Berechnung) auszunehmen (BAG vom 15.2.1994 in BB 1994, 1360). Auch in den Fällen, in denen sich der Arbeitgeber zur **lohnabhängigen** Einzahlung (z. B. Lebensversicherungen) verpflichtet hat, ist er davon während des Erziehungsurlaubs wegen der ruhenden Lohnzahlung befreit, so daß sich hier ebenfalls eine **Minderung der späteren Betriebsrente ergeben kann.**

8. Betriebsübergang

Im Fall eines Betriebsübergangs nach § 613 a BGB während des Erziehungsurlaubs tritt der Erwerber des Betriebes oder Betriebsteils in alle Rechte und Pflichten aus den im Zeitpunkt des Übergangs bestehenden Arbeitsverhältnissen ein, d. h. am vorstehend im einzelnen beschriebenen **arbeitsrechtlichen Status des Erziehungsurlaubers ändert sich nichts.** Er darf also z. B. weiterhin nicht gekündigt werden und muß am ersten Tag nach Ablauf des Erziehungsurlaubs grundsätzlich seine Arbeit auch unaufgefordert beim neuen Arbeitgeber anbieten.

9. Rechtsweg

(Zur Beratungspflicht der Erziehungsgeldstelle siehe auch §§ 10 Abs. 1 S. 2, 16 Abs. 1 S. 3 BErzGG.)

Bei Streitigkeiten zwischen Arbeitgeber und Arbeitnehmer über den Anspruch auf Erziehungsurlaub, dessen Beginn oder Ende, über arbeitsrechtliche Rechte und Pflichten während des Erziehungsurlaubs sowie über die Wirksamkeit einer Kündigung während dieser Zeit ist der Rechtsweg zu den **Arbeitsgerichten** gegeben (§ 2 Abs. 1 Nr. 3 ArbGG). Dagegen ist bei einer Streitigkeit über die Zulassung der Kündigung gem. § 18 Abs. 1 S. 2 BErzGG durch die für den Arbeitsschutz zuständige Behörde von den **Verwaltungsgerichten** zu entscheiden.

13. Kapitel:

Erziehungsurlaub und Sozialversicherung

(Zur Sozialversicherungspflicht von **Teilzeitarbeit** während des Erziehungsurlaubs siehe Seite 147.)

1. Krankenversicherung

Für alle Arbeitnehmer, die in der **gesetzlichen Krankenversicherung pflichtversichert** sind, bleibt die **Mitgliedschaft** gem. § 192 Abs. 1 Nr. 2 SGB V **erhalten, solange Erziehungsgeld bezogen oder Erziehungsurlaub in Anspruch genommen wird.** Weiterversichert sind also auch Eltern, die sich in Erziehungsurlaub befinden und kein Erziehungsgeld (mehr) erhalten, weil die Einkommensgrenzen überschritten werden oder deren Erziehungsurlaub über die maximale Dauer des Erziehungsgeldbezuges hinausreicht. Ebenso bleiben Bezieher von Erziehungsgeld weiterversichert, die Pflichtmitglied der gesetzlichen Krankenkasse sind, aber keinen Erziehungsurlaub haben wie z. B. Arbeitslose. Auch die Mitgliedschaft **freiwillig** versicherter Personen **endet nicht** durch Bezug von Erziehungsgeld oder Inanspruchnahme vo n Erziehungsurlaub (vgl. § 191 SGB V). Für diejenigen, die vor der Geburt des Kindes durch den Ehepartner **familienversichert** waren, ändert sich nichts; das Erziehungsgeld wird beim Gesamteinkommen nicht berücksichtigt.

Das **Erziehungsgeld** selbst ist gem. § 224 Abs. 1 SGB V für Pflichtversicherte und freiwillig Versicherte **beitragsfrei.** Das bedeutet, daß **pflichtversicherte** Mitglieder Krankenversicherungsbeiträge während des Bezuges von Erziehungsgeld bzw. während des Erziehungurlaubs nur zu zahlen haben, wenn sie in dieser Zeit Erwerbseinkommen z. B. aus einer **versicherungspflichten Teilzeittätigkeit,** Rente oder Versorgungsbezüge erhalten. **Freiwillig Versicherte** bleiben dagegen grundsätzlich beitragspflichtig, bemessen z. B. nach Mindest- oder Ehegatteneinkommen (BSG vom 24.11.1992 in Ersk. 1993, 319). Nach der Praxis der Krankenkassen werden aber während des Erziehungsgeldbezuges bzw. Erziehungsurlaubs keine Beiträge erhoben, wenn die freiwillig Versicherten bei Nichtbestehen der freiwilligen Mitgliedschaft nach § 10 SGB V familienversichert wären (zu den Voraussetzungen siehe Seite 79 f.).

Erziehungsurlaub und Sozialversicherung

Der Versicherungsschutz während des Erziehungsurlaubs umfaßt sämtliche Leistungen der Krankenversicherung mit **Ausnahme** des Anspruchs auf **Krankengeld** (§ 49 Abs. 1 Nr. 2 SGB V). Anspruch auf Krankengeld hat der Erziehungsurlaubsberechtigte **nur dann**, wenn die Arbeitsunfähigkeit vor Beginn des Erziehungsurlaubs eingetreten ist oder wenn während des Erziehungsurlaubs Arbeitsentgelt aus einer versicherungspflichten (**Teilzeit-)Beschäftigung** bezogen wird, aus dem sich das Krankengeld berechnet. Im Fall der Teilzeitarbeit während des Erziehungsurlaubs ist allerdings zu berücksichtigen, daß bei Arbeitsunfähigkeit zunächst der Arbeitgeber zur Entgeltfortzahlung bis zu maximal sechs Wochen verpflichtet ist. In dieser Zeit ruht der Anspruch auf Krankengeld gem. § 49 Abs. 1 Nr. 1 SGB V.

Beispiel 1:
Frau A will im Anschluß an die Mutterschutzfrist, die am 18.6.1999 abläuft, Erziehungsurlaub in Anspruch nehmen. Am 15.6.1999 wird sie arbeitsunfähig krank.
Da die Arbeitsunfähigkeit vor Beginn des Erziehungsurlaubs eingetreten ist, besteht Anspruch auf Krankengeld auf der Basis des alten Vollzeitverdienstes. Der Krankengeldanspruch ruht jedoch gem. § 49 Abs. 1 Nr. 3 SGB V, solange Mutterschaftsgeld bezogen wird.

Beispiel 2:
Frau B ist im Erziehungsurlaub, der am 15.4.1999 beginnt, mit 15 Wochenstunden versicherungspflichtig teilzeitbeschäftigt. Ab dem 20.6.1999 ist sie arbeitsunfähig erkrankt.
Frau B hat Anspruch auf Krankengeld, berechnet gem. § 47 Abs. 2 SGB V nach dem letzten abgerechneten Entgeltabrechnungszeitraum vor Beginn der Arbeitsunfähigkeit, d. h. dem Monat Mai 1999, auf der Basis des Teilzeitverdienstes. Der Krankengeldanspruch ruht allerdings gem. § 49 Abs. 1 Nr. 1 SGB V, solange der Arbeitgeber zunächst Entgeltfortzahlung im Krankheitsfall zu zahlen hat (i. d. R. bis zu sechs Wochen).

Privat krankenversicherte Arbeitnehmer müssen während der Zeit, für die sie Erziehungsgeld beziehen bzw. in Erziehungsurlaub sind, ihre Beiträge weiterzahlen, und zwar in voller Höhe. Der Beitragszuschuß des Arbeitgebers (§ 257 Abs. 2 SGB V) entfällt für diese Zeit.

Ein weiteres Problem für **privat** Versicherte kann dann auftreten, wenn ein Arbeitnehmer, der wegen der Höhe seines Verdienstes nicht versicherungspflichtig war, durch die Ausübung einer **Teilzeitarbeit** während des Erziehungsurlaubs krankenversicherungspflichtig wird. Damit hier nicht sowohl in die private als auch die gesetzliche Krankenversicherung Beiträge gezahlt werden müssen, kann sich der Arbeitnehmer in diesem konkreten Fall von der **Versicherungspflicht** für die Zeit des Erziehungsurlaubs **befreien** lassen (§ 8 Abs. 1 Nr. 2 SGB V). Ein entsprechender Befreiungsantrag muß gem. § 8 Abs. 2 SGB V innerhalb von **drei Monaten** nach Beginn der Versicherungspflicht bei der zuständigen Krankenkasse gestellt werden, d. h. im Regelfall bei der örtlichen AOK. Derjenige, der eine zulässige Teilzeitarbeit während des Erziehungsurlaubs ausübt und sich von der Versicherungspflicht nach § 8 Abs. 1 Nr. 2 SGB V befreien läßt, hat für die Zeit dieser Beschäftigung einen Anspruch auf den Beitragszuschuß des Arbeitgebers nach § 257 Abs. 2 SGB V.

Anstelle der Befreiung von der gesetzlichen Krankenversicherungspflicht kann derjenige, der wegen Aufnahme einer **Teilzeitbeschäftigung** während des Erziehungsurlaubs krankenversicherungspflichtig wird (oder als Familienangehöriger in eine Versicherung nach § 10 SGB V einbezogen wird), auch den Versicherungsvertrag mit dem **privaten** Versicherungsunternehmen mit Wirkung vom Eintritt der Versicherungspflicht an **kündigen** (§ 5 Abs. 9 SGB V). Auch dadurch wird das Entstehen einer Doppelversicherung vermieden.

2. Pflegeversicherung

In der am 1.1.1995 in Kraft getretenen sozialen **Pflegeversicherung** gelten hinsichtlich des Fortbestehens der Mitgliedschaft während des Bezuges von Erziehungsgeld bzw. der Inanspruchnahme von Erziehungsurlaub (§ 49 Abs. 2 SGB XI, § 192 Abs. 1 Nr. 2 SGB V) sowie der Beitragsfreiheit des Erziehungsgeldes (§ 56 Abs. 3 SGB XI) der gesetzlichen **Krankenversicherung** entsprechende Reglungen.

3. Rentenversicherung

Für die Erziehung der ab dem 1.1.1992 geborenen Kinder werden **drei Jahre** als rentenbegründende und -steigernde Beitragszeit (**Kindererziehungszeit**) angerechnet. Werden **mehrere** Kinder erzogen, verlängert sich die gesamte Kindererziehungszeit um die sich überschneidenden Zeiträume. Durch das Rentenreformgesetz '92 wurden zusätzlich sog. Berücksichtigungszeiten eingeführt. (Näheres siehe Seite 182 ff.)

4. Arbeitslosenversicherung

Zur Möglichkeit, **während** des Erziehungsurlaubs Arbeitslosengeld zu beziehen, siehe Seite 117.

Was den Versicherungsschutz und die Leistungen der Arbeitslosenversicherung **nach dem Erziehungsurlaub** anbelangt, waren die beitragsfreien Zeiten des Bezuges von Erziehungsgeld (und Mutterschaftsgeld) früher beitragspflichtigen Beschäftigungszeiten gleichgestellt und dienten somit der Erfüllung der Anwartschaft auf den Anspruch auf Arbeitslosengeld sowie der Verlängerung der Dauer des Arbeitslosengeldanspruchs.

Seit dem **1.1.1998** zählen insoweit nur noch Zeiten, für die **Beiträge** zur Arbeitslosenversicherung entrichtet werden. Berufsrückkehrer(innen), die mit oder nach Beendigung eines Erziehungsurlaubs arbeitslos werden, sind aber dennoch **regelmäßig in den Arbeitslosenversicherungsschutz einbezogen**. Voraussetzung für den Anspruch auf Arbeitslosengeld ist zwar, daß in einer Rahmenfrist von drei Jahren vor Beginn der Arbeitslosigkeit für mindestens zwölf Monate ein beitragspflichtiges Versicherungsverhältnis (regelmäßig mindestens 15 Wochenstunden bzw. monatlich über 630 DM; im einzelnen siehe Seite 147) bestanden hat. Gem. § 124 Abs. 3 Nr. 2 SGB III »**verlängert**« sich die Rahmenfrist aber um **Zeiten der Betreuung und Erziehung eines Kindes** des Arbeitslosen, das das **dritte Lebensjahr noch nicht vollendet hat**.

Beispiel:
Frau A, die bisher eine sozialversicherungspflichtige Vollzeittätigkeit ausgeübt hat, nimmt für ihre am 17.5.1998 geborene Tochter Erziehungsurlaub bis zur Vollendung des dritten Lebensjahres am

16.5.2001. Da ihr Arbeitgeber Frau A anschließend keine Teilzeitbeschäftigung anbieten kann, kündigt sie zum Ende des Erziehungsurlaubs und meldet sich ab 17.5.2001 arbeitslos. Während des Erziehungsurlaubs hat sie keine beitragspflichtige Teilzeitarbeit geleistet.
Da in der nunmehr auf sechs Jahre verlängerten Rahmenfrist vor Beginn der Arbeitslosigkeit, d. h. in den letzten drei Jahren vor der Geburt ihrer Tochter ein beitragspflichtiges Arbeitsverhältnis von mehr als zwölf Monaten bestand, hat Frau A Anspruch auf Arbeitslosengeld.

Bei der Verlängerung der dreijährigen Rahmenfrist sind auch Betreuungs- und Erziehungszeiten für **mehrere Kinder,** jeweils längstens bis zur Vollendung des dritten Lebensjahres begrenzt, zu berücksichtigen. Zwar muß der Arbeitslose seine Berufsausübung wegen der Betreuung und Erziehung eines Kindes grundsätzlich **unterbrochen** haben (die Fortführung einer Teilzeittätigkeit von weniger als 15 Wochenstunden ist unschädlich). Dies liegt aber auch vor, wenn er mehrere Kinder durchgehend betreut hat, selbst wenn die Zeit wegen der Begrenzung auf die Vollendung des dritten Lebensjahres jedes Kindes nur teilweise bei der Verlängerung der Rahmenfrist zu berücksichtigen ist.

Bei der Berechnung der **Dauer des Arbeitslosengeldanspruchs,** die nach der Dauer der vergangenen beitragspflichtigen Versicherungsverhältnisse gestaffelt ist, werden die Zeiten des Bezuges von Erziehungsgeld (und Mutterschaftsgeld) **nicht** (mehr) berücksichtigt. Eine **Übergangsregelung** stellt aber sicher, daß diese Zeiten, soweit sie **vor dem 1.1.1998** zurückgelegt worden sind, als Zeiten eines beitragspflichtigen Versicherungsverhältnisses gelten und noch zur Begründung eines Anspruchs auf Arbeitslosengeld und zur Verlängerung der Anspruchsdauer beitragen (§ 427 Abs. 3 SGB III).

Grundlage für die Berechnung der **Höhe des Arbeitslosengeldes** ist das Bruttoarbeitsentgelt der **letzten 52 abgerechneten versicherungspflichtigen** Beschäftigungswochen vor Beginn der Arbeitslosigkeit (§ 130 Abs. 1 SGB III). Dies ist bei Eintritt der Arbeitslosigkeit **im Anschluß an den Erziehungsurlaub** regelmäßig das Bruttoarbeitsentgelt, das **vor** der Freistellung für den Erziehungsurlaub bzw. vor Beginn der Mutterschutzfristen verdient wurde. Kann allerdings innerhalb der letzten drei Jahre vor Beginn der Arbeitslosigkeit ein Bemessungszeitraum von mindestens 39 Wochen mit Anspruch auf Arbeitsentgelt nicht festgestellt werden, ist gem. § 133 Abs. 4 SGB III Grundlage für die Berechnung der

Höhe des Arbeitslosengeldes das tarifliche Arbeitsentgelt der Beschäftigung, auf die das Arbeitsamt die Vermittlungsbemühungen für den Arbeitslosen in erster Linie zu erstrecken hat (**fiktive Einstufung**).

Wird während des Erziehungsurlaubs eine zulässige **versicherungspflichtige (beitragspflichtige) Teilzeittätigkeit** (mindestens 15 Wochenstunden bzw. über 630 DM monatlich, maximal 19 Wochenstunden) ausgeübt, ist unter Umständen (ggf. teilweise) das Entgelt dieser Beschäftigung zugrunde zu legen, auch wenn der Arbeitslose sich nach dem Erziehungsurlaub z. B. wieder für eine **Vollzeitstelle** der Arbeitsvermittlung zur Verfügung stellt. Gem. § 131 Abs. 2 SGB III bleiben bei der Ermittlung des 52-wöchigen Bemessungszeitraums aber grundsätzlich **Zeiten außer Betracht,** in denen

- der Arbeitslose **Erziehungsgeld bezogen** oder nur wegen der Berücksichtigung von Einkommen nicht bezogen hat, soweit **wegen der Betreuung und Erziehung eines Kindes das Arbeitsentgelt oder die regelmäßige Wochenarbeitszeit vermindert** war oder
- die regelmäßige **Wochenarbeitszeit aufgrund einer Teilzeitvereinbarung** nicht nur vorübergehend (i. d. R. drei Monate und länger) auf weniger als 80 Prozent der Vollarbeitszeit, mindestens um fünf Stunden wöchentlich, **vermindert** war, wenn der Arbeitslose innerhalb der letzten dreieinhalb Jahre vor Beginn der Arbeitslosigkeit Beschäftigungen mit einer höheren Arbeitszeit während eines sechs Monate umfassenden zusammenhängenden Zeitraums ausgeübt hat.

> **Wichtig:**
> Kann der Arbeitnehmer wegen der Kinderbetreuung **nach Ablauf des Erziehungsurlaubs nur noch in Teilzeit** tätig sein und wird das Arbeitsverhältnis durch seine Kündigung oder einvernehmlich zum Ende des Erziehungsurlaubs gelöst, weil der bisherige Arbeitgeber keine Teilzeitarbeit anbietet, ist die Verhängung einer **Sperrzeit** in der Regel **nicht gerechtfertigt,** da die Betreuung des Kindes als wichtiger Grund für die Beendigung des Arbeitsverhältnisses i. S. d. § 144 Abs. 1 SGB III anzusehen ist. Allerdings muß die Bereitschaft und Möglichkeit bestehen, eine Beschäftigung von **mindestens 15 Wochenstunden** aufzunehmen. Das Arbeitslosengeld berechnet sich gem. § 133 Abs. 2 SGB III dann auch nur nach der **Teilzeit**-Wochenarbeitszeit, für die sich der Arbeitslose zur Verfügung stellt!

14. Kapitel:

Sondervorschriften für den Erziehungsurlaub für Beamte, Richter und Soldaten

Beamte und Richter haben Anspruch auf Erziehungsurlaub nach der Erziehungsurlaubsverordnung des Bundes (siehe Anhang 10) bzw. nach den Erziehungsurlaubsverordnungen der Länder. Darin sind einige Sonderregelungen enthalten, die der Eigenart des öffentlichen Dienstes entsprechen. Dies bezieht sich zum einen auf den Kündigungsschutz sowie auf die Auswirkungen des Erziehungsurlaubs in Zusammenhang mit bestehenden, vor allem besoldungsrechtlichen Rechtsvorschriften. Auch für den Bereich der Krankenversicherung und des Ruhegehalts enthält diese Verordnung Sonderregelungen.

Berufs- und Zeitsoldaten sowie Wehr- und Zivildienstleistende haben ebenfalls Anspruch auf Erziehungsurlaub.

15. Kapitel:

Exkurs: Freistellung zur Betreuung erkrankter Kinder

Nach § 616 Abs. 1 BGB hat ein Arbeitnehmer gegen seinen Arbeitgeber Anspruch auf bezahlte Freistellung von der Arbeit, wenn er unverschuldet für eine verhältnismäßig nicht erhebliche Zeit durch einen in seiner Person liegenden Grund an der Arbeitsleistung verhindert ist. Diese Voraussetzungen sind erfüllt, wenn er nach ärztlichem Zeugnis **ein krankes Kind betreuen muß und die Betreuung durch eine andere Person nicht möglich oder unzumutbar ist** (vgl. BAG vom 26.6.1979 in NJW 1980, 903). Ein Anspruch auf bezahlte Freistellung kann sich auch ergeben, wenn ein Arztbesuch oder eine Heilbehandlung des Kindes eine Begleitung erfordern oder das Kind, ohne erkrankt zu sein, infolge besonderer Umstände lediglich beaufsichtigt werden muß.

Als »verhältnismäßig nicht erheblich« wird dabei von der Rechtsprechung in aller Regel ein Zeitraum **bis zu fünf Arbeitstagen** für die Betreuung eines erkrankten Kindes angesehen. Im Einzelfall ist jedoch auch ein darüber hinausgehender Anspruch denkbar. Nach richtiger Auffassung entsteht der Anspruch bei wiederholten Erkrankungen für jeden Verhinderungsfall erneut, bei einer sog. Fortsetzungserkrankung (gleiches Grundleiden) dagegen nur einmal, es sei denn, daß zwischen beiden Verhinderungen ein längerer Zeitraum liegt, der jedenfalls mit sechs Monaten erreicht ist. Auch für das **Alter** des zu betreuenden Kindes gibt es keine gesetzlich oder von der Rechtsprechung ausdrücklich festgelegte Grenze, wenn auch das Bundesarbeitsgericht bisher nur Fälle von Kindern bis zu acht Jahren zu entscheiden hatte. Sind **beide Eltern in etwa gleichem zeitlichen Umfang berufstätig** (und ist die Pflege nicht ausnahmsweise gerade durch einen bestimmten Elternteil erforderlich), so können sie grundsätzlich frei entscheiden, wer von ihnen die Betreuung des Kindes übernimmt; anderenfalls muß sich i. d. R. der in geringerem zeitlichen Umfang berufstätige Elternteil freistellen lassen (vgl. BAG vom 20.6.1979, AP Nr. 50 zu § 616 BGB).

Der gesetzliche **Vergütungs**anspruch **kann** – im Gegensatz zum Freistellungsanspruch – allerdings durch Tarifvertrag oder Arbeitsvertrag eingeschränkt oder (zumindest durch Tarifvertrag) **ausgeschlossen** werden!

Besteht kein Anspruch (mehr) nach § 616 Abs. 1 BGB (oder nach Tarif- oder Arbeitsvertrag) gegen den Arbeitgeber, so kann ein Anspruch nach § 45 SGB V gegen die **Krankenkasse** gegeben sein. Nach dieser Vorschrift hat ein in der gesetzlichen Krankenversicherung mit Krankengeldberechtigung versicherter Arbeitnehmer Anspruch auf unbezahlte **Freistellung von der Arbeit** (soweit nicht im Einzelfall arbeitsrechtlich Anspruch auf bezahlte Freistellung besteht) gegenüber seinem Arbeitgeber und auf (**Kinder-)Pflegekrankengeld** gegen die Krankenkasse, wenn es nach ärztlichem Zeugnis erforderlich ist, daß er zur Beaufsichtigung, Betreuung oder Pflege seines erkrankten und selbst versicherten (z. B. familienversicherten) Kindes der Arbeit fernbleibt, eine andere im Haushalt lebende Person die Beaufsichtigung etc. nicht übernehmen kann und das Kind das **zwölfte Lebensjahr** noch nicht vollendet hat.

Der Anspruch auf Pflegekrankengeld (und damit der Freistellungsanspruch gegen den Arbeitgeber) besteht für jeden Versicherten gem. § 45 Abs. 2 SGB V in jedem Kalenderjahr und für jedes Kind längstens für **10 Arbeitstage.** Sind **beide Eltern berufstätig** und versichert, können sie also z. B. die Betreuung des erkrankten Kindes auch nacheinander an bis zu 20 Arbeitstagen sichern. Um **Alleinerziehende** nicht zu benachteiligen, beträgt deren Höchstanspruch in jedem Kalenderjahr und für jedes Kind **20 Arbeitstage.** Insgesamt ist der Pflegekrankengeld- und Freistellungsanspruch (d. h. bei mehreren Kindern bzw. Krankheitsfällen) pro Jahr und berufstätigem Elternteil auf 25 Arbeitstage, für Alleinerziehende auf 50 Arbeitstage **begrenzt.**

Grundsätzlich ist der Arbeitgeber vorrangig vor der Krankenkasse zur Entgeltfortzahlung nach § 616 Abs. 1 BGB verpflichtet. Soweit er gezahlt hat, ist dann der Anspruch auf Pflegekrankengeld „verbraucht". Hat der Arbeitgeber z. B. einer alleinerziehenden Mutter bereits für fünf Arbeitstage bezahlte Freistellung gewährt, so steht ihr bei einer längeren Erkrankung des Kindes Freistellung und Pflegekrankengeld nach § 45 SGB V anschließend nur noch bis zu fünfzehn Arbeitstagen zu. Leistet der Arbeitgeber trotz Verpflichtung keine Gehaltsfortzahlung, tritt zunächst die Krankenkasse ein, die dann ihrerseits den Arbeitgeber auf Ersatz ihrer Leistungen in Anspruch nimmt.

Für **Arbeitslose** (Bezieher von Arbeitslosengeld, Arbeitslosenhilfe oder Unterhaltsgeld) enthält § 126 Abs. 2 SGB III eine dem § 45 SGB V entsprechende Regelung über den Weiterbezug der Leistungen bei Pflege eines erkrankten Kindes.

Lebt im Haushalt ein Kind, das das zwölfte Lebensjahr noch nicht vollendet hat oder das behindert und auf Hilfe angewiesen ist, haben Versicherte im übrigen gegen die Krankenkasse Anspruch auf **Haushaltshilfe,** wenn ihnen selbst wegen Krankenhausbehandlung, Kur etc. die Weiterführung des Haushalts nicht möglich ist (§ 38 SGB V). Dies gilt aber nur, soweit nicht eine andere im Haushalt lebende Person den Haushalt weiterführen kann.

16. Kapitel:

Kindergeld/Kinderfreibetrag

Mit dem Jahressteuergesetz 1996, das am 1.1.1996 in Kraft trat, wurde der sog. Familienleistungsausgleich grundlegend geändert und mit dem Steuerentlastungsgesetz 1999 das Kindergeld ab 1.1.1999 erhöht.

Kindergeld (Rechtsgrundlagen: Bundeskindergeldgesetz, §§ 62 ff. Einkommensteuergesetz) bekommen grundsätzlich Eltern, die unbeschränkt einkommensteuerpflichtig sind. Ausländer haben nur Anspruch auf Kindergeld, wenn sie im Besitz einer Aufenthaltsberechtigung oder Arbeitserlaubnis sind. Es wird für die Kinder gezahlt, die in der Bundesrepublik Deutschland wohnen, unabhängig davon, ob es sich um leibliche, adoptierte, Stief-, Pflege- oder in den Haushalt aufgenommene Enkelkinder handelt.

Kindergeld wird ohne Einschränkung für Kinder bis zum **18. Lebensjahr** gezahlt. Bis zur Vollendung des **21. Lebensjahres** besteht der Anspruch, wenn das Kind arbeitslos ist und der Arbeitsvermittlung zur Verfügung steht, bis zum **27. Lebensjahr,** wenn es
- sich in einer Schul- oder Berufsausbildung befindet oder
- eine Berufsausbildung wegen eines fehlenden Ausbildungsplatzes nicht beginnen oder fortsetzen kann oder
- ein freiwilliges soziales bzw. ökologisches Jahr leistet oder
- wegen körperlicher, geistiger oder seelischer Behinderung außerstande ist, sich selbst zu unterhalten.

Das **Einkommen der Eltern** ist für den Kindergeldanspruch **unbeachtlich.** Für die **Kinder** selbst gilt allerdings ab dem 18. Lebensjahr eine **Einkommensgrenze** von 1999 = 13.020 DM pro Jahr.

Kindergeld / Kinderfreibetrag

Die **Höhe des Kindergeldes** beträgt monatlich
- für das erste und zweite Kind jeweils 250 DM
- für das dritte Kind 300 DM
- für jedes weitere Kind 350 DM.

Statt des Kindergeldes kann der steuerliche **Kinderfreibetrag** in Höhe von jährlich 6.912 DM unter Anrechnung des Kindergeldes in Anspruch genommen werden. Dies lohnt sich aber nur für Spitzenverdiener. Für über 90 Prozent der Berechtigten ist das Kindergeld günstiger als die Inanspruchnahme des Kinderfreibetrages. Wenn eine Familie sich mit dem Kinderfreibetrag besser als mit dem Kindergeld stellt, berücksichtigt das Finanzamt das von sich aus bei der Einkommensteuerveranlagung.

Das Kindergeld ist bei der **Familienkasse** des nach dem Wohnsitz zuständigen **Arbeitsamtes** schriftlich zu **beantragen** und wird seit dem 1.1.1999 grundsätzlich auch wieder monatlich von der Familienkasse ausgezahlt. Lediglich an Angehörige des **öffentlichen Dienstes** und Empfänger von Versorgungsbezügen erfolgt die Festsetzung und Auszahlung des Kindergeldes durch den Dienstherrn bzw. Arbeitgeber.

Wenn Sie mehr zum Thema Kindergeld/Kinderfreibetrag wissen möchten, so sei auf den im Bund-Verlag erschienenen Ratgeber von Michael Heinrich/Gerald Witt, Familienförderung – Sozial- und steuerrechtliche Leistungen für Eltern, Frankfurt am Main 1999 verwiesen.

17. Kapitel:

Sonstige Hilfen

1. Mutter–Kind-Stiftung

Frauen mit geringem Einkommen können auf Antrag eine Unterstützung aus Mitteln der Bundesstiftung »**Mutter und Kind**« erhalten, z. B. für den Kauf von Umstandskleidung, einer Babyausstattung, zur Einrichtung eines Kinderzimmers oder für einen erforderlichen Wohnungswechsel. Beratung hinsichtlich Antragsformulierung und Einkommensgrenzen erteilen alle caritativen und sozialen Verbände.

2. Unterhaltsvorschuß

Alle **Alleinerziehenden,** die vom unterhaltspflichtigen anderen Elternteil keinen oder nicht mindestens Unterhalt in Höhe des Regelbedarfs erhalten, haben Anspruch auf **Unterhaltsvorschuß** längstens für 72 Monate bis zum Kindesalter von zwölf Jahren. Zuständig ist das Jugendamt.

3. Sozialhilfe

Bei Notlagen, die nicht aus eigenen Kräften und Mitteln oder durch Hilfe anderer überwunden werden können, wird auf Antrag vom Sozialamt Sozialhilfe gewährt, und zwar entweder als Hilfe zum Lebensunterhalt oder als Hilfe in besonderen Lebenslagen.

Die **Hilfe zum Lebensunterhalt** umfaßt Ernährung, Unterkunft, Kleidung, Heizung etc. Laufende Leistungen werden nach Regelsätzen gewährt, die je nach Bundesland unterschiedlich sind. Zusätzlich zum Re-

gelsatz gibt es für bestimmte Personen sog. **Mehrbedarfszuschläge.** So erhalten z. B.
- werdende Mütter vom Beginn der 13. Schwangerschaftswoche an 20 Prozent des maßgebenden Regelsatzes,
- Alleinstehende, die ein Kind unter 7 Jahren oder mehrere Kinder unter 16 Jahren zu versorgen haben, 40 Prozent und ab dem vierten Kind 60 Prozent des Regelsatzes.

Hilfe in besonderen Lebenslagen kann auch gewährt werden, wenn jemand selbst für seinen Lebensunterhalt sorgen kann, in einer besonderen Situation aber auf zusätzliche Hilfe angewiesen ist. Sie umfaßt u. a.
- ärztliche Vorsorgeuntersuchungen, ärztlich verordnete Erholungskuren, vor allem auch für Kinder und Mütter,
- Hilfe für werdende Mütter und Wöchnerinnen.

4. Wohngeld

Wohngeld erhalten Haushalte mit geringem Einkommen, z. B. als Mietzuschuß für Mieter oder Lastenzuschuß für selbstnutzende Eigentümer. Ob und in welcher Höhe ein Anspruch besteht, hängt vom Familieneinkommen, der Zahl der Familienmitglieder und der Höhe der zuschußfähigen Miete oder Belastung ab. Zuständig sind die Wohngeldstellen der Gemeinde-, Stadt- oder Kreisverwaltung. Detaillierte Ausführungen zum Wohngeld enthält der im Bund-Verlag erschienene Ratgeber von Michael Heinrich/Gerald Witt, Familienförderung – Sozial- und steuerrechtliche Leistungen für Eltern, Frankfurt am Main 1999.

18. Kapitel:
Anerkennung von Erziehungszeiten in der Rentenversicherung

Seit 1986 wurden den Müttern und Vätern der Geburtsjahrgänge 1921 und jünger die Zeiten der Erziehung eines Kindes während des ersten Lebensjahres als Versicherungszeit bei der Rentenberechnung anerkannt. Mit dem Inkrafttreten des **Rentenreformgesetzes 1992,** das die Vorschriften der gesetzlichen Rentenversicherung neufaßte und einheitlich für Arbeiter und Angestellte als Sechstes Buch in das Sozialgesetzbuch (SGB VI) übernahm, wurde die Anrechnung der Kindererziehung mit den rentenrechtlichen Auswirkungen auf das Versicherungsverhältnis und die späteren Leistungsansprüche in vielfältiger Hinsicht verbessert.

Weitere Verbesserungen bei der Bewertung von Kindererziehungszeiten brachte das **Rentenreformgesetz 1999,** das bereits teilweise in Kraft getreten ist, mit Wirkung ab 1.7.1998 (siehe Seite 184).

Für Geburten bis zum 31.12.1991 bleibt es allerdings dabei, daß für jedes Kind eine Kindererziehungszeit von maximal 12 Kalendermonaten angerechnet wird. Das gilt auch bei gleichzeitiger Erziehung mehrerer Kinder.

Bei **Geburten ab dem 1.1.1992** umfaßt die anrechenbare Kindererziehungszeit (vgl. § 56 SGB VI) die ersten **drei Lebensjahre** des Kindes. Sie beginnt nach Ablauf des Monats der Geburt, endet aber erst nach 36 Kalendermonaten. Werden **mehrere Kinder** erzogen, verlängert sich die gesamte Kindererziehungszeit um die sich überschneidenden Zeiträume.

Beispiel 1:
Geburt eines Kindes am 27.4.1998. Die Kindererziehungszeit beginnt am 1.5.1998 und endet am 30.4.2001.

Beispiel 2:
Geburt von Zwillingen am 1.4.1998. Die am 1.5.1998 beginnende Kindererziehungszeit wird um die Kalendermonate der gleichzeitigen Erziehung – also um 36 Monate – verlängert und endet somit erst am 30.4.2004.

Sämtliche Kindererziehungszeiten sind ohne Rücksicht darauf, wann sie zurückgelegt wurden oder werden, Zeiten einer Versicherungspflicht, für die Pflichtbeiträge als gezahlt gelten.
Der **berechtigte Personenkreis** umfaßt die leiblichen Eltern des Kindes und diesen gleichgestellt Adoptions-, Stief- und Pflegeeltern.
Die Erziehungszeit für ein Kind erhält jeweils nur ein Elternteil, entweder die Mutter oder der Vater. Ist das Kind nur von einem Elternteil erzogen worden, steht diesem die Erziehungszeit als **Alleinerzieher** zu. Bei **gemeinsamer** Erziehung – wenn die Eltern mit dem Kind in häuslicher Gemeinschaft leben – wird die Erziehungszeit grundsätzlich bei der Mutter angerechnet. Entspricht das dem Willen der Eltern, ist nichts zu veranlassen. Soll die Erziehungszeit für ein gemeinsam erzogenes Kind dagegen beim Vater berücksichtigt werden, müssen die Eltern hierüber eine übereinstimmende Erklärung abgeben (Rückwirkung maximal zwei Kalendermonate).
Kindererziehungszeiten, die ab dem 1.1.1992 zurückgelegt werden, können **gemeinsam** erziehende Eltern unter sich **aufteilen**. Für die Aufteilung, die sogar mehrfach wechseln kann, spielt es keine Rolle, welcher Elternteil das Kind überwiegend erzogen hat. Die insoweit erforderliche übereinstimmende Erklärung der Eltern gegenüber dem zuständigen Rentenversicherungsträger hat grundsätzlich nur Wirkung für künftige Kalendermonate, eine Erklärung mit Rückwirkung ist allenfalls für bis zu zwei Kalendermonate zurück zulässig. Ohne besondere Erklärung werden die Kindererziehungszeiten automatisch der Mutter zugeordnet.

Beispiel:
Ein am 17.6.1998 geborenes Kind wird von seinen Eltern während der gesamten Kindererziehungszeit (1.7.1998 bis 30.6.2001) gemeinsam erzogen. Die Eltern können die Zeit z. B. wie folgt aufteilen:
Die Mutter erhält die Zeit vom 1.7.1998 bis 31.3.2000, der Vater die restliche Zeit bis zum 30.6.2001. Oder: Der Vater erhält die Zeit vom 1.7.1998 bis 31.7.1999, die Mutter die Zeit vom 1.8.1999 bis 31.10.2000 und der Vater außerdem die weitere Zeit bis zum 30.6.2001. Selbstverständlich kann der Vater auch die gesamte Kindererziehungszeit (ohne Aufteilung) erhalten.

Für die Anrechnung von Kindererziehungszeiten ist es grundsätzlich erforderlich, daß die Eltern ihr Kind im **Inland** erzogen haben. Im Ausland

Erziehungszeiten in der Rentenversicherung

zurückgelegte Zeiten können nur in Ausnahmefällen berücksichtigt werden.

Bestimmten Personen werden **keine** Erziehungszeiten nach den Vorschriften der gesetzlichen Rentenversicherung angerechnet. Ausgenommen sind neben den **vor 1921** geborenen Personen (diese erhalten **Leistungen für Kindererziehung** nach den §§ 294 ff. SGB VI) insbesondere Personenkreise, die – wie etwa **Beamte** – anderen Sicherungssystemen angehören.

Bisher wurden die Kindererziehungszeiten pro Jahr mit 75 Prozent des Durchschnittsverdienstes aller Versicherten bewertet. Durch das Rentenreformgesetz 1999 wird die **Bewertung** für bestehende und neue Renten in drei Stufen
- ab 1.7.1998 auf 85 Prozent
- ab 1.7.1999 auf 90 Prozent
- ab 1.7.2000 auf 100 Prozent

des Durchschnittsentgelts **angehoben**. Eine Anrechnung mit 100 Prozent bedeutet dann z. B. ab 1.7.2000 eine monatliche Rentenerhöhung pro Kind und Erziehungsjahr um ca. 47,50 DM (neue Bundesländer ca. 40,60 DM).

Durch das Rentenreformgesetz 1999 wurden außerdem ab 1.7.1998 Kindererziehungszeiten beim zeitlichen **Zusammentreffen mit anderen Beitragszeiten** bei Neu- und Altrenten bis zur Beitragsbemessungsgrenze zusätzlich berücksichtigt. Dies war vorher nur eingeschränkt möglich.

Von den Kindererziehungszeiten sind die sog. **Berücksichtigungszeiten** wegen Kindererziehung von höchstens zehn Jahren pro Kind (§ 57 SGB VI) zu unterscheiden. Diese werden nur bei Renten angerechnet, die nach den Vorschriften des SGB VI zu berechnen sind, insoweit aber auch für Kinder, die vor 1992 geboren sind.

Berücksichtigungszeiten können sich nicht direkt, sondern nur im Rahmen sonstiger rentenrechtlicher Regelungen auswirken. So können sie u. a. Auswirkungen auf die Wartezeit bei der Rente nach Mindesteinkommen haben, indem sie bei den erforderlichen 35 Jahren mitzählen. Sie sind ebenfalls bedeutsam für die Aufrechterhaltung des Invaliditätsschutzes sowie für die Bewertung von Anrechnungszeiten.

Anhang

1. Mutterschutzgesetz – Gesetz zum Schutze der erwerbstätigen Mutter (MuSchG)

vom 24. Januar 1952, in der Fassung der Bekanntmachung vom 17. Januar 1997 (BGBl. I S. 22, ber. S. 293)

Erster Abschnitt. Allgemeine Vorschriften

§ 1 Geltungsbereich

Dieses Gesetz gilt
1. für Frauen, die in einem Arbeitsverhältnis stehen,
2. für weibliche in Heimarbeit Beschäftigte und ihnen Gleichgestellte (§ 1 Abs. 1 und 2 des Heimarbeitsgesetzes vom 14. März 1951 – Bundesgesetzblatt I S. 191 –), soweit sie am Stück mitarbeiten.

§ 2 Gestaltung des Arbeitsplatzes

(1) Wer eine werdende oder stillende Mutter beschäftigt, hat bei der Einrichtung und der Unterhaltung des Arbeitsplatzes einschließlich der Maschinen, Werkzeuge und Geräte und bei der Regelung der Beschäftigung die erforderlichen Vorkehrungen und Maßnahmen zum Schutze von Leben und Gesundheit der werdenden oder stillenden Mutter zu treffen.

(2) Wer eine werdende oder stillende Mutter mit Arbeiten beschäftigt, bei denen sie ständig stehen oder gehen muß, hat für sie eine Sitzgelegenheit zum kurzen Ausruhen bereitzustellen.

(3) Wer eine werdende oder stillende Mutter mit Arbeiten beschäftigt, bei denen sie ständig sitzen muß, hat ihr Gelegenheit zu kurzen Unterbrechungen ihrer Arbeit zu geben.

(4) Die Bundesregierung wird ermächtigt, durch Rechtsverordnung[1] mit Zustimmung des Bundesrates

---

[1] Vgl. Mutterschutzrichtlinienverordnung (MuSchRiV), abgedruckt in Anhang 2.

1. den Arbeitgeber zu verpflichten, zur Vermeidung von Gesundheitsgefährdungen der werdenden oder stillenden Mütter oder ihrer Kinder Liegeräume für diese Frauen einzurichten und sonstige Maßnahmen zur Durchführung des in Absatz 1 enthaltenen Grundsatzes zu treffen,
2. nähere Einzelheiten zu regeln wegen der Verpflichtung des Arbeitgebers zur Beurteilung einer Gefährdung für die werdenden oder stillenden Mütter, zur Durchführung der notwendigen Schutzmaßnahmen und zur Unterrichtung der betroffenen Arbeitnehmerinnen nach Maßgabe der insoweit umzusetzenden Artikel 4 bis 6 der Richtlinie 92/85/EWG des Rates vom 19. Oktober 1992 über die Durchführung von Maßnahmen zur Verbesserung der Sicherheit und des Gesundheitsschutzes von schwangeren Arbeitnehmerinnen, Wöchnerinnen und stillenden Arbeitnehmerinnen am Arbeitsplatz (ABl. EG Nr. L 348 S. 1).

(5) Unabhängig von den auf Grund des Absatzes 4 erlassenen Vorschriften kann die Aufsichtsbehörde in Einzelfällen anordnen, welche Vorkehrungen und Maßnahmen zur Durchführung des Absatzes 1 zu treffen sind.

Zweiter Abschnitt. Beschäftigungsverbote

§ 3 Beschäftigungsverbote für werdende Mütter

(1) Werdende Mütter dürfen nicht beschäftigt werden, soweit nach ärztlichem Zeugnis Leben oder Gesundheit von Mutter oder Kind bei Fortdauer der Beschäftigung gefährdet ist.

(2) Werdende Mütter dürfen in den letzten sechs Wochen vor der Entbindung nicht beschäftigt werden, es sei denn, daß sie sich zur Arbeitsleistung ausdrücklich bereit erklären; die Erklärung kann jederzeit widerrufen werden.

§ 4 Weitere Beschäftigungsverbote

(1) Werdende Mütter dürfen nicht mit schweren körperlichen Arbeiten und nicht mit Arbeiten beschäftigt werden, bei denen sie schädlichen Einwirkungen von gesundheitsgefährdenden Stoffen oder Strahlen, von Staub, Gasen oder Dämpfen, von Hitze, Kälte oder Nässe, von Erschütterungen oder Lärm ausgesetzt sind.

(2) Werdende Mütter dürfen insbesondere nicht beschäftigt werden
1. mit Arbeiten, bei denen regelmäßig Lasten von mehr als 5 kg Gewicht oder gelegentlich Lasten von mehr als 10 kg Gewicht ohne mechanische Hilfsmittel von Hand gehoben, bewegt oder befördert werden. Sollen größere Lasten mit mechanischen Hilfsmitteln von Hand gehoben, bewegt oder befördert werden, so darf die körperliche Beanspruchung der werdenden Mutter nicht größer sein als bei Arbeiten nach Satz 1,
2. nach Ablauf des fünften Monats der Schwangerschaft mit Arbeiten, bei denen sie ständig stehen müssen, soweit diese Beschäftigung täglich vier Stunden überschreitet,

3. mit Arbeiten, bei denen sie sich häufig erheblich strecken oder beugen oder bei denen sie dauernd hocken oder sich gebückt halten müssen,
4. mit der Bedienung von Geräten und Maschinen aller Art mit hoher Fußbeanspruchung, insbesondere von solchen mit Fußantrieb,
5. mit dem Schälen von Holz,
6. mit Arbeiten, bei denen sie infolge ihrer Schwangerschaft in besonderem Maße der Gefahr, an einer Berufskrankheit zu erkranken, ausgesetzt sind oder bei denen durch das Risiko der Entstehung einer Berufskrankheit eine erhöhte Gefährdung für die werdende Mutter oder eine Gefahr für die Leibesfrucht besteht,
7. nach Ablauf des dritten Monats der Schwangerschaft auf Beförderungsmitteln,
8. mit Arbeiten, bei denen sie erhöhten Unfallgefahren, insbesondere der Gefahr auszugleiten, zu fallen oder abzustürzen, ausgesetzt sind.

(3) Die Beschäftigung von werdenden Müttern mit
1. Akkordarbeit und sonstigen Arbeiten, bei denen durch ein gesteigertes Arbeitstempo ein höheres Entgelt erzielt werden kann,
2. Fließbandarbeit mit vorgeschriebenem Arbeitstempo

ist verboten. Die Aufsichtsbehörde kann Ausnahmen bewilligen, wenn die Art der Arbeit und das Arbeitstempo eine Beeinträchtigung der Gesundheit von Mutter oder Kind nicht befürchten lassen. Die Aufsichtsbehörde kann die Beschäftigung für alle werdenden Mütter eines Betriebes oder einer Betriebsabteilung bewilligen, wenn die Voraussetzungen des Satzes 2 für alle im Betrieb oder in der Betriebsabteilung beschäftigten Frauen gegeben sind.

(4) Die Bundesregierung wird ermächtigt, zur Vermeidung von Gesundheitsgefährdungen der werdenden oder stillenden Mütter und ihrer Kinder durch Rechtsverordnung mit Zustimmung des Bundesrates
1. Arbeiten zu bestimmen, die unter die Beschäftigungsverbote der Absätze 1 und 2 fallen,
2. weitere Beschäftigungsverbote für werdende und stillende Mütter vor und nach der Entbindung zu erlassen.

(5) Die Aufsichtsbehörde kann in Einzelfällen bestimmen, ob eine Arbeit unter die Beschäftigungsverbote der Absätze 1 bis 3 oder einer von der Bundesregierung gemäß Absatz 4 erlassenen Verordnung fällt. Sie kann in Einzelfällen die Beschäftigung mit bestimmten anderen Arbeiten verbieten.

§ 5 Mitteilungspflicht, ärztliches Zeugnis

(1) Werdende Mütter sollen dem Arbeitgeber ihre Schwangerschaft und den mutmaßlichen Tag der Entbindung mitteilen, sobald ihnen ihr Zustand bekannt ist. Auf Verlangen des Arbeitgebers sollen sie das Zeugnis eines Arztes oder einer Hebamme vorlegen. Der Arbeitgeber hat die Aufsichtsbehörde unverzüglich von der Mitteilung der werdenden Mutter zu benachrichtigen. Er darf die Mitteilung der werdenden Mutter Dritten nicht unbefugt bekanntgeben.

(2) Für die Berechnung der in § 3 Abs. 2 bezeichneten Zeiträume vor der Entbindung ist das Zeugnis eines Arztes oder einer Hebamme maßgebend; das Zeugnis soll den mutmaßlichen Tag der Entbindung angeben. Irrt sich der Arzt oder die Hebamme über den Zeitpunkt der Entbindung, so verkürzt oder verlängert sich diese Frist entsprechend.
(3) Die Kosten für die Zeugnisse nach den Absätzen 1 und 2 trägt der Arbeitgeber.

§ 6 Beschäftigungsverbote nach der Entbindung

(1) Wöchnerinnen dürfen bis zum Ablauf von acht Wochen nach der Entbindung nicht beschäftigt werden. Für Mütter nach Früh- und Mehrlingsgeburten verlängert sich diese Frist auf zwölf Wochen, bei Frühgeburten zusätzlich um den Zeitraum, der nach § 3 Abs. 2 nicht in Anspruch genommen werden konnte. Beim Tode ihres Kindes kann die Mutter auf ihr ausdrückliches Verlangen schon vor Ablauf dieser Fristen wieder beschäftigt werden, wenn nach ärztlichem Zeugnis nichts dagegen spricht. Sie kann ihre Erklärung jederzeit widerrufen.
(2) Frauen, die in den ersten Monaten nach der Entbindung nach ärztlichem Zeugnis nicht voll leistungsfähig sind, dürfen nicht zu einer ihre Leistungsfähigkeit übersteigenden Arbeit herangezogen werden.
(3) Stillende Mütter dürfen mit den in § 4 Abs. 1, 2 Nr. 1, 3, 4, 5, 6 und 8 sowie mit den in Abs. 3 Satz 1 genannten Arbeiten nicht beschäftigt werden. Die Vorschriften des § 4 Abs. 3 Satz 2 und 3 sowie Abs. 5 gelten entsprechend.

§ 7 Stillzeit

(1) Stillenden Müttern ist auf ihr Verlangen die zum Stillen erforderliche Zeit, mindestens aber zweimal täglich eine halbe Stunde oder einmal täglich eine Stunde freizugeben. Bei einer zusammenhängenden Arbeitszeit von mehr als acht Stunden soll auf Verlangen zweimal eine Stillzeit von mindestens fünfundvierzig Minuten oder, wenn in der Nähe der Arbeitsstätte keine Stillgelegenheit vorhanden ist, einmal eine Stillzeit von mindestens neunzig Minuten gewährt werden. Die Arbeitszeit gilt als zusammenhängend, soweit sie nicht durch eine Ruhepause von mindestens zwei Stunden unterbrochen wird.
(2) Durch die Gewährung der Stillzeit darf ein Verdienstausfall nicht eintreten. Die Stillzeit darf von stillenden Müttern nicht vor- oder nachgearbeitet und nicht auf die in dem Arbeitszeitgesetz oder in anderen Vorschriften festgesetzten Ruhepausen angerechnet werden.
(3) Die Aufsichtsbehörde kann in Einzelfällen nähere Bestimmungen über Zahl, Lage und Dauer der Stillzeiten treffen; sie kann die Einrichtung von Stillräumen vorschreiben.
(4) Der Auftraggeber oder Zwischenmeister hat den in Heimarbeit Beschäftigten und den ihnen Gleichgestellten für die Stillzeit ein Entgelt von 75 vom Hundert eines durchschnittlichen Stundenverdienstes, mindestens aber 0,75

Deutsche Mark für jeden Werktag zu zahlen. Ist die Frau für mehrere Auftraggeber oder Zwischenmeister tätig, so haben diese das Entgelt für die Stillzeit zu gleichen Teilen zu gewähren. Auf das Entgelt finden die Vorschriften der §§ 23 bis 25 des Heimarbeitsgesetzes vom 14. März 1951 (Bundesgesetzbl. I S. 191) über den Entgeltschutz Anwendung.

§ 8 Mehrarbeit, Nacht- und Sonntagsarbeit

(1) Werdende und stillende Mütter dürfen nicht mit Mehrarbeit, nicht in der Nacht zwischen 20 und 6 Uhr und nicht an Sonn- und Feiertagen beschäftigt werden.

(2) Mehrarbeit im Sinne des Absatzes 1 ist jede Arbeit, die
1. von Frauen unter 18 Jahren über 8 Stunden täglich oder 80 Stunden in der Doppelwoche,
2. von sonstigen Frauen über $8^{1}/_{2}$ Stunden täglich oder 90 Stunden in der Doppelwoche

hinaus geleistet wird. In die Doppelwoche werden die Sonntage eingerechnet.

(3) Abweichend vom Nachtarbeitsverbot des Absatzes 1 dürfen werdende Mütter in den ersten vier Monaten der Schwangerschaft und stillende Mütter beschäftigt werden
1. in Gast- und Schankwirtschaften und im übrigen Beherbergungswesen bis 22 Uhr,
2. in der Landwirtschaft mit dem Melken von Vieh ab 5 Uhr,
3. als Künstlerinnen bei Musikaufführungen, Theatervorstellungen und ähnlichen Aufführungen bis 23 Uhr.

(4) Im Verkehrswesen, in Gast- und Schankwirtschaften und im übrigen Beherbergungswesen, im Familienhaushalt, in Krankenpflege- und in Badeanstalten, bei Musikaufführungen, Theatervorstellungen, anderen Schaustellungen, Darbietungen oder Lustbarkeiten dürfen werdende oder stillende Mütter, abweichend von Absatz 1, an Sonn- und Feiertagen beschäftigt werden, wenn ihnen in jeder Woche einmal eine ununterbrochene Ruhezeit von mindestens 24 Stunden im Anschluß an eine Nachtruhe gewährt wird.

(5) An in Heimarbeit Beschäftigte und ihnen Gleichgestellte, die werdende oder stillende Mütter sind, darf Heimarbeit nur in solchem Umfang und mit solchen Fertigungsfristen ausgegeben werden, daß sie von der werdenden Mutter voraussichtlich während einer achtstündigen Tagesarbeitszeit, von der stillenden Mutter voraussichtlich während einer $7^{1}/_{4}$stündigen Tagesarbeitszeit an Werktagen ausgeführt werden kann. Die Aufsichtsbehörde kann in Einzelfällen nähere Bestimmungen über die Arbeitsmenge treffen; falls ein Heimarbeitsausschuß besteht, hat sie diesen vorher zu hören.

(6) Die Ausichtsbehörde kann in begründeten Einzelfällen Ausnahmen von den vorstehenden Vorschriften zulassen.

---
1 Vgl. Bundeserziehungsgeldgesetz (BErzGG), abgedruckt in Anhang 4.

Anhang 1

Abschnitt 2 a. Mutterschaftsurlaub

§§ 8 a bis 8 d *(aufgehoben)*[1]

Dritter Abschnitt. Kündigung

§ 9 Kündigungsverbot

(1) Die Kündigung gegenüber einer Frau während der Schwangerschaft und bis zum Ablauf von vier Monaten nach der Entbindung ist unzulässig, wenn dem Arbeitgeber zur Zeit der Kündigung die Schwangerschaft oder Entbindung bekannt war oder innerhalb zweier Wochen nach Zugang der Kündigung mitgeteilt wird; das Überschreiten dieser Frist ist unschädlich, wenn es auf einem von der Frau nicht zu vertretenden Grund beruht und die Mitteilung unverzüglich nachgeholt wird. Die Vorschrift des Satzes 1 gilt für Frauen, die den in Heimarbeit Beschäftigten gleichgestellt sind, nur, wenn sich die Gleichstellung auch auf den Neunten Abschnitt - Kündigung – des Heimarbeitsgesetzes vom 14. März 1995 (BGBl. I S. 191) erstreckt.

(2) Kündigt eine schwangere Frau, gilt § 5 Abs. 1 Satz 3 entsprechend.

(3) Die für den Arbeitsschutz zuständige oberste Landesbehörde oder die von ihr bestimmte Stelle kann in besonderen Fällen, die nicht mit dem Zustand einer Frau während der Schwangerschaft oder ihrer Lage bis zum Ablauf von vier Monaten nach der Entbindung in Zusammenhang stehen, ausnahmsweise die Kündigung für zulässig erklären. Die Kündigung bedarf der schriftlichen Form und sie muß den zulässigen Kündigungsgrund angeben.

(4) In Heimarbeit Beschäftigte und ihnen Gleichgestellte dürfen während der Schwangerschaft und bis zum Ablauf von vier Monaten nach der Entbindung nicht gegen ihren Willen bei der Ausgabe von Heimarbeit ausgeschlossen werden; die Vorschriften der §§ 3, 4, 6 und 8 Abs. 5 bleiben unberührt.

§ 10 Erhaltung von Rechten

(1) Eine Frau kann während der Schwangerschaft und während der Schutzfrist nach der Entbindung (§ 6 Abs. 1) das Arbeitsverhältnis ohne Einhaltung einer Frist zum Ende der Schutzfrist nach der Entbindung kündigen.

(2) Wird das Arbeitsverhältnis nach Absatz 1 aufgelöst und wird die Frau innerhalb eines Jahres nach der Entbindung in ihrem bisherigen Betrieb wieder eingestellt, so gilt, soweit Rechte aus dem Arbeitsverhältnis von der Dauer der Betriebs- oder Berufszugehörigkeit oder von der Dauer der Beschäftigungs- oder Dienstzeit abhängen, das Arbeitsverhältnis als nicht unterbrochen. Dies

---

1 Vgl. Bundeserziehungsgeldgesetz (BErzGG), abgedruckt in Anhang 4.

gilt nicht, wenn die Frau in der Zeit von der Auflösung des Arbeitsverhältnisses bis zur Wiedereinstellung bei einem anderen Arbeitgeber beschäftigt war.

Vierter Abschnitt. Leistungen

§ 11 Arbeitsentgelt bei Beschäftigungsverboten

(1) Den unter den Geltungsbereich des § 1 fallenden Frauen ist, soweit sie nicht Mutterschaftsgeld nach den Vorschriften der Reichsversicherungsordnung beziehen können, vom Arbeitgeber mindestens der Durchschnittsverdienst der letzten dreizehn Wochen oder der letzten drei Monate vor Beginn des Monats, in dem die Schwangerschaft eingetreten ist, weiter zu gewähren, wenn sie wegen eines Beschäftigungsverbots nach § 3 Abs. 1, §§ 4, 6 Abs. 2 oder 3 oder wegen des Mehr-, Nacht- oder Sonntagsarbeitsverbots nach § 8 Abs. 1, 3 oder 5 teilweise oder völlig mit der Arbeit aussetzen. Dies gilt auch, wenn wegen dieser Verbote die Beschäftigung oder die Entlohnungsart wechselt. Wird das Arbeitsverhältnis erst nach Eintritt der Schwangerschaft begonnen, so ist der Durchschnittsverdienst aus dem Arbeitsentgelt der ersten dreizehn Wochen oder drei Monate der Beschäftigung zu berechnen. Hat das Arbeitsverhältnis nach Satz 1 oder 3 kürzer gedauert, so ist der kürzere Zeitraum der Berechnung zugrunde zu legen. Zeiten, in denen kein Arbeitsentgelt erzielt wurde, bleiben außer Betracht.

(2) Bei Verdiensterhöhungen nicht nur vorübergehender Natur, die während oder nach Ablauf des Berechnungszeitraums eintreten, ist von dem erhöhten Verdienst auszugeben. Verdienstkürzungen, die im Berechnungszeitraum infolge von Kurzarbeit, Arbeitsausfällen oder unverschuldeter Arbeitsversäumnis eintreten, bleiben für die Berechnung des Durchschnittsverdienstes außer Betracht.

(3) Die Bundesregierung wird ermächtigt, durch Rechtsverordnung mit Zustimmung des Bundesrates Vorschriften über die Berechnung des Durchschnittsverdienstes im Sinne der Absätze 1 und 2 zu erlassen.

§ 12 *(weggefallen)*

§ 13 Mutterschaftsgeld

(1) Frauen, die Mitglied einer Krankenkasse sind, erhalten für die Zeit der Schutzfristen des § 3 Abs. 2 und des § 6 Abs. 1 sowie für den Entbindungstag Mutterschaftsgeld nach den Vorschriften der Reichsversicherungsordnung oder des Gesetzes über die Krankenversicherung der Landwirte über das Mutterschaftsgeld.[1]

---

1 Vgl. §§ 195 ff. RVO, abgedruckt in Anhang 3.

(2) Frauen, die nicht Mitglied einer Krankenkasse sind, erhalten, wenn sie bei Beginn der Schutzfrist nach § 3 Abs. 2 in einem Arbeitsverhältnis stehen oder in Heimarbeit beschäftigt sind oder ihr Arbeitsverhältnis während ihrer Schwangerschaft vom Arbeitgeber zulässig aufgelöst worden ist, für die Zeit der Schutzfristen des § 3 Abs. 2 und des § 6 Abs. 1 sowie für den Entbindungstag Mutterschaftsgeld zu Lasten des Bundes in entsprechender Anwendung der Vorschriften der Reichsversicherungsordnung über das Mutterschaftsgeld, höchstens jedoch insgesamt vierhundert Deutsche Mark. Das Mutterschaftsgeld wird diesen Frauen vom Bundesversicherungsamt gezahlt.

§ 14 Zuschuß zum Mutterschaftsgeld

(1) Frauen, die Anspruch auf Mutterschaftsgeld nach § 200 Abs. 1, 2 Satz 1 bis 4 und Abs. 3 der Reichsversicherungsordnung, § 29 Abs. 1, 2 und 4 des Gesetzes über die Krankenversicherung der Landwirte oder § 13 Abs. 2 haben, erhalten für die Zeit der Schutzfristen des § 3 Abs. 2 und § 6 Abs. 1 sowie für den Entbindungstag von ihrem Arbeitgeber einen Zuschuß in Höhe des Unterschiedsbetrages zwischen 25 Deutsche Mark und dem um die gesetzlichen Abzüge verminderten durchschnittlichen kalendertäglichen Arbeitentgelt. Das durchschnittliche kalendertägliche Arbeitsentgelt ist aus den letzten drei abgerechneten Kalendermonaten, bei wöchentlicher Abrechnung aus den letzten dreizehn abgerechneten Wochen vor Beginnn der Schutzfrist nach § 3 Abs. 2 zu berechnen. Nicht nur vorübergehende Erhöhungen des Arbeitsentgeltes, die während der Schutzfristen des § 3 Abs. 2 und § 6 Abs. 1 wirksam werden, sind ab diesem Zeitpunkt in die Berechnung einzubeziehen. Einmalig gezahltes Arbeitsentgelt (§ 23 a des Vierten Buches Sozialgesetzbuch) sowie Tage, an denen infolge von Kurzarbeit, Arbeitsausfällen oder unverschuldeter Arbeitsversäumnis kein oder ein vermindertes Arbeitsentgelt erzielt wurde, bleiben außer Betracht. Ist danach eine Berechnung nicht möglich, so ist das durchschnittliche kalendertägliche Arbeitsentgelt einer gleichartig Beschäftigten zugrunde zu legen.

(2) Frauen, deren Arbeitsverhältnis während ihrer Schwangerschaft oder während der Schutzfrist des § 6 Abs. 1 vom Arbeitgeber zulässig aufgelöst worden ist, erhalten den Zuschuß nach Absatz 1 zu Lasten des Bundes von der für die Zahlung des Mutterschaftsgeldes zuständigen Stelle.

(3) Kann der Arbeitgeber seine Verpflichtung zur Zahlung des Zuschusses nach Absatz 1 für die Zeit nach Eröffnung des Insolvenzverfahrens oder nach rechtskräftiger Abweisung des Antrags auf Eröffnung des Insolvenzverfahrens mangels Masse bis zur zulässigen Auflösung des Arbeitsverhältnisses wegen Zahlungsunfähigkeit nicht erfüllen, erhalten die Frauen den Zuschuß zu Lasten des Bundes von der für die Zahlung des Mutterschaftsgeldes zuständigen Stelle.

(4) Der Zuschuß nach den Absätzen 1 bis 3 entfällt für die Zeit, in der Frauen den Erziehungsurlaub nach dem Bundeserziehungsgeldgesetz in Anspruch nehmen oder in Anspruch genommen hätten, wenn deren Arbeitsverhältnis

nicht während ihrer Schwangerschaft oder während der Schutzfrist des § 6 Abs. 1 vom Arbeitgeber zulässig aufgelöst worden wäre. Dies gilt nicht, soweit sie eine zulässige Teilzeitarbeit leisten.

§ 15 Sonstige Leistungen bei Schwangerschaft und Mutterschaft

Frauen, die in der gesetzlichen Krankenversicherung versichert sind, erhalten auch die folgenden Leistungen bei Schwangerschaft und Mutterschaft nach den Vorschriften der Reichsversicherungsordnung oder des Gesetzes über die Krankenversicherung der Landwirte:
1. ärztliche Betreuung und Hebammenhilfe,
2. Versorgung mit Arznei-, Verband- und Heilmitteln,
3. stationäre Entbindung,
4. häusliche Pflege,
5. Haushaltshilfe,
6. Entbindungsgeld.

§ 16 Freizeit für Untersuchungen

Der Arbeitgeber hat der Frau die Freizeit zu gewähren, die zur Durchführung der Untersuchungen im Rahmen der Leistungen der gesetzlichen Krankenversicherung bei Schwangerschaft und Mutterschaft erforderlich ist. Entsprechendes gilt zugunsten der Frau, die nicht in der gesetzlichen Krankenversicherung versichert ist. Ein Entgeltausfall darf hierdurch nicht eintreten.

§ 17 *(weggefallen)*

Fünfter Abschnitt. Durchführung des Gesetzes

§ 18 Auslage des Gesetzes

(1) In Betrieben und Verwaltungen, in denen regelmäßig mehr als drei Frauen beschäftigt werden, ist ein Abdruck des Gesetzes an geeigneter Stelle zur Einsicht auszulegen oder auszuhängen.

(2) Wer Heimarbeit ausgibt oder abnimmt, hat in den Räumen der Ausgabe und Abnahme einen Abdruck dieses Gesetzes an geeigneter Stelle zur Einsicht auszulegen oder auszuhängen.

§ 19 Auskunft

(1) Der Arbeitgeber ist verpflichtet, der Aufsichtsbehörde auf Verlangen
1. die zur Erfüllung der Aufgaben dieser Behörde erforderlichen Angaben wahrheitsgemäß und vollständig zu machen,
2. die Unterlagen, aus denen Namen, Beschäftigungsart und -zeiten der werdenden und stillenden Mütter sowie Lohn- und Gehaltszahlungen ersichtlich

sind, und alle sonstigen Unterlagen, die sich auf die zu Nummer 1 zu machenden Angaben beziehen, zur Einsicht vorzulegen oder einzusenden.
(2) Die Unterlagen sind mindestens bis zum Ablauf von zwei Jahren nach der letzten Eintragung aufzubewahren.

§ 20 Aufsichtsbehörden
(1) Die Aufsicht über die Ausführung der Vorschriften dieses Gesetzes und der auf Grund dieses Gesetzes erlassenen Vorschriften obliegt den nach Landesrecht zuständigen Behörden (Aufsichtsbehörden).
(2) Die Aufsichtsbehörden haben dieselben Befugnisse und Obliegenheiten wie nach § 139 b der Gewerbeordnung die dort genannten besonderen Beamten. Das Grundrecht der Unverletzlichkeit der Wohnung (Artikel 13 des Grundgesetzes) wird insoweit eingeschränkt.

Sechster Abschnitt. Straftaten und Ordnungswidrigkeiten

§ 21 Straftaten und Ordnungswidrigkeiten
(1) Ordnungswidrig handelt der Arbeitgeber, der vorsätzlich oder fahrlässig
1. den Vorschriften der §§ 3, 4 Abs. 1 bis 3 Satz 1 oder § 6 Abs. 1 bis 3 Satz 1 über die Beschäftigungsverbote vor und nach der Entbindung,
2. den Vorschriften des § 7 Abs. 1 Satz 1 oder Abs. 2 Satz 2 über die Stillzeit,
3. den Vorschriften des § 8 Abs. 1 oder 3 bis 5 Satz 1 über Mehr-, Nacht- oder Sonntagsarbeit,
4. den auf Grund des § 4 Abs. 4 erlassenen Vorschriften, soweit sie für einen bestimmten Tatbestand auf diese Bußgeldvorschrift verweisen,
5. einer vollziehbaren Verfügung der Aufsichtsbehörde nach § 2 Abs. 5, § 4 Abs. 5, § 6 Abs. 3 Satz 2, § 7 Abs. 3 und § 8 Abs. 5 Satz 2 Halbsatz 1,
6. den Vorschriften des § 5 Abs.1 Satz 3 über die Benachrichtigung,
7. der Vorschrift des § 16 Satz 1, auch in Verbindung mit Satz 2, über die Freizeit für Untersuchungen oder
8. den Vorschriften des § 18 über die Auslage des Gesetzes oder des § 19 über die Einsicht, Aufbewahrung und Vorlage der Unterlagen und über die Auskunft
zuwiderhandelt.
(2) Die Ordnungswidrigkeit nach Absatz 1 Nr. 1 bis 5 kann mit einer Geldbuße bis zu dreißigtausend Deutsche Mark, die Ordnungswidrigkeit nach Absatz 1 Nr. 6 bis 8 mit einer Geldbuße bis zu fünftausend Deutsche Mark geahndet werden.
(3) Wer vorsätzlich eine der in Absatz 1 Nr. 1 bis 5 bezeichneten Handlungen begeht und dadurch die Frau in ihrer Arbeitskraft oder Gesundheit gefährdet, wird mit Freiheitsstrafe bis zu einem Jahr oder mit Geldstrafe bestraft.

(4) Wer in den Fällen des Absatzes 3 die Gefahr fahrlässig verursacht, wird mit Freiheitsstrafe bis zu sechs Monaten oder mit Geldstrafe bis zu einhundertachtzig Tagessätzen bestraft.

§§ 22 und 23 *(weggefallen)*

Siebenter Abschnitt. Schlußvorschriften

§ 24 **In Heimarbeit Beschäftigte**

Für die in Heimarbeit Beschäftigten und die ihnen Gleichgestellten gelten
1. die §§ 3, 4 und 6 mit der Maßgabe, daß an die Stelle der Beschäftigungsverbote das Verbot der Ausgabe von Heimarbeit tritt,
2. § 2 Abs. 4, § 5 Abs. 1 und 3, § 9 Abs. 1, § 11 Abs. 1, § 13 Abs. 2, die §§ 14, 16, 19 Abs. 1 und § 21 Abs. 1 mit der Maßgabe, daß an die Stelle des Arbeitgebers der Auftraggeber oder Zwischenmeister tritt.

§ 25 *(weggefallen)*

Anhang 2

2. Verordnung zum Schutze der Mütter am Arbeitsplatz (Mutterschutzrichtlinienverordnung – MuSchRiV)

vom 15. April 1997 (BGBl. I S. 782)

§ 1 Beurteilung der Arbeitsbedingungen
(1) Der Arbeitgeber muß rechtzeitig für jede Tätigkeit, bei der werdende oder stillende Mütter durch die chemischen Gefahrstoffe, biologischen Arbeitsstoffe, physikalischen Schadfaktoren, die Verfahren oder Arbeitsbedingungen nach Anlage 1 dieser Verordnung gefährdet werden können, Art, Ausmaß und Dauer der Gefährdung beurteilen. Die Pflichten nach dem Arbeitsschutzgesetz bleiben unberührt.
(2) Zweck der Beurteilung ist es,
1. alle Gefahren für die Sicherheit und Gesundheit sowie alle Auswirkungen auf Schwangerschaft oder Stillzeit der betroffenen Arbeitnehmerinnen abzuschätzen und
2. die zu ergreifenden Schutzmaßnahmen zu bestimmen.
(3) Der Arbeitgeber kann zuverlässige und fachkundige Personen schriftlich damit beauftragen, ihm obliegende Aufgaben nach dieser Verordnung in eigener Verantwortung wahrzunehmen.

§ 2 Unterrichtung
Der Arbeitgeber ist verpflichtet, werdende oder stillende Mütter sowie die übrigen bei ihm beschäftigten Arbeitnehmerinnen und, wenn ein Betriebs- oder Personalrat vorhanden ist, diesen über die Ergebnisse der Beurteilung nach § 1 und über die zu ergreifenden Maßnahmen für Sicherheit und Gesundheitsschutz am Arbeitsplatz zu unterrichten, sobald das möglich ist. Eine formlose Unterrichtung reicht aus. Die Pflichten nach dem Arbeitsschutzgesetz sowie weitergehende Pflichten nach dem Betriebsverfassungs- und den Personalvertretungsgesetzen bleiben unberührt.

§ 3 Weitere Folgerungen aus der Beurteilung
(1) Ergibt die Beurteilung nach § 1, daß die Sicherheit oder Gesundheit der betroffenen Arbeitnehmerinnen gefährdet ist und daß Auswirkungen auf Schwangerschaft oder Stillzeit möglich sind, so trifft der Arbeitgeber die erforderlichen Maßnahmen, damit durch eine einstweilige Umgestaltung der Arbeitsbedingungen und gegebenenfalls der Arbeitszeiten für werdende oder stillende Mütter ausgeschlossen wird, daß sie dieser Gefährdung ausgesetzt sind.
(2) Ist die Umgestaltung der Arbeitsbedingungen oder gegebenenfalls der Arbeitszeiten unter Berücksichtigung des Standes von Technik, Arbeitsmedizin

Verordnung zum Schutze der Mütter am Arbeitsplatz (MuSchRiV)

und Hygiene sowie sonstiger gesicherter arbeitswissenschaftlicher Erkenntnisse nicht möglich oder wegen des nachweislich unverhältnismäßigen Aufwandes nicht zumutbar, so trifft der Arbeitgeber die erforderlichen Maßnahmen für einen Arbeitsplatzwechsel der betroffenen Arbeitnehmerinnen.

(3) Ist der Arbeitsplatzwechsel nicht möglich oder nicht zumutbar, dürfen werdende oder stillende Mütter so lange nicht beschäftigt werden, wie dies zum Schutze ihrer Sicherheit und Gesundheit erforderlich ist.

§ 4 Verbot der Beschäftigung

(1) Werdende oder stillende Mütter dürfen nicht mit Arbeiten beschäftigt werden, bei denen die Beurteilung ergeben hat, daß die Sicherheit oder Gesundheit von Mutter oder Kind durch die chemischen Gefahrstoffe, biologischen Arbeitstoffe, physikalischen Schadfaktoren oder die Arbeitsbedingungen nach Anlage 2 dieser Verordnung gefährdet wird. Andere Beschäftigungsverbote aus Gründen des Mutterschutzes bleiben unberührt.

(2) § 3 gilt entsprechend, wenn eine Arbeitnehmerin, die eine Tätigkeit nach Absatz 1 ausübt, schwanger wird oder stillt und ihren Arbeitgeber davon unterrichtet.

§ 5 Besondere Beschäftigungsbeschränkungen

(1) Nicht beschäftigt werden dürfen
1. werdende oder stillende Mütter mit sehr giftigen, gesundheitsschädlichen oder in sonstiger Weise den Menschen chronisch schädigenden Gefahrstoffen, wenn der Grenzwert überschritten wird;
2. werdende oder stillende Mütter mit Stoffen, Zubereitungen oder Erzeugnissen, die ihrer Art nach erfahrungsgemäß Krankheitserreger übertragen können, wenn sie den Krankheitserregern ausgesetzt sind;
3. werdende Mütter mit krebserzeugenden, fruchtschädigenden oder erbgutverändernden Gefahrstoffen;
4. stillende Mütter mit Gefahrstoffen nach Nummer 3, wenn der Grenzwert überschritten wird;
5. gebärfähige Arbeitnehmerinnen beim Umgang mit Gefahrstoffen, die Blei oder Quecksilberalkyle enthalten, wenn der Grenzwert überschritten wird;
6. werdende oder stillende Mütter in Druckluft (Luft mit einem Überdruck von mehr als 0,1 bar).

In Nummer 2 bleibt § 4 Abs. 2 Nr. 6 des Mutterschutzgesetzes unberührt. Nummer 3 gilt nicht, wenn die werdenden Mütter bei bestimmungsgemäßem Umgang den Gefahrstoffen nicht ausgesetzt sind.

(2) Für Abs. 1 Satz 1 Nr. 1 bis 5 gelten die Vorschriften der Gefahrstoffverordnung entsprechend.

§ 6 Straftaten und Ordnungswidrigkeiten

(1) Ordnungswidrig im Sinne des § 25 Abs. 1 Nr. 1 des Arbeitsschutzgesetzes handelt, wer vorsätzlich oder fahrlässig entgegen § 2 eine werdende oder stillende Mutter nicht, nicht richtig oder nicht vollständig unterrichtet.

(2) Ordnungswidrig im Sinne des § 21 Abs. 1 Nr. 4 des Mutterschutzgesetzes handelt, wer vorsätzlich oder fahrlässig entgegen § 3 Abs. 2 oder § 5 Abs. 1 Satz 1 Nr. 1, 2, 3, 4 oder 6 eine werdende oder stillende Mutter beschäftigt.

(3) Ordnungswidrig im Sinne des § 26 Abs. 1 Nr. 8 Buchstabe b des Chemikaliengesetzes handelt, wer vorsätzlich oder fahrlässig entgegen § 5 Abs. 1 Satz 1 Nr. 5 eine gebärfähige Arbeitnehmerin beschäftigt.

(4) Wer vorsätzlich oder fahrlässig durch eine in Absatz 2 bezeichnete vorsätzliche Handlung eine Frau in ihrer Arbeitskraft oder Gesundheit gefährdet, ist nach § 21 Abs. 3, 4 des Mutterschutzgesetzes strafbar.

(5) Wer vorsätzlich oder fahrlässig durch eine in Absatz 3 bezeichnete Handlung das Leben oder die Gesundheit einer Frau gefährdet, ist nach § 27 Abs. 2 bis 4 des Chemikaliengesetzes strafbar.

Anlage 1
(zu Artikel 1 § 1 Abs. 1)

Nicht erschöpfende Liste der chemischen Gefahrstoffe und biologischen Arbeitsstoffe, der physikalischen Schadfaktoren sowie der Verfahren und Arbeitsbedingungen nach § 1 Abs. 1

A. Gefahr- und Arbeitsstoffe (Agenzien) und Schadfaktoren

1. Chemische Gefahrstoffe
   Folgende chemische Gefahrstoffe, soweit bekannt ist, daß sie die Gesundheit der schwangeren Arbeitnehmerin und des ungeborenen Kindes gefährden und soweit sie noch nicht in Anlage 2 dieser Verordnung aufgenommen sind:
   a) nach der Richtlinie 67/548/EWG beziehungsweise nach § 4a der Gefahrstoffverordnung als R 40, R 45, R 46 und R 61 gekennzeichnete Stoffe, sofern sie noch nicht in Anlage 2 aufgenommen sind,
   b) die in Anhang I der Richtlinie 90/394/EWG aufgeführten chemischen Gefahrstoffe,
   c) Quecksilber und Quecksilberderivate,
   d) Mitosehemmstoffe,
   e) Kohlenmonoxid,
   f) gefährliche chemische Gefahrstoffe, die nachweislich in die Haut eindringen
2. Biologische Arbeitsstoffe
   Biologische Arbeitsstoffe der Risikogruppen 2 bis 4 im Sinne des Artikels 2 Buchstabe d der Richtlinie 90/679/EWG1), soweit bekannt ist, daß diese Ar-

beitsstoffe oder die durch sie bedingten therapeutischen Maßnahmen die Gesundheit der schwangeren Arbeitnehmerin und des ungeborenen Kindes gefährden und soweit sie noch nicht in Anlage 2 dieser Verordnung aufgenommen sind

3. Physikalische Schadfaktoren, die zu Schädigungen des Fötus führen und/oder eine Lösung der Plazenta verursachen können, insbesondere
   a) Stöße, Erschütterungen oder Bewegungen,
   b) Bewegen schwerer Lasten von Hand, gefahrenträchtig insbesondere für die Rücken- und Lendenwirbelbereiche,
   c) Lärm,
   d) ionisierende Strahlungen,
   e) nicht ionisierende Strahlungen,
   f) extreme Kälte und Hitze,
   g) Bewegungen und Körperhaltungen, sowohl innerhalb als auch außerhalb des Betriebes, geistige und körperliche Ermüdung und sonstige körperliche Belastungen, die mit der Tätigkeit der werdenden oder stillenden Mutter verbunden sind

B. Verfahren
Die in Anhang I der Richtlinie 90/394/EWG aufgeführten industriellen Verfahren

C. Arbeitsbedingungen
Tätigkeiten im Bergbau unter Tage

Anlage 2
(zu Artikel 1 § 4 Abs. 1)

Nicht erschöpfende Liste der chemischen Gefahrstoffe und biologischen Arbeitsstoffe, der physikalischen Schadfaktoren und der Arbeitsbedingungen nach § 4 Abs. 1

A. Werdende Mütter
1. Gefahr- und Arbeitsstoffe (Agenzien) und Schadfaktoren
   a) Chemische Gefahrstoffe
      Blei und Bleiderivate, soweit die Gefahr besteht, daß diese Gefahrstoffe vom menschlichen Organismus absorbiert werden. Die Bekanntmachungen des Bundesministeriums für Arbeit und Sozialordnung nach § 52 Abs. 3 der Gefahrstoffverordnung sind zu beachten.
   b) Biologische Arbeitsstoffe
      Toxoplasma,
      Rötelnvirus,

Anhang 2

außer in Fällen, in denen nachgewiesen wird, daß die Arbeitnehmerin durch Immunisierung gegen diese Arbeitsstoffe geschützt ist
c) Physikalische Schadfaktoren
Arbeit bei Überdruck, zum Beispiel in Druckkammern, beim Tauchen
2. Arbeitsbedingungen
Tätigkeiten im Bergbau unter Tage

B. Stillende Mütter

1. Gefahrstoffe (Agenzien) und Schadfaktoren
   a) Chemische Gefahrstoffe
   Blei und Bleiderivate, soweit die Gefahr besteht, daß diese Gefahrstoffe vom menschlichen Körper absorbiert werden
   b) Physikalische Schadfaktoren
   Arbeit bei Überdruck, zum Beispiel in Druckkammern, beim Tauchen
2. Arbeitsbedingungen
   Tätigkeiten im Bergbau unter Tage

3. Reichsversicherungsordnung (RVO)

vom 19. Juli 1911 (RGBl. S. 509), zuletzt geändert durch Gesetz vom 19. Dezember 1998 (BGBl. I S. 3853)

– Auszug –

§ 179 Leistungen bei Schwangerschaft und Mutterschaft, sonstige Hilfen
Gegenstand der Versicherung sind die in diesem Buche vorgeschriebenen Leistungen der Krankenkassen an
1., 2. *(aufgehoben)*
3. Leistungen bei Schwangerschaft und Mutterschaft,
4. *(aufgehoben)*
5., 6. *(aufgehoben)*

§ 195 Leistungen bei Schwangerschaft und Mutterschaft
(1) Die Leistungen bei Schwangerschaft und Mutterschaft umfassen
1. ärztliche Betreuung und Hebammenhilfe,
2. Versorgung mit Arznei-, Verband- und Heilmitteln,
3. stationäre Entbindung,
4. häusliche Pflege,
5. Haushaltshilfe,
6. Mutterschaftsgeld, Entbindungsgeld.
(2) Für die Leistungen nach Absatz 1 gelten die für die Leistungen nach dem Fünften Buch Sozialgesetzbuch geltenden Vorschriften entsprechend, soweit nichts Abweichendes bestimmt ist. § 16 Abs. 1 des Fünften Buches Sozialgesetzbuch gilt nicht für den Anspruch auf Mutterschaftsgeld und Entbindungsgeld. Bei Anwendung des § 65 Abs. 2 des Fünften Buches Sozialgesetzbuch bleiben die Leistungen nach Absatz 1 unberücksichtigt.

§ 196 Ärztliche Betreuung, Hebammenhilfe, Versorgung mit Arznei-, Verband- und Heilmitteln
(1) Die Versicherte hat während der Schwangerschaft, bei und nach der Entbindung Anspruch auf ärztliche Betreuung einschließlich der Untersuchungen zur Feststellung der Schwangerschaft und zur Schwangerenvorsorge sowie auf Hebammenhilfe. Die ärztliche Betreuung umfaßt auch die Beratung der Schwangeren zur Bedeutung der Mundgesundheit für Mutter und Kind einschließlich des Zusammenhangs zwischen Ernährung und Krankheitsrisiko sowie die Einschätzung oder Bestimmung des Übertragungsrisikos von Karies.
(2) Bei Schwangerschaftsbeschwerden und im Zusammenhang mit der Entbindung gelten die §§ 31 Abs. 3, 32 Abs. 2 und 33 Abs. 2 des Fünften Buches Sozialgesetzbuches nicht.

Anhang 3

§ 197 Stationäre Entbindung

Wird die Versicherte zur Entbindung in ein Krankenhaus oder eine andere Einrichtung aufgenommen, hat sie für sich und das Neugeborene auch Anspruch auf Unterkunft, Pflege und Verpflegung, für die Zeit nach der Entbindung jedoch längstens für sechs Tage. Für diese Zeit besteht kein Anspruch auf Krankenhausbehandlung. § 39 Abs. 2 des Fünften Buches Sozialgesetzbuch gilt entsprechend.

§ 198 Häusliche Pflege

Die Versicherte hat Anspruch auf häusliche Pflege, soweit diese wegen Schwangerschaft oder Entbindung erforderlich ist. § 37 Abs. 3 und 4 des Fünften Buches Sozialgesetzbuch gilt entsprechend.

§ 199 Haushaltshilfe

Die Versicherte erhält Haushaltshilfe, soweit ihr wegen Schwangerschaft oder Entbindung die Weiterführung des Haushalts nicht möglich ist und eine andere im Haushalt lebende Person den Haushalt nicht weiterführen kann. § 38 Abs. 4 des Fünften Buches Sozialgesetzbuch gilt entsprechend.

§ 200 Mutterschaftsgeld

(1) Weibliche Mitglieder, die bei Arbeitsunfähigkeit Anspruch auf Krankengeld haben oder denen wegen der Schutzfristen nach § 3 Abs. 2 und § 6 Abs. 1 des Mutterschutzgesetzes kein Arbeitsentgelt gezahlt wird, erhalten Mutterschaftsgeld, wenn sie vom Beginn des zehnten bis zum Ende des vierten Monats vor der Entbindung mindestens zwölf Wochen Mitglieder waren oder in einem Arbeitsverhältnis standen.

(2) Für Mitglieder, die bei Beginn der Schutzfrist nach § 3 Abs. 2 des Mutterschutzgesetzes in einem Arbeitsverhältnis stehen oder in Heimarbeit beschäftigt sind oder deren Arbeitsverhältnis während ihrer Schwangerschaft vom Arbeitgeber zulässig aufgelöst worden ist, wird als Mutterschaftsgeld das um die gesetzlichen Abzüge verminderte durchschnittliche kalendertägliche Arbeitsentgelt der letzten drei abgerechneten Kalendermonate vor Beginn der Schutzfrist nach § 3 Abs. 2 des Mutterschutzgesetzes gezahlt. Es beträgt höchstens 25 Deutsche Mark für den Kalendertag. Einmalig gezahltes Arbeitentgelt (§ 23 a des Vierten Buches Sozialgesetzbuch) sowie Tage, an denen infolge von Kurzarbeit, Arbeitsausfällen oder unverschuldeter Arbeitsversäumnis kein oder ein vermindertes Arbeitsentgelt erzielt wurde, bleiben außer Betracht. Ist danach eine Berechnung nicht möglich, ist das durchschnittliche kalendertägliche Arbeitsentgelt einer gleichartig Beschäftigten zugrunde zu legen. Übersteigt das Arbeitsentgelt 25 Deutsche Mark kalendertäglich, wird der übersteigende Betrag vom Arbeitgeber oder vom Bund nach den Vorschriften des Mutterschutzgesetzes gezahlt. Für andere Mitglieder wird das Mutterschaftsgeld in Höhe des Krankengeldes gezahlt.

(3) Das Mutterschaftsgeld wird für die letzten sechs Wochen vor der Entbindung, den Entbindungstag und für die ersten acht Wochen, bei Mehrlings- und Frühgeburten für die ersten zwölf Wochen nach der Entbindung gezahlt. Bei Frühgeburten verlängert sich die Bezugsdauer um den Zeitraum, der nach § 3 Abs. 2 des Mutterschutzgesetzes nicht in Anspruch genommen werden konnte. Für die Zahlung des Mutterschaftsgeldes vor der Entbindung ist das Zeugnis eines Arztes oder einer Hebamme maßgebend, in dem der mutmaßliche Tag der Entbindung angegeben ist. Das Zeugnis darf nicht früher als eine Woche vor Beginn der Schutzfrist nach § 3 Abs. 2 des Mutterschutzgesetzes ausgestellt sein. Irrt sich der Arzt oder die Hebamme über den Zeitpunkt der Entbindung, verlängert sich die Bezugsdauer entsprechend.

(4) Der Anspruch auf Mutterschaftsgeld ruht, soweit und solange das Mitglied beitragspflichtiges Arbeitsentgelt oder Arbeitseinkommen erhält. Dies gilt nicht für einmalig gezahltes Arbeitsentgelt.

§ 200 a *(aufgehoben)*

§ 200 b **Entbindungsgeld**

Versicherte, die keinen Anspruch auf Mutterschaftsgeld nach § 200 haben, erhalten nach der Entbindung ein Entbindungsgeld von 150 Deutsche Mark.

Anhang 4

4. Bundeserziehungsgeldgesetz – Gesetz über die Gewährung von Erziehungsgeld und Erziehungsurlaub (BErzGG)

vom 6. Dezember 1985 (BGBl. I S. 2154), zuletzt geändert durch Verordnung vom 21. September 1997 (BGBl. I S. 2390)

Erster Abschnitt. Erziehungsgeld

§ 1 Berechtigte

(1) Anspruch auf Erziehungsgeld hat, wer
1. einen Wohnsitz oder seinen gewöhnlichen Aufenthalt im Geltungsbereich dieses Gesetzes hat,
2. mit einem Kind, für das ihm die Personensorge zusteht, in einem Haushalt lebt,
3. dieses Kind selbst betreut und erzieht und
4. keine oder keine volle Erwerbstätigkeit ausübt.

(1a) Für den Anspruch eines Ausländers ist Voraussetzung, daß er im Besitz einer Aufenthaltsberechtigung oder Aufenthaltserlaubnis ist. Auch bei Besitz einer Aufenthaltserlaubnis haben ein Arbeitnehmer, der von seinem im Ausland ansässigen Arbeitgeber zur vorübergehenden Dienstleistung nach Deutschland entsandt ist, und sein Ehepartner keinen Anspruch auf Erziehungsgeld.

(2) Anspruch auf Erziehungsgeld hat auch, wer, ohne eine der Voraussetzungen des Absatzes 1 Nr. 1 zu erfüllen,
1. von seinem im Geltungsbereich dieses Gesetzes ansässigen Arbeitgeber oder Dienstherrn zur vorübergehenden Dienstleistung in ein Gebiet außerhalb dieses Geltungsbereiches entsandt, abgeordnet, versetzt oder kommandiert ist,
2. *(weggefallen)*
3. Versorgungsbezüge nach beamten- oder soldatenrechtlichen Vorschriften oder Grundsätzen oder eine Versorgungsrente von einer Zusatzversorgungsanstalt für Arbeitnehmer des öffentlichen Dienstes erhält oder
4. Entwicklungshelfer im Sinne des § 1 des Entwicklungshelfer-Gesetzes ist.
Dies gilt auch für den Ehegatten einer hiernach berechtigten Person, wenn die Ehegatten in einem Haushalt leben.

(3) Einem in Absatz 1 Nr. 2 genannten Kind steht gleich
1. ein Kind, das mit dem Ziel der Annahme als Kind in die Obhut des Annehmenden aufgenommen ist,
2. ein Kind des Ehepartners, das der Antragsteller in seinen Haushalt aufgenommen hat,
3. ein nach dem 31. Dezember 1991 geborenes leibliches Kind des nicht sorgeberechtigten Antragstellers, mit dem dieser in einem Haushalt lebt.

Bundeserziehungsgeldgesetz (BErzGG)

(4) Anspruch auf Erziehungsgeld hat auch, wer als
1. Angehöriger eines Mitgliedstaates der Europäischen Gemeinschaften oder
2. Grenzgänger aus an die Bundesrepublik Deutschland unmittelbar angrenzenden Staaten, die nicht Mitglied der Europäischen Gemeinschaft sind,

ein Arbeitsverhältnis im Geltungsbereich dieses Gesetzes hat, bei dem die wöchentliche Arbeitszeit die Grenze für geringfügige Beschäftigungen gemäß § 8 des Vierten Buches Sozialgesetzbuch übersteigt, und die Voraussetzungen des Absatzes 1 Nr. 2 bis 4 erfüllt.

(5) Der Anspruch auf Erziehungsgeld bleibt unberührt, wenn der Antragsteller aus einem wichtigen Grund die Betreuung und Erziehung des Kindes nicht sofort aufnehmen kann oder sie unterbrechen muß.

(6) Anspruch auf Erziehungsgeld für nach dem 30. Juni 1990 geborene Kinder hat unter den Voraussetzungen des Absatzes 1 auch der Ehegatte eines Mitglieds der Truppe oder des zivilen Gefolges eines NATO-Mitgliedstaates, der
1. Deutscher im Sinne des Artikels 116 des Grundgesetzes ist oder die Staatsangehörigkeit eines Mitgliedstaates der Europäischen Gemeinschaft besitzt; dies gilt nicht, wenn er als dessen Ehegatte in den Geltungsbereich des Gesetzes eingereist ist, es sei denn, daß er in den letzten zwei Jahren vor der Einreise einen Wohnsitz oder seinen gewöhnlichen Aufenthalt im Geltungsbereich des Gesetzes hatte; oder
2. in einer versicherungspflichtigen Beschäftigung nach dem Dritten Buch Sozialgesetzbuch oder in einem öffentlich-rechtlichen Dienst- oder Amtsverhältnis steht oder bis zur Geburt des Kindes Arbeitslosengeld, Mutterschaftsgeld, Unterhaltsgeld, Übergangsgeld, Eingliederungsgeld oder Arbeitslosenhilfe bezogen hat.

(7) In Fällen besonderer Härte, insbesondere durch den Tod eines Elternteils, kann von den Voraussetzungen des Absatzes 1 Nr. 3 und 4 abgesehen werden. Wird der Härtefall durch Tod, schwere Krankheit oder schwere Behinderung eines Elternteils verursacht, kann vom Erfordernis der Personensorge abgesehen werden, wenn die sonstigen Voraussetzungen des Absatzes 1 erfüllt sind, das Kind mit einem Verwandten zweiten oder dritten Grades oder dessen Ehegatten in einem Haushalt lebt und kein Erziehungsgeld für dasselbe Kind von einem Personensorgeberechtigten in Anspruch genommen wird.

§ 2 Nicht volle Erwerbstätigkeit

(1) Der Antragsteller übt keine volle Erwerbstätigkeit aus, wenn
1. die wöchentliche Arbeitszeit 19 Stunden nicht übersteigt,
2. bei einer Beschäftigung, die nicht die Versicherungspflicht nach dem Dritten Buch Sozialgesetzbuch begründet, die durch Gesetz oder auf Grund eines Gesetzes festgelegte Mindestdauer einer Teilzeitbeschäftigung nicht überschritten wird, oder
3. eine Beschäftigung zur Berufsbildung ausgeübt wird.

(2) Einer vollen Erwerbstätigkeit stehen gleich:

1. der Bezug von Arbeitslosengeld, Arbeitslosenbeihilfe und Eingliederungsgeld,
2. der Bezug von Krankengeld, Verletztengeld, Versorgungskrankengeld, Übergangsgeld und Unterhaltsgeld, wenn der Bemessung dieser Leistung ein Arbeitsentgelt für eine Beschäftigung mit einer wöchentlichen Arbeitszeit von mehr als 19 Stunden oder ein entsprechendes Arbeitseinkommen zugrunde liegt; diese Regelung gilt nicht für die zu ihrer Berufsbildung Beschäftigten.

(3) Während des Bezugs von Arbeitslosengeld wird Erziehungsgeld gewährt, wenn dem Arbeitnehmer nach der Geburt eines Kindes aus einem Grund gekündigt worden ist, den er nicht zu vertreten hat, die Kündigung nach § 9 des Mutterschutzgesetzes oder § 18 zulässig war und der Wegfall des Erziehungsgeldes für ihn eine unbillige Härte bedeuten würde.

(4) *(aufgehoben)*

§ 3 Zusammentreffen von Ansprüchen

(1) Für die Betreuung und Erziehung eines Kindes wird nur einer Person Erziehungsgeld gewährt. Werden in einem Haushalt mehrere Kinder betreut und erzogen, wird für jedes Kind Erziehungsgeld gewährt.

(2) Erfüllen beide Ehegatten die Anspruchsvoraussetzungen, so wird das Erziehungsgeld demjenigen gewährt, den sie zum Berechtigten bestimmen. Wird die Bestimmung nicht im Antrag auf Erziehungsgeld getroffen, ist die Ehefrau die Berechtigte. Die Bestimmung kann nur geändert werden, wenn die Betreuung und Erziehung des Kindes nicht mehr sichergestellt werden kann.

(3) Einem nicht sorgeberechtigten Elternteil kann Erziehungsgeld nur mit Zustimmung des sorgeberechtigten Elternteils gewährt werden.

(4) Ein Wechsel in der Anspruchsberechtigung wird mit Beginn des folgenden Lebensmonats des Kindes wirksam.

§ 4 Beginn und Ende des Anspruchs

(1) Erziehungsgeld wird vom Tag der Geburt bis zur Vollendung des achtzehnten Lebensmonats gewährt. Für Kinder, die nach dem 31. Dezember 1992 geboren werden, wird Erziehungsgeld bis zur Vollendung des vierundzwanzigsten Lebensmonats gewährt. Für angenommene und Kinder im Sinne des § 1 Abs. 3 Nr. 1 wird Erziehungsgeld von der Inobhutnahme an für die jeweils geltende Bezugsdauer, längstens bis zur Vollendung des dritten Lebensjahres gewährt, wenn das Kind nach dem 30. Juni 1989 geboren ist, und längstens bis zur Vollendung des siebten Lebensjahres, wenn das Kind nach dem 31. Dezember 1991 geboren ist.

(2) Erziehungsgeld ist schriftlich jeweils für ein Lebensjahr zu beantragen. Der Antrag für das zweite Lebensjahr kann frühestens ab dem neunten Lebensmonat des Kindes gestellt werden. Rückwirkend wird Erziehungsgeld höchstens für sechs Monate vor der Antragstellung bewilligt. Für die ersten sechs Lebensmonate kann Erziehungsgeld unter dem Vorbehalt der Rückforderung

bewilligt werden, wenn das Einkommen nach den Angaben des Antragstellers unterhalb der Einkommensgrenze nach § 5 Abs. 2 Satz 1 und 3 liegt, und die voraussichtlichen Einkünfte im Kalenderjahr der Geburt nicht ohne weitere Prüfung abschließend ermittelt werden können.

(3) Vor Erreichen der Altersgrenze (Absatz 1) endet der Anspruch mit dem Ablauf des Lebensmonats, in dem eine der Anspruchsvoraussetzungen entfallen ist. In den Fällen des § 16 Abs. 4 wird das Erziehungsgeld bis zur Beendigung des Erziehungsurlaubs weitergewährt.

§ 5 Höhe des Erziehungsgeldes; Einkommensgrenze

(1) Das Erziehungsgeld beträgt 600 Deutsche Mark monatlich.

(2) In den ersten sechs Lebensmonaten des Kindes entfällt das Erziehungsgeld, wenn das Einkommen nach § 6 bei Verheirateten, die von ihrem Ehepartner nicht dauernd getrennt leben, 100 000 Deutsche Mark und bei anderen Berechtigten 75 000 Deutsche Mark übersteigt. Vom Beginn des siebten Lebensmonats an wird das Erziehungsgeld gemindert, wenn das Einkommen nach § 6 bei Verheirateten, die von ihrem Ehegatten nicht dauernd getrennt leben, 29 400 Deutsche Mark und bei anderen Berechtigten 23 700 Deutsche Mark übersteigt. Die Beträge der Einkommensgrenzen in Satz 1 und Satz 2 erhöhen sich um 4 200 Deutsche Mark für jedes weitere Kind des Berechtigten oder seines nicht dauernd von ihm getrennt lebenden Ehegatten, für das ihm oder seinem Ehegatten Kindergeld gewährt wird oder ohne die Anwendung des § 65 Abs. 1 des Einkommensteuergesetzes oder des § 4 Abs. 1 des Bundeskindergeldgesetzes gewährt würde. Maßgeblich sind die Verhältnisse zum Zeitpunkt der Antragstellung. Leben die Eltern in einer eheänlichen Gemeinschaft, gilt die Einkommensgrenze für Verheiratete, die nicht dauernd getrennt leben.

(3) Übersteigt das Einkommen die Grenze nach Absatz 2 Satz 2, mindert sich das Erziehungsgeld um den zwölften Teil von 40 vom Hundert des die Grenze übersteigenden Einkommens (§ 6).

(4) Das Erziehungsgeld wird im Laufe des Lebensmonats gezahlt, für den es bestimmt ist. Soweit Erziehungsgeld für Teile von Monaten zu leisten ist, beträgt es für einen Kalendertag ein Dreißigstel von 600 Deutsche Mark. Ein Betrag von monatlich weniger als 40 Deutsche Mark wird ab dem siebten Lebensmonat des Kindes nicht gewährt. Auszuzahlende Beträge sind auf Deutsche Mark zu runden, und zwar unter 50 Deutsche Pfennige nach unten, sonst nach oben.

§ 6 Einkommen

(1) Als Einkommen gilt die nicht um Verluste in einzelnen Einkommensarten zu vermindernde Summe der positiven Einkünfte im Sinne des § 2 Abs. 1 und 2 des Einkommensteuergesetzes abzüglich folgender Beträge:
1. 27 vom Hundert der Einkünfte, bei Personen im Sinne des § 10 c Abs. 3 des

Einkommensteuergesetzes 22 vom Hundert der Einkünfte;
2. Unterhaltsleistungen an Kinder, für die die Einkommensgrenze nicht nach § 5 Abs. 2 Satz 3 erhöht worden ist, bis zu dem durch Unterhaltstitel oder durch Vereinbarung festgelegten Betrag und an sonstige Personen, soweit die Leistungen nach § 10 Abs. 1 Nr. 1 oder § 33 a Abs. 1 des Einkommensteuergesetzes berücksichtigt werden;
3. ein Betrag entsprechend § 33 b Abs. 1 bis 3 des Einkommensteuergesetzes für ein Kind, das nach § 5 Abs. 2 zu berücksichtigen ist.

(2) Für die Minderung im ersten bis zwölften Lebensmonat des Kindes ist das voraussichtliche Einkommen im Kalenderjahr der Geburt des Kindes maßgebend, für die Minderung im dreizehnten bis vierundzwanzigsten Lebensmonat des Kindes das voraussichtliche Einkommen des folgenden Jahres. Bei angenommenen Kindern ist das voraussichtliche Einkommen im Kalenderjahr der Inobhutnahme sowie im folgenden Kalenderjahr maßgeblich.

(3) Zu berücksichtigen ist das Einkommen des Berechtigten und seines Ehepartners, soweit sie nicht dauernd getrennt leben. Leben die Eltern in einer eheähnlichen Gemeinschaft, ist auch das Einkommen des Partners zu berücksichtigen.

(4) Soweit ein ausreichender Nachweis der voraussichtlichen Einkünfte in dem maßgebenden Kalenderjahr nicht möglich ist, werden der Ermittlung die Einkünfte in dem Kalenderjahr davor zugrunde gelegt. Dabei können die Einkünfte des vorletzten Jahres berücksichtigt werden.

(5) Bei Einkünften aus nichtselbständiger Arbeit, die allein nach ausländischem Steuerrecht zu versteuern sind oder keiner staatlichen Besteuerung unterliegen, ist von dem um 2000 Deutsche Mark verminderten Bruttobetrag auszugehen. Andere Einkünfte, die allein nach ausländischem Steuerrecht zu versteuern sind oder keiner staatlichen Besteuerung unterliegen, sind entsprechend § 2 Abs. 1 und 2 des Einkommensteuergesetzes zu ermitteln. Beträge in ausländischer Währund werden in Deutsche Mark umgerechnet.

(6) Ist der Berechtigte in der Zeit des Erziehungsgeldbezugs nicht erwerbstätig, werden seine vorher erzielten Einkünfte aus Erwerbstätigkeit nicht berücksichtigt. Bei Aufnahme einer Teilzeittätigkeit werden die Einküfnte, soweit sie im Bescheid noch nicht berücksichtigt sind, neu ermittelt.

(7) Sind die voraussichtlichen Einkünfte auf Grund eines Härtefalles geringer als in der Bewilligung zugrunde gelegt, werden sie auf Antrag berücksichtigt.

§ 7 Anrechnung von Mutterschaftsgeld und entsprechenden Bezügen

(1) Für die Zeit nach der Geburt laufend zu zahlendes Mutterschaftsgeld, das der Mutter nach der Reichsversicherungsordnung, dem Gesetz über die Krankenversicherung der Landwirte oder dem Mutterschutzgesetz gewährt wird, wird mit Ausnahme des Mutterschaftsgeldes nach § 13 Abs. 2 des Mutterschutzgesetzes auf das Erziehungsgeld angerechnet. Das gleiche gilt für die Dienstbezüge, Anwärterbezüge und Zuschüsse, die nach beamten- und solda-

tenrechtlichen Vorschriften für die Zeit der Beschäftigungsverbote gezahlt werden.

(2) Die Anrechnung ist auf 20 Deutsche Mark kalendertäglich begrenzt. Nicht anzurechnen ist laufend zu zahlendes Mutterschaftsgeld, das die Mutter auf Grund einer Teilzeitarbeit oder anstelle von Arbeitslosenhilfe während des Bezugs von Erziehungsgeld erhält.

§ 8 Andere Sozialleistungen

(1) Das Erziehungsgeld und vergleichbare Leistungen der Länder sowie das Mutterschaftsgeld nach § 7 Abs. 1 Satz 1 und vergleichbare Leistungen nach § 7 Abs. 1 Satz 2, soweit sie auf das Erziehungsgeld angerechnet worden sind, bleiben als Einkommen bei Sozialleistungen, deren Gewährung von anderen Einkommen abhängig ist, unberücksichtigt. Bei gleichzeitiger Gewährung von Erziehungsgeld und vergleichbaren Leistungen der Länder sowie von Sozialhilfe findet § 15b des Bundessozialhilfegesetzes keine Anwendung.

(2) Auf Rechtsvorschriften beruhende Leistungen anderer, auf die kein Anspruch besteht, dürfen nicht deshalb versagt werden, weil in diesem Gesetz Leistungen vorgesehen sind.

(3) Leistungen, die außerhalb des Geltungsbereiches dieses Gesetzes in Anspruch genommen werden und dem Erziehungsgeld oder dem Mutterschaftsgeld vergleichbar sind, schließen Erziehungsgeld aus.

§ 9 Unterhaltspflichten

Unterhaltsverpflichtungen werden durch die Gewährung des Erziehungsgeldes und anderer vergleichbarer Leistungen der Länder nicht berührt. Dies gilt nicht in den Fällen des § 1361 Abs. 3, der §§ 1579, 1603 Abs. 2 und des § 1611 Abs. 1 des Bürgerlichen Gesetzbuches.

§ 10 Zuständigkeit, Verfahren bei der Ausführung

(1) Die Landesregierungen oder die von ihnen bestimmten Stellen bestimmen die für die Ausführung dieses Gesetzes zuständigen Behörden. Diesen Behörden obliegt auch die Beratung zum Erziehungsurlaub.

(2) Soweit dieses Gesetz keine ausdrückliche Regelung trifft, ist bei der Ausführung des Ersten Abschnitts das Erste Kapitel des Zehnten Buches Sozialgesetzbuch anzuwenden.

§ 11 Kostentragung

Der Bund trägt die Ausgaben für das Erziehungsgeld.

§ 12 Einkommens- und Arbeitszeitnachweis; Auskunftspflicht des Arbeitgebers

(1) § 60 Abs. 1 des Ersten Buches Sozialgesetzbuch gilt auch für den Ehe-

partner des Antragstellers und für den Partner der eheähnlichen Gemeinschaft.
(2) Soweit es zum Nachweis des Einkommens oder der wöchentlichen Arbeitszeit erforderlich ist, hat der Arbeitgeber dem Arbeitnehmer dessen Arbeitslohn, die einbehaltenen Steuern und Sozialabgaben und die Arbeitszeit zu bescheinigen.
(3) Arbeitnehmer im Erziehungsurlaub haben im sechzehnten Lebensmonat des Kindes eine Bescheinigung des Arbeitgebers darüber vorzulegen, ob der Erziehungsurlaub andauert und ob eine Teilzeitarbeit nach § 2 Abs. 1 Nr. 1 ausgeübt wird. Der Arbeitgeber hat eine Bescheinigung hierüber auszustellen. Die Erziehungsgeldstelle kann bei hinreichendem Anlaß auch zu anderen Zeitpunkten die Vorlage einer Bescheinigung des Arbeitgebers verlangen. Selbständige haben im sechzehnten Lebensmonat des Kindes eine Erklärung darüber abzugeben, ob die Unterbrechung der Erwerbstätigkeit andauert oder ob eine Teilzeittätigkeit nach § 2 Abs. 1 Nr. 1 ausgeübt wird.

§ 13 Rechtsweg

Über öffentlich-rechtliche Streitigkeiten in Angelegenheiten der §§ 1 bis 12 entscheiden die Gerichte der Sozialgerichtsbarkeit. Die für Rechtsstreitigkeiten in Angelegenheiten der Rentenversicherung anzuwendenden Vorschriften gelten entsprechend. § 85 Abs. 2 Nr. 2 des Sozialgerichtsgesetzes gilt mit der Maßgabe, daß die zuständige Stelle nach § 10 Abs. 1 Satz 1 bestimmt wird. Entscheidungen, die abweichend von den Regelungen in den Sätzen 2 und 3 vor dem 31. Dezember 1986 ergangen sind, können deswegen nicht angefochten werden.

§ 14 Bußgeldvorschrift

(1) Ordnungswidrig handelt, wer vorsätzlich oder fahrlässig entgegen
1. § 60 Abs. 1 Nr. 1 oder 3 des Ersten Buches Sozialgesetzbuch in Verbindung mit § 12 Abs. 1 auf Verlangen die leistungserheblichen Tatsachen nicht angibt oder Beweisurkunden nicht vorlegt,
2. § 60 Abs. 1 Nr. 2 des Ersten Buches Sozialgesetzbuch eine Änderung in den Verhältnissen, die für den Anspruch auf Erziehungsgeld erheblich ist, der nach § 10 zuständigen Behörde nicht, nicht richtig, nicht vollständig oder nicht rechtzeitig mitteilt oder
3. § 12 Abs. 2 oder 3 Satz 2 auf Verlangen eine Bescheinigung nicht, nicht richtig oder nicht vollständig ausfüllt.
(2) Die Ordnungswidrigkeit kann mit einer Geldbuße geahndet werden.
(3) Verwaltungsbehörden im Sinne des § 36 Abs. 1 Nr. 1 des Gesetzes über Ordnungswidrigkeiten sind die nach § 10 zuständigen Behörden.

Zweiter Abschnitt. Erziehungsurlaub für Arbeitnehmer

§ 15 Anspruch auf Erziehungsurlaub

(1) Arbeitnehmer haben Anspruch auf Erziehungsurlaub bis zur Vollendung des dritten Lebensjahres eines Kindes, das nach dem 31. Dezember 1991 geboren ist, wenn sie

1. mit einem Kind, für das ihnen die Personensorge zusteht, einem Kind des Ehepartners, einem Kind, das sie mit dem Ziel der Annahme als Kind in ihre Obhut aufgenommen haben, einem Kind, für das sie ohne Personensorgerecht in einem Härtefall Erziehungsgeld gemäß § 1 Abs. 7 Satz 2 beziehen können, oder als Nichtsorgeberechtigte mit ihrem leiblichen Kind in einem Haushalt leben und
2. dieses Kind selbst betreuen und erziehen.

Bei einem angenommenen Kind und bei einem Kind in Adoptionspflege kann Erziehungsurlaub von insgesamt drei Jahren ab der Inobhutnahme, längstens bis zur Vollendung des siebten Lebensjahres des Kindes genommen werden. Bei einem leiblichen Kind eines nicht sorgeberechtigten Elternteils ist die Zustimmung des sorgeberechtigten Elternteils erforderlich.

(2) Ein Anspruch auf Erziehungsurlaub besteht nicht, solange

1. die Mutter als Wöchnerin bis zum Ablauf von acht Wochen, bei Früh- und Mehrlingsgeburten von zwölf Wochen oder durch Gesetz oder aufgrund eines Gesetzes länger nicht beschäftigt werden darf,
2. der mit dem Arbeitnehmer in einem Haushalt lebende andere Elternteil nicht erwerbstätig ist, es sei denn, dieser ist arbeitslos oder befindet sich in Ausbildung, oder
3. der andere Elternteil Erziehungsurlaub in Anspruch nimmt,

es sei denn, die Betreuung und Erziehung des Kindes kann nicht sichergestellt werden. Satz 1 Nr. 1 gilt nicht, wenn ein Kind in Adoptionspflege genommen ist oder wegen eines anderen Kindes Erziehungsurlaub in Anspruch genommen wird.

(3) Der Anspruch kann nicht durch Vertrag ausgeschlossen oder beschränkt werden.

(4) Während des Erziehungsurlaubs ist Erwerbstätigkeit zulässig, wenn die wöchentliche Arbeitszeit 19 Stunden nicht übersteigt. Teilerwerbstätigkeit bei einem anderen Arbeitgeber oder als Selbständiger bedarf der Zustimmung des Arbeitgebers. Die Ablehnung seiner Zustimmung kann der Arbeitgeber nur mit entgegenstehenden betrieblichen Interessen innerhalb einer Frist von vier Wochen schriftlich begründen.

§ 16 Inanspruchnahme des Erziehungsurlaubs

(1) Der Arbeitnehmer muß den Erziehungsurlaub spätestens vier Wochen vor dem Zeitpunkt, von dem ab er ihn in Anspruch nehmen will, vom Arbeitgeber verlangen und gleichzeitig erklären, für welchen Zeitraum oder für welche

Zeiträume er Erziehungsurlaub in Anspruch nehmen will. Eine Inanspruchnahme von Erziehungsurlaub oder ein Wechsel unter den Berechtigten ist dreimal zulässig. Bei Zweifeln hat die Erziehungsgeldstelle auf Antrag des Arbeitgebers mit Zustimmung des Arbeitnehmers zu der Frage Stellung zu nehmen, ob die Voraussetzungen für den Erziehungsurlaub vorliegen. Dazu kann sie von den Beteiligten die Abgabe von Erklärungen und die Vorlage von Bescheinigungen verlangen.

(2) Kann der Arbeitnehmer aus einem von ihm nicht zu vertretenden Grund einen sich unmittelbar an das Beschäftigungsverbot des § 6 Abs. 1 des Mutterschutzgesetzes anschließenden Erziehungsurlaub nicht rechtzeitig verlangen, kann er dies innerhalb einer Woche nach Wegfall des Grundes nachholen.

(3) Der Erziehungsurlaub kann vorzeitig beendet oder im Rahmen des § 15 Abs. 1 verlängert werden, wenn der Arbeitgeber zustimmt. Eine Verlängerung kann verlangt werden, wenn ein vorgesehener Wechsel der Anspruchsberechtigung aus einem wichtigen Grund nicht erfolgen kann.

(4) Stirbt das Kind während des Erziehungsurlaubs, endet dieser spätestens drei Wochen nach dem Tod des Kindes.

(5) Eine Änderung in der Anspruchsberechtigung hat der Arbeitnehmer dem Arbeitgeber unverzüglich mitzuteilen.

§ 17 Erholungsurlaub

(1) Der Arbeitgeber kann den Erholungsurlaub, der dem Arbeitnehmer für das Urlaubsjahr aus dem Arbeitsverhältnis zusteht, für jeden vollen Kalendermonat, für den der Arbeitnehmer Erziehungsurlaub nimmt, um ein Zwölftel kürzen. Satz 1 gilt nicht, wenn der Arbeitnehmer während des Erziehungsurlaubs bei seinem Arbeitgeber Teilzeitarbeit leistet.

(2) Hat der Arbeitnehmer den ihm zustehenden Urlaub vor dem Beginn des Erziehungsurlaubs nicht oder nicht vollständig erhalten, so hat der Arbeitgeber den Resturlaub nach dem Erziehungsurlaub im laufenden oder im nächsten Urlaubsjahr zu gewähren.

(3) Endet das Arbeitsverhältnis während des Erziehungsurlaubs oder setzt der Arbeitnehmer im Anschluß an den Erziehungsurlaub das Arbeitsverhältnis nicht fort, so hat der Arbeitgeber den noch nicht gewährten Urlaub abzugelten.

(4) Hat der Arbeitnehmer vor Beginn des Erziehungsurlaubs mehr Urlaub erhalten, als ihm nach Absatz 1 zusteht, so kann der Arbeitgeber den Urlaub, der dem Arbeitnehmer nach dem Ende des Erziehungsurlaubs zusteht, um die zuviel gewährten Urlaubstage kürzen.

§ 18 Kündigungsschutz

(1) Der Arbeitgeber darf das Arbeitsverhältnis ab dem Zeitpunkt, von dem an Erziehungsurlaub verlangt worden ist, höchstens jedoch sechs Wochen vor Beginn des Erziehungsurlaubs, und während des Erziehungsurlaubs nicht kündigen. In besonderen Fällen kann ausnahmsweise eine Kündigung für zulässig

erklärt werden. Die Zulässigkeitserklärung erfolgt durch die für den Arbeitsschutz zuständige oberste Landesbehörde oder die von ihr bestimmte Stelle. Das Bundesministerium für Familie, Senioren, Frauen und Jugend wird ermächtigt, mit Zustimmung des Bundesrates allgemeine Verwaltungsvorschriften[1] zur Durchführung des Satzes 2 zu erlassen.

(2) Absatz 1 gilt entsprechend, wenn der Arbeitnehmer

1. wähend des Erziehungsurlaubs bei seinem Arbeitgeber Teilzeitarbeit leistet oder
2. ohne Erziehungsurlaub in Anspruch zu nehmen, bei seinem Arbeitgeber Teilzeitarbeit leistet und Anspruch auf Erziehungsgeld hat oder nur deshalb nicht hat, weil das Einkommen (§ 6) die Einkommensgrenzen (§ 5 Abs. 2) übersteigt. Der Kündigungsschutz nach Nummer 2 besteht nicht, solange kein Anspruch auf Erziehungsurlaub nach § 15 besteht.

§ 19 Kündigung zum Ende des Erziehungsurlaubs

Der Arbeitnehmer kann das Arbeitsverhältnis zum Ende des Erziehungsurlaubs nur unter Einhaltung einer Kündigungsfrist von drei Monaten kündigen.

§ 20 Zur Berufsbildung Beschäftigte; in Heimarbeit Beschäftigte.

(1) Die zu ihrer Berufsbildung Beschäftigten gelten als Arbeitnehmer im Sinne des Gesetzes. Die Zeit des Erziehungsurlaubs wird auf Berufsbildungszeiten nicht angerechnet.

(2) Anspruch auf Erziehungsurlaub haben auch die in Heimarbeit Beschäftigten und die ihnen Gleichgestellten (§ 1 Abs. 1 und 2 des Heimarbeitsgesetzes), soweit sie am Stück mitarbeiten. Für sie tritt an die Stelle des Arbeitgebers der Auftraggeber oder Zwischenmeister und an die Stelle des Arbeitsverhältnisses das Beschäftigungsverhältnis.

§ 21 Befristete Arbeitsverträge

(1) Ein sachlicher Grund, der die Befristung eines Arbeitsverhältnisse rechtfertigt, liegt vor, wenn ein Arbeitnehmer zur Vertretung eines anderen Arbeitnehmers für Zeiten eines Beschäftigungsverbotes nach dem Mutterschutzgesetz, eines Erziehungsurlaubs, einer auf Tarifvertrag, Betriebsvereinbarung oder einzelvertraglicher Vereinbarung beruhenden Arbeitsfreistellung zur Betreuung eines Kindes oder für diese Zeiten zusammen oder für Teile davon eingestellt wird.

(2) Über die Dauer der Vertretung nach Absatz 1 hinaus ist die Befristung für notwendige Zeiten einer Einarbeitung zulässig.

(3) Die Dauer der Befristung des Arbeitsvertrages muß kalendermäßig be-

---

[1] Abgedruckt in Anhang 5.

stimmt oder bestimmbar oder den in den Absätzen 1 und 2 genannten Zwecken zu entnehmen sein.

(4) Das befristete Arbeitsverhältnis kann unter Einhaltung einer Frist von drei Wochen gekündigt werden, wenn der Erziehungsurlaub ohne Zustimmung des Arbeitgebers vorzeitig beendet werden kann und der Arbeitnehmer dem Arbeitgeber die vorzeitige Beendigung seines Erziehungsurlaubs mitgeteilt hat; die Kündigung ist frühestens zu dem Zeitpunkt zulässig, zu dem der Erziehungsurlaub endet.

(5) Das Kündigungsschutzgesetz ist im Falle des Absatzes 4 nicht anzuwenden.

(6) Absatz 4 gilt nicht, soweit seine Anwendung vertraglich ausgeschlossen ist.

(7) Wird im Rahmen arbeitsrechtlicher Gesetze oder Verordnungen auf die Zahl der beschäftigten Arbeitnehmer abgestellt, so sind bei der Ermittlung dieser Zahl Arbeitnehmer, die sich im Erziehungsurlaub befinden oder zur Betreuung eines Kindes freigestellt sind, nicht mitzuzählen, solange für sie auf Grund von Absatz 1 ein Vertreter eingestellt ist. Dies gilt nicht, wenn der Vertreter nicht mitzuzählen ist. Die Sätze 1 und 2 gelten entsprechend, wenn im Rahmen arbeitsrechtlicher Gesetze oder Verordnungen auf die Zahl der Arbeitsplätze abgestellt wird.

Dritter Abschnitt. (Änderung von Gesetzen)

§§ 22 – 38 *(nicht abgedruckt)*

Vierter Abschnitt. Übergangs- und Schlußvorschriften

§ 39 Übergangsvorschrift

(1) Auf Berechtigte, die Anspruch auf Erziehungsgeld oder Erziehungsurlaub für ein vor dem 1. Januar 1992 geborenes Kind haben, sind die Vorschriften dieses Gesetzes in der bis zum 31. Dezember 1991 geltenden Fassung weiter anzuwenden.

(2) Für die vor dem 1. Juli 1993 geborenen Kinder sind die Vorschriften des § 4 Abs. 2, § 5 Abs. 2, § 6 und § 12 Abs. 1 in der bis zum 26. Juni 1993 geltenden Fassung weiter anzuwenden; bei Adoptivkindern ist der Zeitpunkt der Inobhutnahme maßgebend. Für die vor dem 1. Januar 1994 geborenen Kinder sind die Vorschriften des § 7 in der bis 26. Juni 1993 geltenden Fassung weiter anzuwenden. Für die vor dem 1. Januar 1994 geborenen Kinder ist § 5 Abs. 2 Satz 1 nicht anzuwenden.

§ 40 (Inkrafttreten)

5. Allgemeine Verwaltungsvorschriften zum Kündigungsschutz bei Erziehungsurlaub (§ 18 Abs.1 Satz 3 des Bundeserziehungsgeldgesetzes)

vom 2. Januar 1986 (BAnz. Nr. 1 S. 4)

Nach § 18 Abs. 1 Satz 3 des Bundeserziehungsgeldgesetzes vom 6. Dezember 1985 (BGBl. I S. 2154) werden mit Zustimmung des Bundesrates folgende Allgemeine Verwaltungsvorschriften erlassen:

§ 1 Prüfung durch oberste Arbeitsschutzbehörde

Die für den Arbeitsschutz zuständige oberste Landesbehörde oder die von ihr bestimmte Stelle (Behörde) hat zu prüfen, ob ein besonderer Fall gegeben ist. Ein solch besonderer Fall liegt vor, wenn es gerechtfertigt erscheint, daß das nach § 18 Abs. 1 Satz 1 des Gesetzes als vorrangig angesehene Interesse des Arbeitnehmers am Fortbestand des Arbeitsverhältnisses wegen außergewöhnlicher Umstände hinter die Interessen des Arbeitgebers zurücktritt.

§ 2 Zulässigkeit der Kündigung im Erziehungsurlaub

(1) Bei der Prüfung nach Maßgabe des § 1 hat die Behörde davon auszugehen, daß ein besonderer Fall im Sinne des § 18 Abs. 1 Satz des Gesetzes insbesondere dann gegeben ist, wenn

1. der Betrieb, in dem der Arbeitnehmer beschäftigt ist, stillgelegt wird und der Arbeitnehmer nicht in einem anderen Betrieb des Unternehmens beschäftigt werden kann,
2. die Betriebsabteilung, in der der Arbeitnehmer beschäftigt ist, stillgelegt wird und der Arbeitnehmer nicht in einer anderen Betriebsabteilung des Betriebes oder in einem anderen Betrieb des Unternehmens weiterbeschäftigt werden kann,
3. der Betrieb oder die Betriebsabteilung, in denen der Arbeitnehmer beschäftigt ist, verlagert wird und der Arbeitnehmer an dem neuen Sitz des Betriebes oder der Betriebsabteilung und auch in einer anderen Betriebsabteilung oder in einem anderen Betrieb des Unternehmens nicht weiterbeschäftigt werden kann,
4. der Arbeitnehmer in den Fällen der Nummern 1 bis 3 eine ihm vom Arbeitgeber angebotene zumutbare Weiterbeschäftigung auf einem anderen Arbeitsplatz ablehnt,
5. durch die Aufrechterhaltung des Arbeitsverhältnisses nach Beendigung des Erziehungsurlaubs die Existenz des Betriebes oder die wirtschaftliche Existenz des Arbeitgebers gefährdet wird,

6. besonders schwere Verstöße des Arbeitnehmers gegen arbeitsvertragliche Pflichten oder vorsätzliche strafbare Handlungen des Arbeitnehmers dem Arbeitgeber die Aufrechterhaltung des Arbeitsverhältnisses unzumutbar machen.

(2) Ein besonderer Fall im Sinne des § 18 Abs. 1 Satz 2 des Gesetzes kann auch dann gegeben sein, wenn die wirtschaftliche Existenz des Arbeitgebers durch die Aufrechterhaltung des Arbeitsverhältnisses nach Beendigung des Erziehungsurlaubs unbillig erschwert wird, so daß er in die Nähe der Existenzgefährdung kommt. Eine solche unbillige Erschwerung kann auch dann angenommen werden, wenn der Arbeitgeber in die Nähe der Existenzgefährdung kommt, weil

1. der Arbeitnehmer in einem Betrieb mit in der Regel 5 oder weniger Arbeitnehmern ausschließlich der zu ihrer Berufsbildung Beschäftigten beschäftigt ist und der Arbeitgeber zur Fortführung des Betriebes dringend auf eine entsprechend qualifizierte Ersatzkraft angewiesen ist, die er nur einstellen kann, wenn er mit ihr einen unbefristeten Arbeitsvertrag abschließt; bei der Feststellung der Zahl der beschäftigten Arbeitnehmer sind nur Arbeitnehmer zu berücksichtigen, deren regelmäßige Arbeitszeit wöchentlich 10 Stunden oder monatlich 45 Stunden übersteigt, oder
2. der Arbeitgeber wegen Aufrechterhaltung des Arbeitsverhältnisses nach Beendigung des Erziehungsurlaubs keine entsprechend qualifizierte Ersatzkraft für einen nur befristeten Arbeitsvertrag findet und deshalb mehrere Arbeitsplätze wegfallen müssen.

§ 3 Entscheidung nach pflichtgemäßem Ermessen

Kommt die Behörde zu dem Ergebnis, daß ein besonderer Fall im Sinne des § 18 Abs. 1 Satz 2 des Gesetzes gegeben ist, so hat sie im Rahmen ihres pflichtgemäßen Ermessens zu entscheiden, ob das Interesse des Arbeitgebers an einer Kündigung während des Erziehungsurlaubs so erheblich überwiegt, daß ausnahmsweise die vom Arbeitgeber beabsichtigte Kündigung für zulässig zu erklären ist.

§ 4 Schriftlicher Antrag

Die Zulässigkeitserklärung der Kündigung hat der Arbeitgeber bei der für den Sitz des Betriebes oder der Dienststelle zuständigen Behörde schriftlich oder zu Protokoll zu beantragen. Im Antrag sind der Arbeitsort und die vollständige Anschrift des Arbeitnehmers, dem gekündigt werden soll, anzugeben. Der Antrag ist zu begründen; etwaige Beweismittel sind beizufügen oder zu benennen.

§ 5 Anhörungsrechte

(1) Die Behörde hat die Entscheidung unverzüglich zu treffen.
(2) Die Behörde hat vor ihrer Entscheidung dem betroffenen Arbeitnehmer

sowie dem Betriebs- oder Personalrat Gelegenheit zu geben, sich mündlich oder schriftlich zu dem Antrag nach § 4 zu äußern.

§ 6 Wirksamwerden zum Ende des Erziehungsurlaubs

Die Zulässigkeit der Kündigung kann unter Bedingungen erklärt werden, z. B., daß sie erst zum Ende des Erziehungsurlaubs ausgesprochen wird.

§ 7 Schriftform der Entscheidung. Zustellung

Die Behörde hat ihre Entscheidung (Zulässigkeitserklärung oder Ablehnung mit Rechtsbehelfsbelehrung) schriftlich zu erlassen, schriftlich zu begründen und dem Arbeitgeber und dem Arbeitnehmer zuzustellen. Dem Betriebs- oder Personalrat ist eine Abschrift zu übersenden.

§ 8 Auszubildende. Heimarbeit

(1) Die zu ihrer Berufsbildung Beschäftigten gelten als Arbeitnehmer im Sinne der vorstehenden Vorschriften.

(2) Für die in Heimarbeit Beschäftigten und die ihnen Gleichgestellten (§ 1 Abs. 1 und 2 des Heimarbeitsgesetzes), soweit sie am Stück mitarbeiten, gelten die vorstehenden Vorschriften entsprechend mit der Maßgabe, daß an die Stelle des Arbeitgebers der Auftraggeber oder der Zwischenmeister tritt (vgl. § 20 des Gesetzes).

Anhang 6

6. Fünftes Buch Sozialgesetzbuch
– Gesetzliche Krankenversicherung – (SGB V)

vom 20. Dezember 1988 (BGBl. I S. 2477), zuletzt geändert durch Gesetz vom 24. März 1999 (BGBl. I S. 388)

– Auszug –

§ 5 Versicherungspflicht

(1) – (8) ...
(9) Wer versicherungspflichtig wird und bei einem privaten Krankenversicherungsunternehmen versichert ist, kann den Versicherungsvertrag mit Wirkung vom Eintritt der Versicherungspflicht an kündigen. Dies gilt auch, wenn eine Versicherung nach § 10 eintritt.

§ 8 Befreiung von der Versicherungspflicht

(1) Auf Antrag wird von der Versicherungspflicht befreit, wer versicherungspflichtig wird
...
2. durch Aufnahme einer nicht vollen Erwerbstätigkeit nach § 2 des Bundeserziehungsgeldgesetzes während des Erziehungsurlaubs; die Befreiung erstreckt sich nur auf die Zeit des Erziehungsurlaubs,
...
(2) Der Antrag ist innerhalb von drei Monaten nach Beginn der Versicherungspflicht bei der Krankenkasse zu stellen. Die Befreiung wirkt vom Beginn der Versicherungspflicht an, wenn seit diesem Zeitpunkt noch keine Leistungen in Anspruch genommen wurden, sonst vom Beginn des Kalendermonats an, der auf die Antragstellung folgt. Die Befreiung kann nicht widerrufen werden.

§ 10 Familienversicherung

(1) Versichert sind der Ehegatte und die Kinder von Mitgliedern, wenn diese Familienangehörigen
1. ihren Wohnsitz oder gewöhnlichen Aufenthalt im Inland haben,
2. nicht nach § 5 Abs. 1 Nr. 1 bis 8, 11 oder 12 oder nicht freiwillig versichert sind,
3. nicht versicherungsfrei oder nicht von der Versicherungspflicht befreit sind; dabei bleibt die Versicherungsfreiheit nach § 7 außer Betracht,
4. nicht hauptberuflich selbständig erwerbstätig sind und
5. kein Gesamteinkommen haben, das regelmäßig im Monat ein Siebtel der monatlichen Bezugsgröße nach § 18 des Vierten Buches überschreitet; bei Renten wird der Zahlbetrag ohne den auf Entgeltpunkte für Kindererziehungszeiten entfallenden Teil berücksichtigt.
Eine hauptberufliche selbständige Tätigkeit im Sinne des Satzes 1 Nr. 4 ist

nicht deshalb anzunehmen, weil eine Versicherung nach § 1 Abs. 3 des Gesetzes über die Alterssicherung der Landwirte vom 29. Juli 1994 (BGBl. I S. 1890, 1891) besteht.
(2) Kinder sind versichert
1. bis zur Vollendung des achtzehnten Lebensjahres,
2. bis zur Vollendung des dreiundzwanzigsten Lebensjahres, wenn sie nicht erwerbstätig sind,
3. bis zur Vollendung des fünfundzwanzigsten Lebensjahres, wenn sie sich in Schul- oder Berufsausbildung befinden oder ein freiwilliges soziales Jahr im Sinne des Gesetzes zur Förderung eines freiwilligen sozialen Jahres oder ein freiwilliges ökologisches Jahr im Sinne des Gesetzes zur Förderung eines freiwilligen ökologischen Jahres leisten; wird die Schul- oder Berufsausbildung durch Erfüllung einer gesetzlichen Dienstpflicht des Kindes unterbrochen oder verzögert, besteht die Versicherung auch für einen der Dauer dieses Dienstes entsprechenden Zeitraum über das fünfundzwanzigste Lebensjahr hinaus,
4. ohne Altersgrenze, wenn sie wegen körperlicher, geistiger oder seelischer Behinderung außerstande sind, sich selbst zu unterhalten; Voraussetzung ist, daß die Behinderung zu einem Zeitpunkt vorlag, in dem das Kind nach Nummer 1, 2 oder 3 versichert war.
(3) Kinder sind nicht versichert, wenn der mit den Kindern verwandte Ehegatte des Mitglieds nicht Mitglied einer Krankenkasse ist und sein Gesamteinkommen regelmäßig im Monat ein Zwölftel der Jahresarbeitsentgeltgrenze übersteigt und regelmäßig höher als das Gesamteinkommen des Mitglieds ist; bei Renten wird der Zahlbetrag berücksichtigt.
(4) Als Kinder im Sinne der Absätze 1 bis 3 gelten auch Stiefkinder und Enkel, die das Mitglied überwiegend unterhält, sowie Pflegekinder (§ 56 Abs. 2 Nr. 2 des Ersten Buches). Kinder, die mit dem Ziel der Annahme als Kind in die Obhut des Annehmenden aufgenommen sind und für die die zur Annahme erforderliche Einwilligung der Eltern erteilt ist, gelten als Kinder des Annehmenden und nicht mehr als Kinder der leiblichen Eltern.
(5) Sind die Voraussetzungen der Absätze 1 bis 4 mehrfach erfüllt, wählt das Mitglied die Krankenkasse.
(6) Das Mitglied hat die nach den Absätzen 1 bis 4 Versicherten mit den für die Durchführung der Familienversicherung notwendigen Angaben sowie die Änderung dieser Angaben an die zuständige Krankenkasse zu melden. Die Spitzenverbände der Krankenkassen vereinbaren für die Meldung nach Satz 1 ein einheitliches Verfahren und einheitliche Meldevordrucke.

§ 24a Empfängnisverhütung

(1) Versicherte haben Anspruch auf ärztliche Beratung über Fragen der Empfängnisverhütung. Zur ärztlichen Beratung gehören auch die erforderliche Untersuchung und die Verordnung von empfängnisregelnden Mitteln.

Anhang 6

(2) Versicherte bis zum vollendeten 20. Lebensjahr haben Anspruch auf Versorgung mit empfängnisverhütenden Mitteln, soweit sie ärztlich verordnet werden; § 31 Abs. 2 bis 4 gilt entsprechend.

§ 24b Schwangerschaftsabbruch und Sterilisation

(1) Versicherte haben Anspruch auf Leistungen bei einer nicht rechtswidrigen Sterilisation und bei einem nicht rechtswidrigen Abbruch der Schwangerschaft durch einen Arzt. Der Anspruch auf Leistungen bei einem nicht rechtswidrigen Schwangerschaftsabbruch besteht nur, wenn dieser in einer Einrichtung im Sinne des § 13 Abs. 1 des Schwangerschaftskonfliktgesetzes vorgenommen wird.

(2) Es werden ärztliche Beratung über die Erhaltung und den Abbruch der Schwangerschaft, ärztliche Untersuchung und Begutachtung zur Feststellung der Voraussetzungen für eine nicht rechtswidrige Sterilisation oder für einen nicht rechtswidrigen Schwangerschaftsabbruch, ärztliche Behandlung, Versorgung mit Arznei-, Verbands- und Heilmitteln sowie Krankenhauspflege gewährt. Anspruch auf Krankengeld besteht, wenn Versicherte wegen einer nicht rechtswidrigen Sterilisation oder wegen eines nicht rechtswidrigen Abbruchs der Schwangerschaft durch einen Arzt arbeitsunfähig werden, es sei denn, es besteht ein Anspruch nach § 44 Abs. 1.

(3) Im Fall eines unter den Voraussetzungen des § 218 a Abs. 1 des Strafgesetzbuches vorgenommenen Abbruchs der Schwangerschaft haben Versicherte Anspruch auf die ärztliche Beratung über die Erhaltung und den Abbruch der Schwangerschaft, die ärztliche Behandlung mit Ausnahme der Vornahme des Abbruchs und der Nachbehandlung bei komplikationslosem Verlauf, die Versorgung mit Arznei-, Verband- und Heilmitteln sowie auf Krankenhausbehandlung, falls und soweit die Maßnahmen dazu dienen,
1. die Gesundheit des Ungeborenen zu schützen, falls es nicht zum Abbruch kommt,
2. die Gesundheit der Kinder aus weiteren Schwangerschaften zu schützen oder
3. die Gesundheit der Mutter zu schützen, insbesondere zu erwartenden Komplikationen aus dem Abbruch der Schwangerschaft vorzubeugen oder eingetretene Komplikationen zu beseitigen.

(4) ...

§ 38 Haushaltshilfe

(1) Versicherte erhalten Haushaltshilfe, wenn ihnen wegen Krankenhausbehandlung oder wegen einer Leistung nach § 23 Abs. 2 oder 4, §§ 24, 37, 40 oder § 41 die Weiterführung des Haushalts nicht möglich ist. Voraussetzung ist ferner, daß im Haushalt ein Kind lebt, das bei Beginn der Haushaltshilfe das zwölfte Lebensjahr noch nicht vollendet hat oder das behindert und auf Hilfe angewiesen ist.

(2) Die Satzung kann bestimmen, daß die Krankenkasse in anderen als den

in Absatz 1 genannten Fällen Haushaltshilfe erbringt, wenn Versicherten wegen Krankheit die Weiterführung des Haushalts nicht möglich ist. Sie kann dabei von Absatz 1 Satz 2 abweichen sowie Umfang und Dauer der Leistung bestimmen.

(3) Der Anspruch auf Haushaltshilfe besteht nur, soweit eine im Haushalt lebende Person den Haushalt nicht weiterführen kann.

(4) Kann die Krankenkasse keine Haushaltshilfe stellen oder besteht Grund, davon abzusehen, sind den Versicherten die Kosten für eine selbstbeschaffte Haushaltshilfe in angemessener Höhe zu erstatten. Für Verwandte und Verschwägerte bis zum zweiten Grad werden keine Kosten erstattet; die Krankenkasse kann jedoch die erforderlichen Fahrkosten und den Verdienstausfall erstatten, wenn die Erstattung in einem angemessenen Verhältnis zu den sonst für eine Ersatzkraft entstehenden Kosten steht.

§ 45 Krankengeld bei Erkrankung des Kindes

(1) Versicherte haben Anspruch auf Krankengeld, wenn es nach ärztlichem Zeugnis erforderlich ist, daß sie zur Beaufsichtigung, Betreuung oder Pflege ihres erkrankten und versicherten Kindes der Arbeit fernbleiben, eine andere in ihrem Haushalt lebende Person das Kind nicht beaufsichtigen, betreuen oder pflegen kann und das Kind das zwölfte Lebensjahr noch nicht vollendet hat. § 10 Abs. 4 und § 44 Abs. 1 Satz 2 gelten.

(2) Anspruch auf Krankengeld nach Absatz 1 besteht in jedem Kalenderjahr für jedes Kind längstens für 10 Arbeitstage, für alleinerziehende Versicherte längstens für 20 Arbeitsage. Der Anspruch nach Satz 1 besteht für Versicherte für nicht mehr als 25 Arbeitstage, für alleinerziehende Versicherte für nicht mehr als 50 Arbeitstage je Kalenderjahr.

(3) Versicherte mit Anspruch auf Krankengeld nach Absatz 1 haben für die Dauer dieses Anspruchs gegen ihren Arbeitgeber Anspruch auf unbezahlte Freistellung von der Arbeitsleistung, soweit nicht aus dem gleichen Grund Anspruch auf bezahlte Freistellung besteht. Wird der Freistellungsanspruch nach Satz 1 geltend gemacht, bevor die Krankenkasse ihre Leistungsverpflichtung nach Absatz 1 anerkannt hat, und sind die Voraussetzungen dafür nicht erfüllt, ist der Arbeitgeber berechtigt, die gewährte Freistellung von der Arbeitsleistung auf einen späteren Freistellungsanspruch zur Beaufsichtigung, Betreuung oder Pflege eines erkrankten Kindes anzurechnen. Der Freistellungsanspruch nach Satz 1 kann nicht durch Vertrag ausgeschlossen oder beschränkt werden.

§ 47 Höhe und Berechnung des Krankengeldes

(1) Das Krankengeld beträgt 70 vom Hundert des erzielten regelmäßigen Arbeitsentgelts und Arbeitseinkommens, soweit es der Beitragsberechnung unterliegt (Regelentgelt). Das aus dem Arbeitsentgelt berechnete Krankengeld darf 90 vom Hundert des bei entsprechender Anwendung des Absatz 2 berechneten Nettoarbeitsentgelts nicht übersteigen. Das Regelentgelt wird nach den

Absätzen 2, 4 und 6 berechnet. Das Krankengeld wird für Kalendertage gezahlt. Ist es für einen ganzen Kalendermonat zu zahlen, ist dieser mit dreißig Tagen anzusetzen.
(2) Für die Berechnung des Regelentgelts ist das von dem Versicherten im letzten vor Beginn der Arbeitsunfähigkeit abgerechneten Entgeltabrechnungszeitraum, mindestens das während der letzten abgerechneten vier Wochen (Bemessungszeitraum) erzielte und um einmalig gezahltes Arbeitsentgelt verminderte Arbeitsentgelt durch die Zahl der Stunden zu teilen, für die es gezahlt wurde. Das Ergebnis ist mit der Zahl der sich aus dem Inhalt des Arbeitsverhältnisses ergebenden regelmäßigen wöchentlichen Arbeitsstunden zu vervielfachen und durch sieben zu teilen. Ist das Arbeitsentgelt nach Monaten bemessen oder ist eine Berechnung des Regelentgelts nach den Sätzen 1 und 2 nicht möglich, gilt der dreißigste Teil des im letzten vor Beginn der Arbeitsunfähigkeit abgerechneten Kalendermonat erzielten und um einmalig gezahltes Arbeitsentgelt verminderten Arbeitsentgelts als Regelentgelt. (...)
(3) – (6) ...

§ 49 Ruhen des Krankengeldes

(1) Der Anspruch auf Krankengelt ruht,
1. soweit und solange Versicherte beitragspflichtiges Arbeitsentgelt oder Arbeitseinkommen erhalten; dies gilt nicht für einmalig gezahltes Arbeitsentgelt; Zuschüsse des Arbeitgebers zum Krankengeld gelten nicht als Arbeitsentgelt, soweit sie zusammen mit dem Krankengeld das Nettoarbeitsentgelt nicht übersteigen,
2. solange Versicherte Erziehungsurlaub nach dem Bundeserziehungsgeldgesetz erhalten; dies gilt nicht, wenn die Arbeitsunfähigkeit vor Beginn des Erziehungsurlaubs eingetreten ist oder das Krankengeld aus dem Arbeitsentgelt zu berechnen ist, das aus einer versicherungspflichtigen Beschäftigung während des Erziehungsurlaubs erzielt worden ist,
3. (...)
3a. solange Versicherte Mutterschaftsgeld, Verletztengeld, Arbeitslosengeld oder Arbeitslosenhilfe beziehen,
4. – 6. (...)
(2) – (3) ...

§ 192 Fortbestehen der Mitgliedschaft Versicherungspflichtiger

(1) Die Mitgliedschaft Versicherungspflichtiger bleibt erhalten, solange
1. (...)
2. Anspruch auf Krankengeld oder Mutterschaftsgeld besteht oder eine dieser Leistungen oder nach gesetzlichen Vorschriften Erziehungsgeld bezogen oder Erziehungsurlaub in Anspruch genommen wird,
3. – 4. (...)
(2) Während der Schwangerschaft bleibt die Mitgliedschaft Versicherungs-

pflichtiger auch erhalten, wenn das Beschäftigungsverhältnis vom Arbeitgeber zulässig aufgelöst oder das Mitglied unter Wegfall des Arbeitsentgelts beurlaubt worden ist, es sei denn, es besteht eine Mitgliedschaft nach anderen Vorschriften.

§ 224 Beitragsfreiheit bei Krankengeld, Mutterschaftsgeld oder Erziehungsgeld

(1) Beitragsfrei ist ein Mitglied für die Dauer des Anspruchs auf Krankengeld oder Mutterschaftsgeld oder des Bezugs von Erziehungsgeld. Die Beitragsfreiheit erstreckt sich nur auf die in Satz 1 genannten Leistungen.

(2) Durch die Beitragsfreiheit wird ein Anspruch auf Schadensersatz nicht ausgeschlossen oder gemindert.

§ 250 Tragung der Beiträge durch das Mitglied

(1) ...

(2) Freiwillige Mitglieder, in § 189 genannte Rentenantragsteller sowie Schwangere, deren Mitgliedschaft nach § 192 Abs. 2 erhalten bleibt, tragen den Beitrag allein.

7. Drittes Buch Sozialgesetzbuch – Arbeitsförderung – (SGB III)

vom 24. März 1997 (BGBl. I S. 594), zuletzt geändert durch Gesetz vom 24. März 1999 (BGBl. I S. 388)

– Auszug –

§ 119 Beschäftigungssuche

(1) – (3) ...

(4) Arbeitsbereit und arbeitsfähig ist der Arbeitslose auch dann, wenn er bereit oder in der Lage ist, unter den üblichen Bedingungen des für ihn in Betracht kommenden Arbeitsmarktes nur
1. zumutbare Beschäftigungen aufzunehmen und auszuüben,
2. versicherungspflichtige, mindestens 15 Stunden wöchentlich umfassende Beschäftigungen mit bestimmter Dauer, Lage und Verteilung der Arbeitszeit aufzunehmen und auszuüben, wenn dies wegen der Betreuung und Erziehung eines aufsichtsbedürftigen Kindes oder Pflege eines pflegebedürftigen Angehörigen erforderlich ist,
3. versicherungspflichtige, mindestens 15 Stunden wöchentlich umfassende Teilzeitbeschäftigungen aufzunehmen und auszuüben, wenn er die Anwartschaftszeit durch eine Teilzeitbeschäftigung erfüllt hat und das Arbeitslosengeld nach einer Teilzeitbeschäftigung bemessen worden ist,
4. Heimarbeit auszuüben, wenn er die Anwartschaftszeit durch eine Beschäftigung als Heimarbeiter erfüllt hat.

In Fällen des Satzes 1 Nr. 3 und 4 sind Einschränkungen der Arbeitsbereitschaft oder Arbeitsfähigkeit längstens für die Dauer von sechs Monaten zulässig.

(5) ...

§ 123 Anwartschaftszeit

Die Anwartschaftszeit hat erfüllt, wer in der Rahmenfrist
1. mindestens zwölf Monate,
2. als Wehrdienstleistender oder Zivildienstleistender (§ 25 Abs. 2 Satz 2, § 26 Abs. 1 Nr. 2 und 3 und Abs. 4) mindestens zehn Monate oder
3. als Saisonarbeitnehmer mindestens sechs Monate

in einem Versicherungspflichtverhältnis gestanden hat. Zeiten, die vor dem Tag liegen, an dem der Anspruch auf Arbeitslosengeld oder Arbeitslosenhilfe wegen des Eintritts einer Sperrzeit erloschen ist, dienen nicht zur Erfüllung der Anwartschaftszeit.

§ 124 Rahmenfrist

(1) Die Rahmenfrist beträgt drei Jahre und beginnt mit dem Tag vor der Erfüllung aller sonstigen Voraussetzungen für den Anspruch auf Arbeitslosengeld.

(2) Die Rahmenfrist reicht nicht in eine vorangegangene Rahmenfrist hinein, in der der Arbeitslose eine Anwartschaftszeit erfüllt hatte.

(3) In die Rahmenfrist werden nicht eingerechnet
1. (...)
2. Zeiten der Betreuung und Erziehung eines Kindes des Arbeitslosen, das das dritte Lebensjahr noch nicht vollendet hat,
3. – 5. (...)
(...)

§ 126 Leistungsfortzahlung bei Arbeitsunfähigkeit

(1) Wird ein Arbeitsloser während des Bezugs von Arbeitslosengeld infolge Krankheit arbeitsunfähig, ohne daß ihn ein Verschulden trifft, oder wird er während des Bezugs von Arbeitslosengeld auf Kosten der Krankenkasse stationär behandelt, verliert er dadurch nicht den Anspruch auf Arbeitslosengeld für die Zeit der Arbeitsunfähigkeit oder stationären Behandlung bis zur Dauer von sechs Wochen (Leistungsfortzahlung). Als unverschuldet im Sinne des Satzes 1 gilt auch eine Arbeitsunfähigkeit, die infolge einer nicht rechtswidrigen Sterilisation durch einen Arzt oder eines nicht rechtswidrigen Abbruchs der Schwangerschaft eintritt. Dasselbe gilt für einen Abbruch der Schwangerschaft, wenn die Schwangerschaft innerhalb von zwölf Wochen nach der Empfängnis durch einen Arzt abgebrochen wird, die Schwangere den Abbruch verlangt und dem Arzt durch eine Bescheinigung nachgewiesen hat, daß sie sich mindestens drei Tage vor dem Eingriff von einer anerkannten Beratungsstelle beraten lassen hat.

(2) Eine Leistungsfortzahlung erfolgt auch im Falle einer nach ärztlichem Zeugnis erforderlichen Beaufsichtigung, Betreuung oder Pflege eines erkrankten Kindes des Arbeitslosen bis zur Dauer von zehn, bei alleinerziehenden Arbeitslosen bis zur Dauer von 20 Tagen für jedes Kind in jedem Kalenderjahr, wenn eine andere im Haushalt des Arbeitslosen lebende Person diese Aufgabe nicht übernehmen kann und das Kind das zwölfte Lebensjahr noch nicht vollendet hat. Arbeitslosengeld wird jedoch für nicht mehr als 25, für alleinerziehende Arbeitslose für nicht mehr als 50 Tage in jedem Kalenderjahr fortgezahlt.

(3) Die Vorschriften des Fünften Buches, die bei Fortzahlung des Arbeitsentgelts durch den Arbeitgeber im Krankheitsfall sowie bei Zahlung von Krankengeld im Falle der Erkrankung eines Kindes anzuwenden sind, gelten entsprechend.

§ 129 Grundsatz

Das Arbeitslosengeld beträgt
1. für Arbeitslose, die mindestens ein Kind im Sinne des § 32 Abs. 1, 4 und 5 des Einkommensteuergesetzes haben, sowie für Arbeitslose, deren Ehegatte mindestens ein Kind im Sinne des § 32 Abs. 1, 4 und 5 des Einkommensteuergesetzes hat, wenn beide Ehegatten unbeschränkt einkommensteuerpflichtig sind und nicht dauernd getrennt leben, 67 Prozent (erhöhter Leistungssatz),
2. für die übrigen Arbeitslosen 60 Prozent (allgemeiner Leistungssatz)
des pauschalierten Nettoentgelts (Leistungsentgelt), das sich aus dem Bruttoentgelt ergibt, das der Arbeitslose im Bemessungszeitraum erzielt hat (Bemessungsentgelt).

§ 130 Bemessungszeitraum

(1) Der Bemessungszeitraum umfaßt die Entgeltabrechnungszeiträume, die in den letzten 52 Wochen vor der Entstehung des Anspruchs, in denen Versicherungspflicht bestand, enthalten sind und beim Ausscheiden des Arbeitslosen aus dem letzten Versicherungspflichtverhältnis vor der Entstehung des Anspruches abgerechnet waren.

(2) Enthält der Bemessungszeitraum weniger als 39 Wochen mit Anspruch auf Entgelt, so verlängert er sich um weitere Entgeltabrechnungszeiträume, bis 39 Wochen mit Anspruch auf Entgelt erreicht sind. Eine Woche, in der nicht für alle Tage Entgelt beansprucht werden kann, ist mit dem Teil zu berücksichtigen, der dem Verhältnis der Tage mit Anspruch auf Entgelt zu den Tagen entspricht, für die Entgelt in einer vollen Woche beansprucht werden kann.

(2 a) – (3) ...

§ 131 Bemessungszeitraum in Sonderfällen

(1) Wäre es mit Rücksicht auf die berufliche Tätigkeit, die der Arbeitslose in den letzten zwei Jahren vor der Arbeitslosmeldung überwiegend ausgeübt hat, unbillig hart, von dem Entgelt des Arbeitslosen im Bemessungszeitraum auszugehen oder umfaßt der Bemessungszeitraum Zeiten des Wehrdienstes oder des Zivildienstes, ist der Bemessungszeitraum auf die letzten zwei Jahre vor der Arbeitslosmeldung zu erweitern, wenn der Arbeitslose dies verlangt und die zur Bemessung erforderlichen Unterlagen vorlegt.

(2) Bei der Ermittlung des Bemessungszeitraumes bleiben Zeiten außer Betracht, in denen
1. der Arbeitslose Erziehungsgeld bezogen oder nur wegen der Berücksichtigung von Einkommen nicht bezogen hat, soweit wegen der Betreuung oder Erziehung eines Kindes das Arbeitsentgelt oder die durchschnittliche regelmäßige wöchentliche Arbeitszeit gemindert war oder
2. die durchschnittliche regelmäßige wöchentliche Arbeitszeit auf Grund einer Teilzeitvereinbarung nicht nur vorübergehend auf weniger als 80 Prozent

der durchschnittlichen regelmäßigen Arbeitszeit einer vergleichbaren Vollzeitbeschäftigung, mindestens um fünf Stunden wöchentlich, vermindert war, wenn der Arbeitslose Beschäftigungen mit einer höheren Arbeitszeit innerhalb der letzten dreieinhalb Jahre vor der Entstehung des Anspruchs während eines sechs Monate umfassenden zusammenhängenden Zeitraums ausgeübt hat.

§ 133 Sonderfälle des Bemessungsentgelts

(1) Hat der Arbeitslose innerhalb der letzten drei Jahre vor der Entstehung des Anspruchs Arbeitslosengeld oder Arbeitslosenhilfe bezogen, ist Bemessungsentgelt mindestens das Entgelt, nach dem das Arbeitslosengeld oder die Arbeitslosenhilfe zuletzt bemessen worden ist. Zwischenzeitliche Anpassungen sind zu berücksichtigen.
(2) ...
(3) Kann der Arbeitslose nicht mehr die im Bemessungszeitraum durchschnittlich auf die Woche entfallende Zahl von Arbeitsstunden leisten, weil er tatsächlich oder rechtlich gebunden oder sein Leistungsvermögen eingeschränkt ist, vermindert sich das Bemessungsentgelt für die Zeit, während der die Bindungen vorliegen oder das Leistungsvermögen eingeschränkt ist, entsprechend dem Verhältnis der Zahl der duchschnittlichen regelmäßigen wöchentlichen Arbeitsstunden, die der Arbeitslose künftig leisten kann, zu der Zahl der durchschnittlich auf die Woche entfallenden Arbeitsstunden im Bemessungszeitraum. (...)
(4) ...

§ 142 Ruhen des Anspruchs bei anderen Sozialleistungen

(1) Der Anspruch auf Arbeitslosengeld ruht während der Zeit, für die dem Arbeitslosen ein Anspruch auf eine der folgenden Leistungen zuerkannt ist:
1. (...)
2. Krankengeld, Versorgungskrankengeld, Verletztengeld, Mutterschaftsgeld oder Übergangsgeld nach diesem oder einem anderen Gesetz,
3. – 4. (...)
(2) – (5) ...

Anhang 8

8. Sechstes Buch Sozialgesetzbuch – Gesetzliche Rentenversicherung – (SGB VI)

vom 18. Dezember 1989 (BGBl. I S. 2261, ber. 1990 I S. 1337), zuletzt geändert durch Gesetz vom 24. März 1999 (BGBl. I S. 388)

– Auszug –

§ 56 Kindererziehungszeiten

(1) Kindererziehungszeiten sind Zeiten der Erziehung eines Kindes in dessen ersten drei Lebensjahren. Für einen Elternteil (§ 56 Abs. 1 Satz 1 Nr. 3 und Abs. 3 Nr. 2 und 3 Erstes Buch) wird eine Kindererziehungszeit angerechnet, wenn
1. die Erziehungszeit diesem Elternteil zuzuordnen ist,
2. die Erziehung im Gebiet der Bundesrepublik Deutschland erfolgt ist oder einer solchen gleichsteht und
3. der Elternteil nicht von der Anrechnung ausgeschlossen ist.

(2) Eine Erziehungszeit ist dem Elternteil zuzuordnen, der sein Kind erzogen hat. Haben mehrere Elternteile das Kind gemeinsam erzogen, wird die Erziehungszeit einem Elternteil zugeordnet. Haben die Eltern ihr Kind gemeinsam erzogen, können sie durch eine übereinstimmende Erklärung bestimmen, welchem Elternteil sie zuzuordnen ist. Die Zuordnung kann auf einen Teil der Erziehungszeit beschränkt werden. Die übereinstimmende Erklärung der Eltern ist mit Wirkung für künftige Kalendermonate abzugeben. Die Zuordnung kann rückwirkend für bis zu zwei Kalendermonate vor Abgabe der Erklärung erfolgen, es sei denn, für einen Elternteil ist unter Berücksichtigung dieser Zeiten eine Leistung bindend festgestellt oder eine rechtskräftige Entscheidung über einen Versorgungsausgleich durchgeführt. Für die Abgabe der Erklärung gilt § 16 des Ersten Buches über die Antragstellung entsprechend. Haben die Eltern eine übereinstimmende Erklärung nicht abgegeben, ist die Erziehungszeit der Mutter zuzuordnen. Haben mehrere Elternteile das Kind erzogen, ist die Erziehungszeit demjenigen zuzuordnen, der das Kind überwiegend erzogen hat, soweit sich aus Satz 3 nicht etwas anderes ergibt.

(3) Eine Erziehung ist im Gebiet der Bundesrepublik Deutschland erfolgt, wenn der erziehende Elternteil sich mit dem Kind dort gewöhnlich aufgehalten hat. Einer Erziehung im Gebiet der Bundesrepublik Deutschland steht gleich, wenn der erziehende Elternteil sich mit seinem Kind im Ausland gewöhnlich aufgehalten hat und während der Erziehung oder unmittelbar vor der Geburt des Kindes wegen einer dort ausgeübten Beschäftigung oder selbständigen Tätigkeit Pflichtbeitragszeiten hat. Dies gilt bei einem gemeinsamen Aufenthalt von Ehegatten im Ausland auch, wenn der Ehegatte des erziehenden Elternteils solche Pflichtbeitragszeiten hat oder nur deshalb nicht hat, weil er zu den in § 5 Abs. 1 und 4 genannten Personen gehörte oder von der Versicherungspflicht befreit war.

(4) Elternteile sind von der Anrechnung ausgeschlossen, wenn sie
1. während der Erziehungszeit oder unmittelbar vor der Geburt des Kindes eine Beschäftigung oder selbständige Tätigkeit im Gebiet der Bundesrepublik Deutschland ausgeübt haben, die aufgrund
   a) einer zeitlich begrenzten Entsendung in dieses Gebiet (§ 5 Viertes Buch) oder
   b) einer Regelung des zwischen- oder überstaatlichen Rechts oder einer für Bedienstete internationaler Organisationen getroffenen Regelung (§ 6 Viertes Buch)
   den Vorschriften über die Versicherungspflicht nicht unterliegt,
2. während der Erziehungszeit zu den in § 5 Abs.1 und 4 genannten Personen gehören, eine Teilrente wegen Alters beziehen oder von der Versicherungspflicht befreit waren und nach dieser Zeit nicht nachversichert worden sind oder
3. während der Erziehungszeit Abgeordnete, Minister oder Parlamentarische Staatssekretäre waren und nicht ohne Anspruch auf Versorgung ausgeschieden sind.

(5) Die Kindererziehungszeit beginnt nach Ablauf des Monats der Geburt und endet nach 36 Kalendermonaten. Wird während dieses Zeitraums vom erziehenden Elternteil ein weiteres Kind erzogen, für das ihm eine Kindererziehungszeit anzurechnen ist, wird die Kindererziehungszeit für dieses und jedes weitere Kind um die Anzahl an Kalendermonaten der gleichzeitigen Erziehung verlängert.

§ 57 Berücksichtigungszeiten

Die Zeit der Erziehung eines Kindes bis zu dessen vollendetem zehnten Lebensjahr ist bei einem Elternteil eine Berücksichtigungszeit, soweit die Voraussetzungen für die Anrechnung einer Kindererziehungszeit auch in dieser Zeit vorliegen.

§ 58 Anrechnungszeiten

(1) Anrechnungszeiten sind Zeiten, in denen Versicherte
1. (...)
2. wegen Schwangerschaft oder Mutterschaft während der Schutzfristen nach dem Mutterschutzgesetz eine versicherte Beschäftigung oder selbständige Tätigkeit nicht ausgeübt haben,
3. – 5. (...)

(2) Anrechnungszeiten nach Absatz 1 Satz 1 Nr. 1 bis 3 liegen nur vor, wenn dadurch eine versicherte Beschäftigung oder selbständige Tätigkeit oder ein versicherter Wehrdienst oder Zivildienst unterbrochen ist. Eine selbständige Tätigkeit ist nur dann unterbrochen, wenn sie ohne die Mitarbeit des Versicherten nicht weiter ausgeübt werden kann.

(3) – (5) ...

9. Verordnung über den Mutterschutz für Beamtinnen (Mutterschutzverordnung – MuSchV)

in der Fassung der Bekanntmachung vom 25. April 1997 (BGBl. I S. 986)

§ 1 Beschäftigungsverbot während Schwangerschaft

(1) Eine Beamtin darf während ihrer Schwangerschaft nicht beschäftigt werden, soweit nach ärztlichem Zeugnis Leben oder Gesundheit von Mutter oder Kind bei Fortdauer der Dienstleistung gefährdet ist.

(2) In den letzten sechs Wochen vor der Entbindung darf die Beamtin nicht beschäftigt werden, es sei denn, daß sie sich zur Dienstleistung ausdrücklich bereiterklärt; die Erklärung kann jederzeit widerrufen werden.

§ 2 Beschäftigungsverbot bei schweren Arbeiten; Einwirkungen gesundheitsgefährdender Stoffe

(1) Während ihrer Schwangerschaft darf eine Beamtin nicht mit schweren körperlichen Arbeiten und nicht mit Arbeiten beschäftigt werden, bei denen sie schädlichen Einwirkungen von gesundheitsgefährdenden Stoffen oder Strahlen, von Staub, Gasen oder Dämpfen, von Hitze, Kälte oder Nässe, von Erschütterungen oder Lärm ausgesetzt ist.

(2) Dies gilt besonders
1. für Arbeiten, bei denen regelmäßig Lasten von mehr als 5 kg Gewicht oder gelegentlich Lasten von mehr als 10 kg Gewicht ohne mechanische Hilfsmittel von Hand gehoben, bewegt oder befördert werden. Sollen größere Lasten mit mechanischen Hilfsmitteln von Hand gehoben, bewegt oder befördert werden, so darf die körperliche Beanspruchung der werdenden Muter nicht größer sein als bei Arbeiten nach Satz 1;
2. für Arbeiten, bei denen sie ständig stehen muß, soweit diese Beschäftigung nach Ablauf des fünften Monats der Schwangerschaft täglich vier Stunden überschreitet;
3. für Arbeiten, bei denen sie sich häufig erheblich strecken oder beugen oder bei denen sie dauernd hocken oder sich gebückt halten muß;
4. für die Bedienung von Geräten und Maschinen aller Art mit hoher Fußbeanspruchung, insbesondere von solchen mit Fußantrieb;
5. für Arbeiten, bei denen die Beamtin infolge ihrer Schwangerschaft in besonderem Maße der Gefahr, an einer Berufskrankheit zu erkranken, ausgesetzt ist oder bei denen durch das Risiko der Entstehung einer Berufskrankheit eine erhöhte Gefährdung für die werdende Mutter oder eine Gefahr für die Leibesfrucht besteht;

6. für die Tätigkeit auf Beförderungsmitteln nach Ablauf des dritten Monats der Schwangerschaft;
7. für Fließarbeit mit vorgeschriebenem Arbeitstempo, es sei denn, daß die Art oder Arbeit und das Arbeitstempo nach Feststellung der obersten Dienstbehörde eine Beeinträchtigung der Gesundheit der Beamtin oder des Kindes nicht befürchten lassen;
8. für Arbeiten, bei denen sie erhöhten Unfallgefahren, insbesondere der Gefahr auszugleiten oder zu fallen, ausgesetzt ist.

§ 2 a

Die §§ 1 bis 5 der Verordnung zum Schutze der Mütter am Arbeitsplatz vom 15. April 1997 (BGBl. I S. 782) sind entsprechend anzuwenden.

§ 3 Dienstleistungsverbot nach der Schwangerschaft, Fristen bei Früh-, Mehrlings- und Totgeburten, Stillen

(1) In den ersten acht Wochen nach der Entbindung ist eine Beamtin nicht zur Dienstleistung heranzuziehen; diese Frist verlängert sich bei Früh- oder Mehrlingsgeburten auf zwölf Wochen, bei Frühgeburten zusätzlich um den Zeitraum, der nach § 1 Abs. 2 nicht in Anspruch genommen werden konnte. Beim Tode ihres Kindes kann die Mutter auf ihr ausdrückliches Verlangen schon vor Ablauf dieser Fristen wieder beschäftigt werden, wenn nach ärztlichem Zeugnis nichts dagegen spricht. Sie kann ihre Erklärung jederzeit widerrufen.

(2) Eine Beamtin, die in den ersten Monaten nach der Entbindung nach ärztlichem Zeugnis nicht voll dienstfähig ist, darf nicht zu einem ihre Leistungsfähigkeit übersteigenden Dienst herangezogen werden.

(3) Solange eine Beamtin stillt, darf sie nicht zu den in § 2 Abs. 1 und 2 Nr. 1, 3 bis 5, 7 und 8 genannten Arbeiten herangezogen werden.

§ 4 Bemessungsgrundlage für Zahlung von Zulagen und Vergütungen.

Durch die Beschäftigungsverbote der §§ 1, 2 und 3 sowie des § 8 hinsichtlich des Dienstes zu ungünstigen Zeiten und des Wechselschicht- oder Schichtdienstes wird die Zahlung der Diesntbezüge und Anwärterbezüge nicht berührt. Das gleiche gilt für das Dienstversäumnis während der Stillzeit (§ 7). Bemessungsgrundlage für die Zahlung der Zulagen für Dienst zu ungünstigen Zeiten und für Wechselschicht- oder Schichtdienst (§§ 3, 4 und 22 der Erschwerniszulagenverordnung) sowie für die Vergütung nach der Vollstreckungsvergütungsverordnung ist der Durchschnitt der Zulagen und der Vergütungen der letzten drei Monate vor Beginn des Monats, in dem die Schwangerschaft eingetreten ist.

§ 4 a Zuschuß bei Schwangerschaft und Entbindung während Erziehungsurlaubs

Soweit die in § 1 Abs. 2 und in § 3 Abs. 1 genannten Zeiten sowie der Entbindungstag in einen Erziehungsurlaub fallen, erhält die Beamtin einen Zuschuß von 25 DM je Kalendertag, wenn sie während des Erziehungsurlaubs nicht teilzeitbeschäftigt ist. Bei einer Beamtin, deren Dienstbezüge oder Anwärterbezüge (ohne die mit Rücksicht auf den Familienstand gewährten Zuschläge und ohne Aufwandsentschädigung sowie ohne Auslandsdienstbezüge nach § 52 Abs. 1 Satz 3 des Bundesbesoldungsgesetzes) vor Beginn des Erziehungsurlaubs die Versicherungspflichtgrenze in der gesetzlichen Krankenversicherung überschreiten, ist der Zuschuß auf 400 DM begrenzt.

§ 5 Sitz- und Ruhemöglichkeit während Schwangerschaft und Stillzeit

Wird eine Beamtin während ihrer Schwangerschaft oder solange sie stillt mit Arbeiten beschäftigt, bei denen sie ständig stehen oder gehen muß, ist für sie eine Sitzgelegenheit zum kurzen Ausruhen bereitzustellen; wird sie mit Arbeiten beschäftigt, bei denen sie ständig sitzen muß, ist ihr Gelegenheit zu kurzen Unterbrechungen ihres Dienstes zu geben.

§ 6 Mitteilung der Schwangerschaft, Berechnung des Entbindungstermins

(1) Sobald einer schwangeren Beamtin ihr Zustand bekannt ist, soll sie dem Dienstvorgesetzten mitteilen und dabei den mutmaßlichen Tag der Entbindung angeben. Auf Verlangen des Dienstvorgesetzten soll sie das Zeugnis eines Arztes oder einer Hebamme vorlegen.

(2) Für die Berechnung des in § 1 Abs. 2 bezeichneten Zeitraums vor der Entbindung ist auf Verlangen des Dienstvorgesetzten das Zeugnis eines Arztes oder einer Hebamme vorzulegen; das Zeugnis soll den mutmaßlichen Tag der Entbindung angeben. Irrt sich der Arzt oder die Hebamme über den Zeitpunkt der Entbindung, so verkürzt oder verlängert sich diese Frist entsprechend.

(3) Die Kosten für die Zeugnisse nach den Absätzen 1 und 2 trägt die Dienstbehörde.

§ 7 Stillzeiten

(1) Die zum Stillen erforderliche Zeit, mindestens aber zweimal täglich eine halbe Stunde oder einmal täglich eine Stunde, ist einer Beamtin auf ihr Verlangen freizugeben. Bei einer zusammenhängenden Arbeitszeit von mehr als acht Stunden soll auf Verlangen zweimal eine Stillzeit von mindestens 45 Minuten oder, wenn in der Nähe der Arbeitsstätte keine Stillgelegenheit vorhanden ist, einmal eine Stillzeit von mindestens 90 Minuten gewährt werden. Die Arbeitszeit gilt als zusammenhängend, soweit sie nicht durch eine Ruhepause von mindestens zwei Stunden unterbrochen ist.

(2) Die Stillzeit darf nicht vor- oder nachgearbeitet und nicht auf die in

Rechts- oder Verwaltungsvorschriften festgesetzten Ruhepausen angerechnet werden.

(3) Die oberste Dienstbehörde kann nähere Bestimunngen über Zahl, Lage und Dauer der Stillzeiten treffen; sie kann die Einrichtung von Stillräumen vorschreiben.

§ 8 Mehrarbeit, Sonn- und Feiertagsarbeit während der Stillzeiten

(1) Während ihrer Schwangerschaft und solange sie stillt darf eine Beamtin nicht zur Mehrarbeit und nicht in der Nacht zwischen zwanzig und sechs Uhr sowie nicht an Sonn- und Feiertagen zur Dienstleistung herangezogen werden.

(2) Mehrarbeit im Sinne des Absatzes 1 ist jede Dienstleistung, die über achteinhalb Stunden täglich oder über 90 Stunden in der Doppelwoche hinaus geleistet wird.

(3) Im Verkehrswesen dürfen Beamtinnen während ihrer Schwangerschaft und solange sie stillen abweichend von Absatz 1 an Sonn- und Feiertagen beschäftigt werden, wenn ihnen in jeder Woche einmal eine ununterbrochene Ruhezeit von mindestens 24 Stunden im Anschluß an eine Nachtruhe gewährt wird.

(4) Die oberste Dienstbehörde kann in begründeten Fällen Ausnahmen von den vorstehenden Vorschriften zulassen.

§ 9 *(weggefallen)*

§ 10 Entlassung während Schwangerschaft und nach Entbindung

(1) Während der Schwangerschaft und innerhalb von vier Monaten nach der Entbindung darf die Entlassung einer Beamtin auf Probe oder auf Widerruf gegen ihren Willen nicht ausgesprochen werden, wenn dem Dienstvorgesetzten die Schwangerschaft oder die Entbindung bekannt war. Eine ohne diese Kenntnis ergangene Entlassungsverfügung ist zurückzunehmen, wenn dem Dienstvorgesetzten die Schwangerschaft oder die Entbindung innerhalb zweier Wochen nach der Zustellung mitgeteilt wird; das Überschreiten dieser Frist ist unbeachtlich, wenn es auf einem von der Beamtin nicht zu vertretenden Grund beruht und die Mitteilung unverzüglich nachgeholt wird.

(2) In besonderen Fällen kann die oberste Dienstbehörde auch bei Vorliegen der Voraussetzungen des Absatzes 1 eine Entlassung aussprechen, wenn ein Sachverhalt vorliegt, bei dem ein Beamter auf Lebenszeit im Wege des förmlichen Disziplinarverfahrens aus dem Dienst zu entfernen wäre.

(3) Die §§ 28 und 29 des Bundesbeamtengesetzes bleiben unberührt.

§ 11 Auslage der Mutterschutzverordnung

In jeder Dienststelle, bei der regelmäßig mehr als drei Beamtinnen tätig sind, ist ein Abdruck dieser Verordnung an geeigneter Stelle zur Einsicht auszulegen.

10. Verordnung über Erziehungsurlaub für Bundesbeamte und Richter im Bundesdienst (Erziehungsurlaubsverordnung – ErzUrlV)

in der Fassung der Neubekanntmachung vom 25. November 1994 (BGBl. I S. 3516)

§ 1

(1) Beamte haben Anspruch auf Erziehungsurlaub ohne Dienstbezüge oder Anwärterbezüge bis zur Vollendung des dritten Lebensjahres eines Kindes, das nach dem 31. Dezember 1991 geboren ist, wenn sie
1. mit einem Kind, für das ihnen die Personensorge zusteht, einem Kind des Ehepartners, einem Kind, das sie mit dem Ziel der Annahme als Kind in ihre Obhut aufgenommen haben, einem Kind, für das sie ohne Personensorgerecht in einem Härtefall Erziehungsgeld gemäß § 1 Abs. 7 Satz 2 des Bundeserziehungsgeldgesetzes beziehen können, oder als Nichtsorgeberechtigte mit ihrem leiblichen Kind in einem Haushalt leben und
2. dieses Kind selbst betreuen und erziehen.

Bei einem angenommenen Kind und bei einem Kind in Adoptionspflege besteht Anspruch auf Erziehungsurlaub von insgesamt drei Jahren ab der Inobhutnahme, längstens bis zur Vollendung des siebten Lebensjahres des Kindes. Bei einem leiblichen Kind eines nicht sorgeberechtigten Elternteils ist die Zustimmung des sorgeberechtigten Elternteils erforderlich.

(2) Ein Anspruch auf Erziehungsurlaub besteht nicht, solange
1. die Mutter als Wöchnerin bis zum Ablauf von acht Wochen, bei Früh- und Mehrlingsgeburten von zwölf Wochen oder durch Gesetz oder auf Grund eines Gesetzes länger, nicht beschäftigt werden darf,
2. der mit dem Beamten in einem Haushalt lebende andere Elternteil nicht erwerbstätig ist oder
3. der andere Elternteil Erziehungsurlaub in Anspruch nimmt.

Satz 1 Nr. 1 gilt nicht, wenn ein Kind in Adoptionspflege genommen ist oder wegen eines anderen Kindes Erziehungsurlaub in Anspruch genommen wird. Beamte haben abweichend von Satz 1 Anspruch auf Erziehungsurlaub, wenn die Betreuung und Erziehung des Kindes nicht sichergestellt werden kann; dies gilt in den Fällen der Nummer 2 insbesondere dann, wenn der andere Elternteil arbeitslos ist oder sich in Ausbildung befindet.

(3) Während des Erziehungsurlaubs kann, wenn zwingende dienstliche Gründe nicht entgegenstehen, dem Beamten eine Teilzeitbeschäftigung als Beamter beim selben Dienstherrn in dem nach § 2 Abs. 1 Nr. 1 des Bundeserziehungsgeldgesetzes zulässigen Umfang bewilligt werden. Für Richter ist während des Erziehungsurlaubs eine Teilzeitbeschäftigung als Richter im Umfang

der Hälfte des regelmäßigen Dienstes zulässig. Im übrigen darf während des Erziehungsurlaubs mit Genehmigung des Dienstvorgesetzten eine Teilzeitbeschäftigung in dem nach § 2 Abs. 1 Nr. 1 des Bunderziehungsgeldgesetzes zulässigen Umfang als Arbeitnehmer oder Selbständiger ausgeübt werden.

§ 2

(1) Der Beamte muß den Erziehungsurlaub spätestens vier Wochen vor dem Zeitpunkt, von dem ab er ihn in Anspruch nehmen will, beantragen und gleichzeitig erklären, für welchen Zeitraum oder für welche Zeiträume er Erziehungsurlaub in Anspruch nehmen will. Eine Inanspruchnahme von Erziehungsurlaub oder ein Wechsel unter Berechtigten ist dreimal zulässig.

(2) Kann der Beamte aus einem von ihm nicht zu vertretenden Grund einen sich unmittelbar an das Beschäftigungsverbot des § 6 Abs. 1 des Mutterschutzgesetzes oder des § 3 Abs. 1 der Mutterschutzverordnung anschließenden Erziehungsurlaub nicht rechtzeitig beantragen, so kann er dies innerhalb einer Woche nach Wegfall des Grundes nachholen.

(3) Der Erziehungsurlaub kann vorzeitig beendet oder im Rahmen des § 1 Abs. 1 verlängert werden, wenn der Dienstvorgesetzte zustimmt. Er ist auf Wunsch zu verlängern, wenn ein vorgesehener Wechsel in der Anspruchsberechtigung aus einem wichtigen Grund nicht erfolgen kann.

(4) Stirbt das Kind während des Erziehungsurlaubs, endet dieser spätestens drei Wochen nach dem Tode des Kindes.

(5) Eine Änderung der Anspruchsberechtigung hat der Beamte dem Dienstvorgesetzten unverzüglich mitzuteilen.

§ 3

Der Erholungsurlaub wird nicht nach § 5 Abs. 6 Satz 1 der Erholungsurlaubsverordnung gekürzt, wenn der Beamte während des Erziehungsurlaubs bei seinem Dienstherrn eine Teilzeitbeschäftigung als Beamter ausübt.

§ 4

(1) Während des Erziehungsurlaubs darf die Entlassung eines Beamten auf Probe und auf Widerruf gegen seinen Willen nicht ausgesprochen werden.

(2) Die oberste Dienstbehörde kann abweichend von Absatz 1 eine Entlassung eines Beamten auf Probe oder auf Widerruf aussprechen, wenn ein Sachverhalt vorliegt, bei dem ein Beamter auf Lebenszeit im Wege des förmlichen Disziplinarverfahrens aus dem Dienst zu entfernen wäre.

(3) Die §§ 28 und 29 des Bundesbeamtengesetzes bleiben unberührt.

§ 5

(1) Während des Erziehungsurlaubs hat der Beamte Anspruch auf Beihilfe in entsprechender Anwendung der Beihilfevorschriften, sofern er nicht bereits

auf Grund einer Teilzeitbeschäftigung unmittelbar Anspruch auf Beihilfe nach den Beihilfevorschriften hat.
(2) Dem Beamten werden für die Zeit des Erziehungsurlaubs die Beiträge für seine Krankenversicherung bis zu monatlich 60 Deutsche Mark erstattet, wenn seine Dienstbezüge oder Anwärterbezüge (ohne die mit Rücksicht auf den Familienstand gewährten Zuschläge und ohne Aufwandsentschädigung sowie ohne Auslandsdienstbezüge nach § 52 Abs. 1 Satz 3 des Bundesbesoldungsgesetzes) vor Beginn des Erziehungsurlaubs die Versicherungspflichtgrenze in der gesetzlichen Krankenversicherung nicht überschritten haben oder überschritten hätten.
(3) Den Polizeivollzugsbeamten im Bundesgrenzschutz, mit Ausnahme der Polizeivollzugsbeamten, die nach § 80 des Bundesbesoldungsgesetzes Beihilfe nach den Beihilfevorschriften erhalten, wird während des Erziehungsurlaubs Heilfürsorge in entsprechender Anwendung der Heilfürsorgebestimmungen für den Bundesgrenzschutz gewährt, sofern sie nicht bereits auf Grund einer Teilzeitbeschäftigung unmittelbar Anspruch auf Heilfürsorge nach den Heilfürsorgebestimmungen für den Bundesgrenzschutz haben.

§ 6
Auf Beamte, die Anspruch auf Erziehungsurlaub für ein vor dem 1. Januar 1992 geborenes Kind haben, finden die Vorschriften dieser Verordnung in der bis zum 31. Dezember 1991 geltenden Fassung Anwendung.

§ 7
Diese Verordnung gilt für Richter im Bundesdienst entsprechend.

§ 8
(Inkrafttreten)

11. Auskunfts- und Beratungsstellen der Bundesversicherungsanstalt für Angestellte

PLZ	Ort	Straße	Telefon	Telefax
86150	Augsburg	Bahnhofstr. 7	(08 21) 50 35-0	(08 21) 5 03 51 90
10179	Berlin-Mitte	Wallstr. 9–13	(0 30) 2 02 47-5	(0 30) 20 24 76 99
10709	Berlin-Wilmersdorf	Fehrbelliner Platz 5	(0 30) 8 65-1	(0 30) 86 52 74 96
33602	Bielefeld	Bahnhofstr. 28	(05 21) 52 54-0	(05 21) 5 25 41 90
53111	Bonn	Poststr. 19–21	(02 28) 98 27-0	(02 28) 9 82 72 90
14770	Brandenburg	Nicolaiplatz 12	(0 33 81) 30 48 08	(0 33 81) 31 75 09
38100	Braunschweig	Auguststr. 12–13	(05 31) 12 30-0	(05 31) 1 23 01 90
28195	Bremen	Domshof 18–20	(04 21) 36 52-0	(04 21) 3 65 21 90
09111	Chemnitz	A. d. Markthalle 3–5	(03 71) 69 71-0	(03 71) 6 97 11 90
03048	Cottbus	Thiemstr. 130	(03 55) 4 94-0	(03 55) 49 41 90
64283	Darmstadt	Ludwigstr. 1	(0 61 51) 2 30 64	(0 61 51) 29 20 90
06844	Dessau	Zerbster Str. 32	(03 40) 2 21 00 26	(03 40) 2 21 00 28
44139	Dortmund	Hansastr. 95	(02 31) 9 06 35 00	(02 31) 9 06 35 90
01307	Dresden	Fetscherstr. 34	(03 51) 4 40 60-0	(03 51) 44 06 01 90
40210	Düsseldorf	Graf-Adolf-Str. 35-37	(02 11) 3 80 60	(02 11) 3 80 61 90
99096	Erfurt	Blosenburgstr. 20	(03 61) 30 27-0	(03 61) 3 02 71 91
45127	Essen	Lindenallee 6-8	(02 01) 23 72 17	(02 01) 23 13 17
60313	Frankfurt/Main	Stiftstr. 9–17	(0 69) 2 99 98-0	(0 69) 29 99 81 90
15230	Frankfurt (Oder)	Karl-Marx-Str. 2	(03 35) 56 18-0	(03 35) 5 61 81 90
79098	Freiburg i. Br.	Friedrichring 1	(07 61) 3 87 10	(07 61) 3 87 11 90
07545	Gera	Reichsstr. 5	(03 65) 9 18 00-0	(03 65) 91 80 07 61 90
35390	Gießen	Katharinengasse 1	(06 41) 1 20 91	(06 41) 79 27 56
02826	Görlitz	Berliner Str. 57	(0 35 81) 40 63 46	(0 35 81) 40 67 82
06108	Halle	Leipziger Str. 91	(03 45) 2 92 50	(03 45) 2 92 51 90
20354	Hamburg	Jungfernstieg 7	(0 40) 34 89 10	(0 40) 34 89 11 90
30159	Hannover	Bahnhofstr. 8	(05 11) 3 57 99-0	(05 11) 35 79 91 90
07743	Jena	Goethestr. 1	(0 36 41) 82 96 76	(0 36 41) 82 96 78
67655	Kaiserslautern	Schubertstr. 17a	(06 31) 3 66 73-0	(06 31) 3 66 73 30

Anhang 11

PLZ	Ort	Straße	Telefon	Telefax
76133	Karlsruhe	Kaiserstr. 215 Eingang Karlstr.	(07 21) 18 04-0	(07 21) 1 80 42 22
34117	Kassel	Friedrich-Ebert-Str. 5	(05 61) 78 90-0	(05 61) 7 89 01 90
24103	Kiel	Haßstr. 17	(04 31) 98 78-0	(04 31) 9 87 81 90
50676	Köln	Baumstr. 2	(02 21) 33 17-01	(02 21) 33 17 19 61
04105	Leipzig	Nordstr. 17	(03 41) 7 11 35-0	(03 41) 71 13 51 90
23552	Lübeck	Beckergrube 2	(04 51) 7 99 47 01	(04 51) 7 99 47 16
39108	Magdeburg	Maxim-Gorki-Str. 14	(03 91) 73 99-0	(03 91) 7 39 91 90
55116	Mainz	Am Brand 31	(0 61 31) 27 40	(0 61 31) 27 41 90
68161	Mannheim P 7	Auf den Planken 16-17	(06 21) 15 91-0	(06 21) 1 59 11 90
80339	München	Gollierstr. 4 Theresienhöhe	(0 89) 5 10 81-0	(0 89) 51 08 11 90
48151	Münster	Ludgeriplatz 12	(02 51) 53 82-0	(02 51) 5 38 21 90
17033	Neubrandenburg	Brodaer Str. 11	(03 95) 56 37-0	(03 95) 5 63 71 90
90402	Nürnberg	Kornmarkt 8	(09 11) 23 80-0	(09 11) 2 38 01 92
26122	Oldenburg	Bahnhofsplatz 2 a	(04 41) 2 48 90 16	(04 41) 2 48 80 62
49074	Osnabrück	Große Str. 58-60	(05 41) 33 57-0	(05 41) 3 35 71 90
08523	Plauen	Herrenstr. 20	(0 37 41) 22 80 99	(0 37 41) 22 80 83
14473	Potsdam	Heinr.-Mann-Allee 103	(03 31) 88 53-0	(03 31) 8 85 31 90
93047	Regensburg	Maximilianstr. 9	(09 41) 58 49-0	(09 41) 5 84 91 90
18057	Rostock	Doberaner Str. 10-12	(03 81) 4 59 45-0	(03 81) 45 94 51 90
66111	Saarbrücken	Großherzog-Friedrich-Str. 16-18	(06 81) 93 70-0	(06 81) 9 37 01 90
19053	Schwerin	Schmiedestr. 8-12	(03 85) 57 58-0	(03 85) 5 75 81 90
18439	Stralsund	Langenstr. 54	(0 38 31) 28 01 51	(0 38 31) 28 01 37
70174	Stuttgart	Kronenstr. 25	(07 11) 18 71-5	(07 11) 1 87 17 77
98527	Suhl	Marienstieg 3	(0 36 81) 7 86-0	(0 36 81) 78 61 90
54290	Trier	Fleischstr. 14	(06 51) 4 72 26	(06 51) 7 53 39
89073	Ulm	Karlstr. 33	(07 31) 9 67 35-0	(07 31) 9 67 37 14
38855	Wernigerode	Breitestr. 53 a	(0 39 43) 69 63-0	(0 39 43) 6 96 31 90
06886	Wittenberg	Collegienstr. 59 c	(0 39 41) 42 04-0	(0 39 41) 42 04 19
42275	Wuppertal	Zwinglistr. 4 (2. OG)	(02 02) 59 40 52	(02 02) 57 10 15
97070	Würzburg	Schönbornstr. 4-6	(09 31) 36 72-0	(09 31) 3 57 21 90
08056	Zwickau	Hauptstr. 31	(03 75) 27 74 80	(03 75) 21 56 21

Stichwortverzeichnis

Adoption 30, 103, 124 f., 126, **135**, 178
Ärztliches Attest 24 f., **51 f.**, 62, 65
Akkordarbeit 53
Anfechtung 27, **39 f.**, 43 f.
Annahmeverzug 30, 35
Antrag 78, **83 f.**, 87 f., 93, 102, 120 f., 179
Arbeitgeberzuschuß 45, **88 ff.**, 94
Arbeitskampf 73, 91
Arbeitslosengeld, -hilfe 38, 44, 74 f., 92, 105, **116 f.**
Arbeitslosenversicherung 74 f., 119, 152 f., **171 ff.**, 224 ff.
Arbeitsplatzgestaltung **47 ff.**, 52 ff.
Arbeitsunfähigkeit, siehe Krankheit
Aufhebungsvertrag 40, **43 ff.**, 142 f.
Aufsichtsbehörde 20, 25, **36 ff.**, 45, 48, 54, **140 f.**
Ausländer 21, 97 f., 178
Auszubildende 21, 40, 100, **124**, 178

Beamte 21, 101, 143, 151, **174**, 184, 230 ff.
Befristung **39 ff.**, 93, 124, **136 f.**
Berücksichtigungszeiten 184
Berufliche Weiterbildung 21, 124
Beschäftigungsverbote **51 ff.**, 68 f.
Betriebsarzt 50
Betriebsrat **20 f.**, 26, 37, 51
Betriebsrente 166
Betriebsübergang 31, **73**, 91, **166**
Betriebsversammlung 165
Bildschirmarbeit 49 ff.
Bundeserziehungsgeldgesetz 204 ff.

Diskriminierungsverbot 26 f., 41 f.

Eheähnliche Lebensgemeinschaft 106
Eigenkündigung 43 ff., 142 f.
Entbindung 77 f.

Entbindungsgeld 94
Erziehungsgeld 96 ff.
Erziehungsgeldstelle **120 ff.**, 132
Erziehungsurlaub 123 ff.
Erziehungszeiten 182 ff.

Familienversicherung **79 f.**, 94
Fehlgeburt 30, 63
Feiertagsarbeit 54 ff.
Fließbandarbeit 53
Frage nach Schwangerschaft 26 f.
Freistellung 77, **175 ff.**
Frühgeburt 63 f., 88
Fürsorgepflicht des Arbeitgebers 85, 152

Geringfügige Beschäftigung 21, 82, 93, 110 f., 124, **147**
Gewerbeaufsichtsamt,
 siehe Aufsichtsbehörde
Gratifikation
 siehe Jahressonderleistungen

Härtefälle 88, 98 f., 100, 105, 116 f., 131 f.
Häusliche Pflege 78
Haushaltshilfe 78 f., 177
Hebamme 24, 77
Heimarbeit 30, 56

Insolvenz 91 f.

Jahressonderleistungen 45, 60, **70**, 86, **161 ff.**

Kindergeld/Kinderfreibetrag 118, **178 f.**
Kinderpflegekrankengeld 176
Konkurs, siehe Insolvenz
Krankengeld **71 f.**, 92 f., 105, 118, **169**, 176
Krankenversicherung 38 f., **74**, 119, 152, **168 ff.**, 218 ff.

239

Stichwortverzeichnis

Krankheit 58, **71 f.**, 91, 144, **164 f.**
Kündigungsverbot 29 ff., **138 ff.**, 145 f.
Kurzarbeit 72 f.

Landeserziehungsgeld 118 f.
Leiharbeitsverhältnis 21
Leistungen der Krankenkasse 76 ff.
Leistungsverweigerungsrecht 47
Lohnausgleichsverfahren **61**, 92

Mehrarbeit 54 f.
Mehrere Arbeitsverhältnisse 87, **89 f.**, 101, 147, **148 f.**
Mehrere Kinder 63, 79 f., 113, **137 f.**
Mitteilung Schwangerschaft 23 ff.
Mutter-Kind-Stiftung 180
Mutterschaftsgeld 45, **81 ff.**, 114 f.
Mutterschutzlohn 58 ff.
Mutterschutzgesetz 21 f., **185 ff.**
Mutterschutzrichtlinienverordnung **48 f.**, **53 f.**, **196 ff.**

Nachtarbeit **54 f.**, 151
Nichteheliche Kinder 98, 125

Öffentlicher Dienst 50, 143, 151, 179

Pausen / Ruhezeit **48**, 50, 56
Personalrat, siehe Betriebsrat
Pflegeversicherung 38, 74, 119, **170**
Praktikanten 21, 100, 124
Probearbeitsverhältnis 21, 40 f.
Provision 60

Rechtsweg 35, 38, **95**, **122**, 140, **166 f.**
Reichsversicherungsordnung 201 ff.
Rentenversicherung 74, 119, 152, 171, **182 ff.**, 228 f.

Schadenersatz 41, 47
Schutzfristen 62 ff.
Schutzzeit, siehe Schutzfristen
Schwangerschaftsabruch 30, 59, 63, 79
Sonderurlaub 84 f., 91, **151 ff.**
Sonntagsarbeit 54 ff.
Sorgerecht 98 f., 124 f.
Sozialhilfe 19, 105, 116, 118, **180 f.**
Sozialversicherung **74 f.**, 119, 147, 152 f., **168 ff.**, **182 ff.**
Steuer/Sozialversicherungsbeiträge 61, 94, 120
Steuerklassenwechsel 87, 92
Stillzeiten 65 ff.

Teilzeitarbeit 21, 66, 91, 100 f., **143 ff.**, 168 f.
Tod des Kindes 30, 63, 65, 103

Umsetzungsrecht des Arbeitgebers 49, **56 f.**
Unterhalt 104, 118, 180
Urlaub 44 f., **68 f.**, 144, **155 ff.**
Urlaubsgeld 70, **161 ff.**

Verdiensterhöhung, -kürzung 60 f., 86, 89
Vermögenswirksame Leistungen 70 f., 165
Vertretung 149
Vorsorgeuntersuchungen **76 f.**, 181

Wechsel der Betreuungsperson 112 f., 128 f.
Weiterbeschäftigungsanspruch 41, **135**, **149 ff.**
Wiedereinstellung 45 f.
Wohngeld 118, **181**